साहित्यिक पत्रकारिता

आ नो भद्राः क्रतवो यन्तु विश्वतो

स्वतंत्र भारत में भारतीय भाषाओं की पत्रकारिता शोध परियोजना

माखन लाल चतुर्वेदी राष्ट्रीय पत्रकारिता एवं संचार विश्वविद्यालय
भोपाल (म.प्र.)

वाणी प्रकाशन
21-ए, दरियागंज, नयी दिल्ली-110002
फोन : 011-23273167, 23275710, 41562622
फैक्स : 011-23275710
e-mail : vani_prakashan@yahoo.com
vaniprakashan@gmail.com
website : vaniprakashan.com

साहित्यिक पत्रकारिता

ज्योतिष जोशी

वाणी प्रकाशन

4695, 21-ए, दरियागंज, नयी दिल्ली 110 002

शाखा

अशोक राजपथ, पटना 800 004

फ़ोनः +91 11 23273167 फ़ैक्सः +91 11 23275710

www.vaniprakashan.in
vaniprakashan@gmail.com
sales@vaniprakashan.in

SAHITIYAK PATRAKARITA
by Jyotish Joshi

ISBN : 978-93-87648-84-5
Journalism

संस्करण 2007
आवृत्ति 2018

मूल्य : ₹ 450

सिटी प्रेस, दिल्ली-110 095 में मुद्रित

वाणी प्रकाशन का लोगो मक़बूल फ़िदा हुसेन की कूची से

अनुक्रम

इतिहास संरक्षण का विनम्र प्रयास

माखनलाल चतुर्वेदी राष्ट्रीय पत्रकारिता एवं संचार विश्वविद्यालय की महापरिषद् ने यह संकल्प किया था कि स्वन्त्रता के बाद से भारतीय भाषाओं में पत्रकारिता के विस्तार और प्रभाव, उसकी प्रवृत्तियों और उपलब्धियों, उसकी कमियों और कमजोरियों का विश्वसनीय विश्लेषण प्रामाणिक दस्तावेज के रूप में लिपिबद्ध किया जाए। विश्वविद्यालय के इस प्रकल्प का 30 मई, 2005 को भारत के उपराष्ट्रपति एवं विश्वविद्यालय के कुलाध्यक्ष (विजिटर) माननीय भैरोंसिंह शेखावत ने मध्यप्रदेश विधानसभा के 'मानसरोवर' सभागार में शुभारम्भ किया था। मध्यप्रदेश के राज्यपाल और मुख्यमन्त्री के अतिरिक्त उत्तर प्रदेश तथा छत्तीसगढ़ के मुख्यमन्त्रियों सहित देश-भर से आमन्त्रित प्रमुख पत्रकार, शिक्षाविद् और साहित्यकार शोध की इस अपूर्व परियोजना के साक्षी बने थे। हमारे आमन्त्रण पर देश भर से अनेक विद्वान शोधार्थियों ने अपने योगदान से केवल दो वर्ष की अवधि में एक भूले-बिसरे इतिहास का संकलन, विश्लेषण और सम्पादन पूर्ण किया है। इस पुस्तक शृंखला के अतिरिक्त अपने दौर के प्रमुख समाचार-पत्रों, लोकप्रिय पत्रिकाओं के विशेष अध्ययन और प्रकाशन की प्रक्रिया भी पूर्णता की ओर है। हिन्दी पत्रकारिता का एक बृहद शब्दकोश और सन्दर्भ कोश निर्माण कराने का काम भी इस परियोजना का आगामी उपलब्धि होगी। महापरिषद् के इस संकल्प को मूर्तरूप देने में जुटे इस विशाल शोध कार्य के निदेशक विजयदत्त श्रीधर एवं उनके सहयोगियों की टीम साधुवाद की पात्र है।

पूरे विश्व में मीडिया के विस्तार, विविधता और विश्वसनीयता का इतिहास केवल चार सौ वर्ष पुराना है। इस दौर में सामाजिक परिवर्तनों, राजनीतिक क्रान्तियों, साम्राज्यवादी विस्तारों, विश्वयुद्धों, सरकारी दंडविधानों, अपराधियों के निशानों या मानहानि के मुकदमों का सामना जितना मीडिया से जुड़े लोगों ने किया है उतना अन्य किसी विधा के लोगों को नहीं करना पड़ा है। भारतीय स्वाधीनता संग्राम का इतिहास उन महान सम्पादकों और पत्रकारों के संघर्षों और बलिदानों का भी साक्षी है जिन्होंने अपना अस्तित्व संकट में डालकर लोकजागरण की अलख जगाई थी। स्वाधीनता संघर्ष के इतिहास संकलन के साथ इसका उल्लेख तो हुआ है लेकिन हमने अपने पुरखों की कीर्ति को वैसा सम्मान या संरक्षण नहीं दिया है जिसके वे अधिकारी थे। स्वाधीन भारत में पत्रकारिता के संचालकों और प्रकाशकों की पीढ़ियों ने विरासत में उनकी विश्वसनीयता

और लोकप्रियता तो ग्रहण कर ली लेकिन न तो उन आदर्शों की रक्षा कर सके और न उनकी कसौटी पर खरे उतर सके हैं। शोधग्रन्थों की इस श्रृंखला में जहाँ राजनीतिक, सामाजिक, आर्थिक, सांस्कृतिक और पत्रकारिता में सृजन की सम्भावनाओं और उपलब्धियों को रेखांकित किया गया है, वहीं इस दौर की उन प्रवृत्तियों को भी चिह्नित किया गया है जो प्रेस की आजादी को अपना सुरक्षा कवच बनाकर मर्यादाहीन स्वतन्त्रता चाहते हैं और विश्वसनीयता को बाजार में नीलामी करने की छूट माँग रहे हैं।

प्रस्तुत पुस्तक में साहित्यिक पत्रकारिता की उस गहरी और अन्तर्भूत सांस्कृतिक दृष्टि का परीक्षण है जिससे यह चुनौतियों को पार कर एक मुकम्मल सरोकारों की जमीन बना पाती है। उपसंहार के तहत पुस्तक के समग्र विवेचन को देखा जा सकता है जिसमें क्रमवार विषय को समझाने की सफल कोशिश है।

इस पूरे अध्ययन से यह स्पष्ट है कि गत साठ वर्षों की हिन्दी पत्रकारिता की मूलात्मा साहित्यिक-सांस्कृतिक ही रही है जो उसके उद्‌भव से लेकर अब तक विद्यमान है। व्यापक जनाकांक्षा और जन संघर्षों को लेकर चलने वाली यह पत्रकारिता आज इस मायने में भी आश्वस्ति देती है कि भूमंडलीय और बाजार के वैश्विक हमलों के बावजूद इसकी प्रतिरोधी क्षमता और सांस्कृतिक चेतना की उदग्रता में कोई कमी नहीं आई है। हिन्दी जिस तरह वंचित जनों की वाणी है और उसके संघर्षों की अभिव्यक्ति, उसी तरह उसकी साहित्यिक पत्रकारिता एक नई सामाजिक-आर्थिक तथा राजनीतिक प्रति संसार बनाने को प्रतिबद्ध एक आन्दोलन, जिसमें समानता, समता, स्वत्व तथा आत्मनिर्भरता के आदर्शों की शक्ति है। हिन्दी साहित्यिक पत्रकारिता जैसी विविधता अन्यत्र नहीं है, बल्कि दुनिया की अनेक बड़ी भाषाएँ भी इस प्रसंग में हिन्दी से बहुत पीछे हैं। हिन्दी के विशाल परिक्षेत्र में अनेक वैचारिक प्रतिबद्धताओं, दृष्टियों, संकल्पों और आदर्शों को लेकर जो सैकड़ों नियमित पत्रिकाएँ निकल रही हैं, वे अपने आप में हिन्दी की अद्वितीय सृजनात्मकता और हिन्दी जनों की अपरिमित निष्ठा का प्रमाण हैं।

'साहित्यिक पत्रकारिता' पुस्तक मूल रूप से साहित्यिक-सांस्कृतिक स्तर पर विमर्श का विषय बने उन सरोकारों, प्रश्नों और सामाजिक चिन्ताओं को परखने का प्रयत्न है जो इस दीर्घ यात्रा में अनेक पत्रिकाओं तथा समाचार-पत्रों के माध्यम से सामने आते हैं। इस प्रयत्न में साहित्य के प्रश्न तो हैं ही, संगीत, नृत्य, कला तथा नाट्य जगत के प्रश्न भी हैं जिससे गुजरकर एक समग्र सांस्कृतिक दृष्टि को खोजने-पाने की कोशिश है। पुस्तक पिछले छह दशकों की साहित्यिक-सांस्कृतिक पत्रकारिता को दशकवार आँकती है और इन समयों में प्रभावी राजनीति का भी परीक्षण करती है। यह पुस्तक पत्रकारिता की मूलात्मा साहित्यिकता-सांस्कृतिकता ही है। स्वाधीनता के बाद की पत्रकारिता का इतिहास नहीं है, वरन् एक सिंहावलोकन है जिसमें इतिहास तो है ही, वर्तमान की चुनौतियाँ भी हैं, और भविष्य की कंटकाकीर्ण राह का संकेत भी है। जाहिर

है, पुस्तक से हमें अपनी भाषा में चली और चलने वाली बहसों में शामिल होकर उन सपनों, आकांक्षाओं को पाने की प्रेरणा मिलती है, जिसे हाल के वर्षों में भुला देने की कोशिशें हुई हैं।

जाहिर है, इस पुस्तक का महत्त्व इसलिए भी बढ़ जाता है कि स्वाधीनता के बाद की साहित्यिक पत्रकारिता के अध्ययन का यह पहला सम्पूर्ण प्रयत्न है। हमारे अनुरोध पर इस महत्त्वपूर्ण ग्रन्थ का लेखन करनेवाले ज्योतिष जोशी साधुवाद के पात्र हैं।

मुझे विश्वास है कि यह पुस्तक विद्यार्थियों, प्राध्यापकों, साहित्यिक पत्रकारों एवं अन्य सुधी पाठकों के बीच समादृत एवं लोकप्रिय होगी।

हिन्दी पत्रकारिता दिवस
30 मई 2007

—अच्युतानन्द मिश्र
कुलपति
माखनलाल चतुर्वेदी राष्ट्रीय पत्रकारिता
एवं संचार विश्वविद्याल, भोपाल

अपनी बात

हिन्दी की साहित्यिक पत्रकारिता का अध्ययन बहुत विस्तृत और चुनौतीपूर्ण कार्य है; इसमें भी स्वाधीनता के बाद की साहित्यिक-सांस्कृतिक पत्रकारिता का विवेचन कुछ अधिक ही जटिल है—अपने विस्तार के कारण तो है ही, अपनी बदलती भूमिकाओं के कारण भी है। 1947 से लेकर 2006 तक यानी लगभग साठ वर्षों की पत्रकारिता को एक पुस्तक में समेटना सचमुच दुष्कर कार्य है फिर भी इस चुनौती को स्वीकार करते हुए हमने इसे समेटने का प्रयत्न किया है।

कुल छह अध्यायों (पूर्व पीठिका और उपसंहार के अतिरिक्त) में निबद्ध यह पुस्तक 'स्वातंत्र्योत्तर साहित्यिक पत्रकारिता' एक स्तर पर पिछले साठ वर्षों की हिन्दी की साहित्यिक सांस्कृतिक पत्रकारिता की दृष्टियों, उसके बदलते मानों तथा सामाजिक प्रक्रियाओं के भीतर उसके परिवर्तनों को विश्लेषित करने की कोशिश है। इस कोशिश में जहाँ तक सम्भव हो सका है और जहाँ तक उपादेयता रही है, वहाँ तक हमने समाचार-पत्रों के साहित्यिक-सांस्कृतिक अग्रलेखों, रचनाओं और टिप्पणियों को भी अपने अध्ययन का आधार बनाया है। पुस्तक का प्रस्थान और समापन साहित्यिक पत्रिकाओं पर ही केन्द्रित रहे हैं, क्योंकि दृष्टियों और समकालीन जीवन की सांस्कृतिकता को साहित्य तथा कलाओं के परिप्रेक्ष्य में समझने का कार्य पत्रिकाओं में अधिक दिखाई देता है।

यह ऐसा विस्तृत विषय है कि इसके साथ सम्पूर्णता में न्याय कर पाना किसी के लिए भी संभव नहीं है, उस स्थिति में तो और भी जब इसे लेकर अब तक कोई कार्य ही नहीं हो पाया हो। बावजूद इसके माखनलाल चतुर्वेदी राष्ट्रीय पत्रकारिता विश्वविद्यालय, भोपाल ने जब मुझे यह परियोजना दी तो हमने यथासम्भव-सामर्थ्य भर प्रयत्न कर इस अध्ययन को एक तरतीब दी और दिखाया है कि कैसे साहित्यिक-पत्रकारिता शनैः-शनैः दशकों में आगे बढ़ती हुई अपनी दृष्टि को राजनीतिक-सामाजिक परिवर्तनों में लगाती है और कैसे साहित्य सहित दूसरी कलाओं के प्रति एक सुविचारित समझ भी पैदा करती है।

अब एक नजर पुस्तक के अध्यायों पर डाल लें। इसका प्रस्थान 'पूर्व पीठिका' से होता है जिसमें हमने दिखाने की कोशिश की है कि हिन्दी पत्रकारिता का जन्म

30 मई, 1826 को युगल किशोर सुकुल के सम्पादन में जिस 'उदन्त मार्तण्ड' के रूप में हुआ, उसका विकास किन-किन स्तरों पर हुआ। स्वतन्त्रता पूर्व की हिन्दी पत्रकारिता की दृष्टि क्या थी, किन-किन युगों के माध्यम से वह विकसित हुई तथा स्वाधीनता आंदोलन में उसकी क्या भूमिका रही। यह सचमुच संतोषजन तथ्य है कि हिन्दी पत्रकारिता का उद्‍भव जिन परिस्थितियों में हुआ, वह परिस्थितियाँ सांस्कृतिक दृष्टि से बहुत जटिल थीं। यही कारण है कि अपनी सांस्कृतिकता के प्रति गहरी प्रतिबद्धता के साथ विकसित हुई यह पत्रकारिता अनेक प्रतिकूल स्थितियों के बावजूद अपनी धार कायम रख सकी तथा सामाजिक-सांस्कृतिक जीवन में अपनी सार्थक भूमिका का निर्वाह कर सकी।

पुस्तक का पहला अध्याय है—'ध्येयवादी दौर में समता, समग्रता का स्वप्न।' इस अध्याय की व्याप्ति 1947 से 1957 तक यानी एक दशक की है। इसमें हमने पत्र-पत्रिकाओं के अध्ययन से यह दिखाने की कोशिश की है कि आज़ादी की लड़ाई के दौरान पाले और देखे गये स्वप्नों तथा आदर्शों को पाने का ध्येय ही इस दौर की पत्रकारिता का प्रस्थान है। इस अध्याय के विवेचन में गाँधीजी की हत्या, विभाजन की त्रासदी सहित पंचवर्षीय योजनाओं की शुरुआत के समानांतर पत्र-पत्रिकाओं में विन्यस्त दृष्टियों तथा उन साहित्यिक आंदोलनों को परखने की कोशिश शामिल है जिनके अभ्युदय में तत्कालीन परिस्थितियों का योगदान है।

दूसरा अध्याय है—'स्वप्न भंग की प्रक्रिया और राष्ट्र निर्माण के प्रति आशावाद का द्वन्द्व।' 1957 से 1967 तक के इस कालखंड में दिखाई देता है कि देश में बड़े पैमाने पर स्वप्न भंग की प्रक्रिया आरंभ हुई जिसके समानांतर एक धुँधली उम्मीद की लौ भी दिपदिपा रही थी, जिसमें यह क्षणिक आशावादिता जीवित थी कि देश शायद उन सपनों को पूरा कर पाये जो स्वाधीनता-संघर्ष के दौरान देखे गये थे। इस द्वन्द्व को तत्कालीन साहित्यिक आन्दोलनों में भी देखने की कोशिश है जो टूटती जनास्थाओं और आकांक्षाओं के भीतर से पैदा हुईं। इस दौर की पत्र-पत्रिकाओं में प्रकाशित लेखों, संपादकीय टिप्पणियों तथा अन्य रचनाओं में भी इस आशय के विचार-तत्त्व निहित हैं। पुस्तक के तीसरे अध्याय 'राजनैतिक अस्थिरता के मध्य आपात्काल की अमानवीयता' के तहत हमने 1967 से लेकर 1977 तक की अवधि को अपने विश्लेषण का आधार बनाया है और देखने का प्रयत्न किया है कि देश में राजनैतिक अराजकता से शुरू हुआ यह दौर साहित्यिक-सांस्कृतिक दृष्टि से कितना जटिल रहा। यही वह युग है जिसमें पूरी तरह स्वप्न भंग हुआ, सत्ता की तानाशाही चरम पर पहुँची, नागरिक अधिकारों को स्थगित किया गया और प्रेस पर प्रतिबंध भी लगा ताकि वह अपनी तटस्थता की नीति त्यागकर सत्ता की जुबान बोले। इस दौर में जिस तरह की साहित्यिक-सांस्कृतिक परिस्थितियाँ थीं, उसके भीतर पैठकर हमने यह देखने का प्रयास किया है कि इस दौर में

बुद्धिजीवियों और रचनाकारों ने अपनी भूमिका का निर्वाह किस तरह से किया। जाहिर है, जेलों में बन्द देश के नेताओं और बुद्धिजीवियों के प्रति सहानुभूति तथा प्रतिक्रिया में इस दौर की पत्रकारिता एक अलग ढंग से ही सामने आती है जिसका अध्ययन इस अध्याय में है।

पुस्तक का चौथा अध्याय—'बदलते प्रयोगों के भीतर उपेक्षित जन' के अन्तर्गत हमने 1977 से 1987 तक का समय लिया है। इस युग में जनता के प्रति व्यवस्था का रुख पूरी तरह बदला दिखता है, तो साहित्यिक पत्रकारिता भी संचार साधनों के आगमन से आक्रान्त दिखाई देती है। यह वह युग है जिसमें यकायक हवा का रुख बदला दिखाई देता है और प्राथमिकताओं की शक्लें वैचारिक उद्वेलनों का रूप ले लेती हैं। साहित्य तथा कलाओं में भी नये समय के आगमन और तकनीकी के हमले के प्रति प्रतिरोध, दोनों के स्वर सुनाई पड़ते हैं। पुस्तक का पाँचवाँ अध्याय—'सूचना क्रांति के विस्फोट और आर्थिक उदारीकरण का दुष्प्रभाव' अनेक स्तरों पर साहित्यिक-सांस्कृतिक पत्रकारिता में आये नये बदलावों का सूचक है। इसमें 1987 से 1997 तक के एक दशक का परीक्षण है। यह वह दौर है जिसमें संचार क्रान्ति का विस्फोट होता है तथा सरकार की आर्थिक उदारीकरण की नीतियों के फलस्वरूप देश का समूचा ताना-बाना छिन्न-भिन्न हो जाता है। साहित्य के पाठक दर्शक बन जाते हैं, कलाओं का सामाजिक मान घट जाता है तथा समाचार-पत्र पूरी तरह व्यावसायिक हो जाते हैं। पर साहित्यिक पत्रकारिता की जनोन्मुखी दृष्टि तथा सांस्कृतिक समरसता कायम रहती है जिससे हिन्दी की सृजनात्मकता का विस्तार होता है। पुस्तक के छठवें अध्याय—'भूमंडलीकरण, बाजारवाद और उत्तर-आधुनिकता के दौर में हिन्दी' में 1997 से 2006 तक की अवधि को लिया गया है। यह इस दौर का सबसे नाजुक समय है जिसमें भाषा, संस्कृति, समाज और समग्रता में पूरी भारतीय सामाजिक संरचना पर चौतरफा आक्रमण होता है। व्यवस्था पूरी तरह पश्चिमी देशों की गिरफ्त में आकर देश को आर्थिक पराधीनता के दौर में दाखिल कर चुकी है। वह इसी बात पर सन्तुष्ट है कि भारत को दुनिया का सबसे बड़ा बाजार कहा जा रहा है। देश के उद्योग-धंधे नष्ट हो गये, विदेशी पूँजी निवेश ने भारतीय आधारभूत ढाँचे को दरका दिया है। सम्बन्धों के अर्थ बदल गये हैं, व्यक्ति उपभोक्ता बन चुका है और तात्कालिकता का दबाव इतना बढ़ गया है कि सामाजिक संक्रमण की स्थिति भी पैदा हो गयी है। इसी दौर में नयी बहसों ने जन्म लिया। साहित्य तथा संस्कृति के क्षेत्र में अनेक परिवर्तन लक्षित किये गये। इन सबको साहित्यिक पत्रिकाओं और पत्रों के माध्यम से परखते हुए हमने पत्रकारिता की उस सांस्कृतिक दृष्टि को देखने का प्रयास किया है जो इस पूरी यात्रा में सदैव उपस्थित रही है।

पुस्तक के अंत में 'उपसंहार' के अन्तर्गत लगभग साठ वर्षों की इस यात्रा के

मूल आशयों को सामने रखा गया है। इस पूरे अध्ययन से यह स्पष्ट है कि हिन्दी पत्रकारिता की मूलात्मा साहित्यिकता-सांस्कृतिकता ही है और इसी में उसकी शक्ति निहित है। जाहिर है, इससे विछिन्न कर उसे निष्प्राण करना है जिसकी छूट नहीं ली जा सकती।

स्वतन्त्रता प्राप्ति के बाद की साहित्यिक-सांस्कृतिक पत्रकारिता का अध्ययन अपने आप में बहुत कठिन, श्रमसाध्य तथा चुनौतियों भरा काम रहा है। इसमें हमने कई सहयोगियों को सामग्री संग्रह में लगाया था जिन्होंने पिछले साठ वर्ष के समाचार-पत्रों तथा पत्रिकाओं के अपेक्षित संदर्भ जुटाये। इनमें पहला नाम हरेन्द्र कुमार का है जिन्होंने महीनों श्रम कर बड़े मनोयोग से हमारी इस परियोजना में सहायता की। दूसरा नाम है—धीरज कुमार मिश्र का, जिसने समय-समय पर अनिवार्य सन्दर्भों की खोज में हमारी मदद की। इस कड़ी में हम देवेन्द्र कुमार 'देवेश' के प्रति भी आभारी हैं जिन्होंने साहित्य अकादेमी, पुस्तकालय से जरूरत की पुस्तकें उपलब्ध कराईं। सन्दर्भ इतने जुट गये कि उनका उपयोग होता तो हजार पृष्ठों का पोथा तैयार हो जाता, पर इस परियोजना का यह उद्देश्य था ही नहीं। परियोजना का उद्देश्य था—गत साठ वर्षों की साहित्यिक-सांस्कृतिक पत्रकारिता का ऐसा अध्ययन प्रस्तुत करना जिसमें हिन्दी पत्रकारिता की जनोन्मुखी और सांस्कृतिक नजरिये के विकास का परीक्षण हो सके। निरन्तर बदलते हुए समयों, मानों, व्यवस्थाओं और वैश्विक दबावों से उपजी मुश्किलों के भीतर इस पत्रकारिता ने अपने को सृजनात्मक बनाये रखकर सामाजिक-सांस्कृतिक विमर्शों में ढालकर जैसा आदर्श प्रस्तुत किया है, उसका उदाहरण दुर्लभ है। अपनी सामर्थ्यभर इसकी विशेषताओं का परीक्षण हमने किया है और एक आधार दिया है कि इस पर आगे भी काम किया जा सके, जिसकी अनन्त सम्भावनाएँ हैं।

इस कार्य में हमें तीन मूर्ति पुस्तकालय और संग्रहालय, मारवाड़ी पुस्तकालय, दिल्ली पुस्तक लाइब्रेरी, ललित कला अकादेमी पुस्तकालय, तुलसी सदन पुस्तकालय, साहित्य अकादेमी पुस्तकालय, संगीत नाटक अकादेमी पुस्तकालय, नटरंग प्रतिष्ठान (सभी दिल्ली), सिन्हा लायब्रेरी तथा खुदाबख्श खाँ संग्रहालय, पटना, बनारस हिन्दू विश्वविद्यालय पुस्तकालय, भारत कला भवन (वाराणसी) और माधव राव सप्रे स्मृति समाचार-पत्र संग्रहालय तथा शोध संस्थान, भोपाल से बहुत सहायता मिली है, हम इन सबके प्रति कृतज्ञ हैं। इस कार्य में सबसे अधिक मदद 'नटरंग प्रतिष्ठान' नयी दिल्ली से मिली जहाँ साहित्यिक-सांस्कृतिक पत्रिकाओं का सबसे बड़ा और व्यवस्थित संग्रह है। उसकी निदेशक श्रीमती रश्मि वाजपेयी का सहयोग तथा संग्रहालय प्रमुख डॉ. शिवनारायण खन्ना का दिशा-निर्देशन हमारे बहुत काम आया।

अन्त में आभार माखनलाल चतुर्वेदी राष्ट्रीय पत्रकारिता विश्वविद्यालय, भोपाल के महानिदेशक अच्युतानन्द मिश्र के प्रति, ज़िनकी अपेक्षा और प्रेम ने मुझसे यह कार्य

सम्भव कराया। इस शृंखला में मैं विजयदत्त श्रीधर के प्रति विशेष आभार व्यक्त करता हूँ जिन्होंने परियोजना-निदेशक के रूप में मेरा निरन्तर उत्साह बढ़ाया और जब जैसी जरूरत पड़ी, काम करने के समय में अपेक्षित विस्तार भी दिया।

अस्तु,

28 फरवरी, 2007
नई दिल्ली

—ज्योतिष जोशी
डी-4/37, एम.आई.जी.
सेक्टर-15, रोहिणी, दिल्ली 110085

पूर्व पीठिका

हिन्दी की साहित्यिक-सांस्कृतिक पत्रकारिता का सिंहावलोकन

आदि युग

हिन्दी पत्रकारिता का आरम्भ 30 मई, 1826 को हुआ जब पण्डित युगल किशोर सुकुल के सम्पादन में कलकत्ता से 'उदन्त मार्तण्ड' का प्रकाशन शुरू हुआ। अपने पहले सम्पादकीय में सुकुल ने स्पष्ट किया था कि यह समाचार-पत्र हिन्दी-भाषियों के लिए निकाला जा रहा है। इसके प्रकाशन का निहित लक्ष्य हिन्दी भाषी जनता में जागरण का सन्देश देना था और उनकी पराधीन मानसिकता को बदलना था। इस पत्र ने अल्पावधि में हिन्दी जनता के बीच अपनी जगह बना ली तथा उसकी चेतना को परिष्कृत करने के कार्य में सफलता पाई। इस युग को हिन्दी पत्रकारिता का *आदि युग* भी कहा जाता है जिसकी व्याप्ति 1826 से 1867 तक है।

इस अवस्था के बाद हिन्दी पत्रकारिता का विकास दैनिक तथा साप्ताहिक पत्रों के साथ-साथ मासिक पत्र-पत्रिकाओं के माध्यम से हुआ। 'उदन्त मार्तण्ड' की शृंखला में ही 10 मई, 1829 को कलकत्ता से ही 'बंगदूत' साप्ताहिक का प्रकाशन बांग्ला तथा हिन्दी दोनों भाषाओं में हुआ। इन पत्रों में राष्ट्रीय जागरण से सम्बन्धित आलेखों और समाचारों के साथ-साथ व्यावसायिक समाचार भी प्रकाशित होते थे। सन् 1845 में बनारस के राजा शिवप्रसाद 'सितारेहिन्द' ने 'बनारस अखबार' नामक एक समाचार-पत्र का प्रकाशन आरम्भ किया पर अरबी-फारसी बहुल भाषा के कारण यह पत्र जनता में अपनी पहचान न बना सका। इसी युग में 1848 में इन्दौर से 'मालवा अखबार' और बनारस से 1850 में 'सुधाकर' नामक पत्र प्रकाशित हुए जो अपनी सम्पादकीय दृष्टि तथा सामग्री-संरचना के कारण हिन्दी पत्रकारिता को दिशा देने में बहुत कारगर सिद्ध हुए। इस युग के अन्य प्रकाशनों में जो महत्त्वपूर्ण रहे; वे हैं—आगरा से प्रकाशित 'बुद्धि प्रकाश' (1855), ग्वालियर से प्रकाशित 'ग्वालियर गजट' (1853) और 'जयाजी प्रताप', कलकत्ता से श्याम सुन्दर सेन के सम्पादन में हिन्दी और बांग्ला में प्रकाशित 'समाचार सुधावर्षण' (1854), 'अलमोड़ा अखबार' (1847), 'बिहार

बन्धु' (1872), कलकत्ता से प्रकाशित 'सार सुधानिधि' (1879), 'भारत मित्र' (1878) तथा 'उचित वक्ता' (1880) जैसे प्रकाशन इस आदि युग के उल्लेखनीय प्रकाशन हैं जिन्होंने हिन्दी भाषी जनता को जागरण का सन्देश दिया तथा हिन्दी को एक भाषा के रूप में प्रतिष्ठित करने का महत्त्वपूर्ण कार्य किया। अन्य प्रकाशनों में 'प्रजाहितैषी' (1855), 'तत्त्वबोधिनी पत्रिका' (1865), 'ज्ञानप्रदायिनी पत्रिका' (1866), 'वृत्तान्त विलास' (1867) मासिक, जम्मू उल्लेखनीय हैं जिनका योगदान महत्त्वपूर्ण है। इस युग के प्रतिष्ठित सम्पादकों में पण्डित दुर्गा प्रसाद मिश्र, पण्डित गोविन्द नारायण मिश्र, पण्डित छोटू लाल मिश्र तथा शम्भुनाथ मिश्र उल्लेखनीय हैं।

भारतेन्दु युग

हिन्दी पत्रकारिता का अगला चरण *भारतेन्दु युग* का है जिसकी व्याप्ति 1868 से 1885 तक की अत्यन्त छोटी अवधि तक है, पर इस युग ने हिन्दी पत्रकारिता को अनेक स्तरों पर समृद्ध किया। 1868 में ही प्रकाशित 'कविवचन सुधा' के प्रकाशन से हिन्दी पत्रकारिता का एक स्वर्णिम अध्याय शुरू होता है। इस मासिक का प्रकाशन भारतेन्दु हरिश्चन्द्र ने साहित्यकारों के लिए किया था, पर यह शीघ्र ही आम पढ़े-लिखे लोगों में भी लोकप्रिय हो गया। भारतेन्दु ने ही 1873 में 'हरिश्चन्द्र मैगजीन' प्रकाशित की जो 1874 में 'हरिश्चन्द्र चन्द्रिका' के रूप में निकलने लगी और बहुत लोकप्रिय हुई। 1880 में 'हरिश्चन्द्र चन्द्रिका' और 'मोहन चन्द्रिका' को संयुक्त कर दिया गया और नाम दिया गया 'मोहन चन्द्रिका'। सन् 1884 में भारतेन्दु ने 'नवोदित हरिश्चन्द्र चन्द्रिका' का प्रकाशन भी किया। यही वह दौर है जब हिन्दी नई चाल में ढली। इस युग में पत्रकारिता ने अपने को निरन्तर विकसित किया तथा उसमें सामयिकता का दायित्त्व जुड़ा। समसामयिक प्रश्नों के साथ-साथ साहित्यिक विकास के लिए भी इस युग की पत्रकारिता का महत्त्वपूर्ण स्थान है। ज्ञातव्य है कि भारतेन्दु ने महिलाओं के लिए 1874 में ही 'बाला बोधिनी' नामक पत्रिका निकाली थी जो स्त्री सम्बन्धी हिन्दी की पहली पत्रिका थी। इस पत्रिका ने भी अपार लोकप्रियता प्राप्त की। भारतेन्दु द्वारा प्रकाशित पत्र-पत्रिकाओं ने हिन्दी की पत्रकारिता को नई जागृति से तो जोड़ा ही, उसे राष्ट्रीय दायित्वों के प्रति भी सजग किया। स्वाधीनता के प्रति जागरण का सन्देश देने के साथ-साथ इस युग के पत्र-पत्रिकाओं ने युवकों को उद्यमी तथा आत्मनिर्भर बनने की सीख भी दी जो भ्रमों में जीने को अभ्यस्त हो चले थे। 'कविवचन सुधा' में भारतेन्दु की घोषणा होती थी—'सत्व निज भारत गहे'; इस तरह स्वाधीनता की माँग भी इस युग की पत्रकारिता का एक महत्त्वपूर्ण लक्ष्य था। इस युग के महत्त्वपूर्ण सम्पादकों में भारतेन्दु मण्डल के लेखक ही उल्लेखनीय हैं जिनमें पण्डित बालकृष्ण भट्ट, चौधरी बदरीनारायण 'प्रेमघन', पण्डित प्रताप नारायण मिश्र के नाम आदर से लिए जाते हैं। इस युग के महत्त्वपूर्ण प्रकाशनों में हैं—'काशी', 'जगत समाचार'

(1869), 'साप्ताहिक आगरा', 'सुलभ समाचार' (1871), 'बिहार बन्धु' (1872), 'चरणाद्रि चन्द्रिका' (1873), 'भारत बन्धु' (1874), 'काशी पत्रिका' (1875), 'हिन्दी प्रदीप' (1877), 'कायस्थ समाचार' (1875), 'आर्यमित्र' (1875), 'भारत सुदशा प्रवर्त्तक' (1879), 'सार सुधानिधि' (1879), 'क्षत्रिय पत्रिका' (1880), 'आनन्द कादम्बिनी' (1881), 'भारतेन्दु' (1883), 'देवनागरी प्रचारक' (1882), 'ब्राह्मण' (1883), 'इन्दु' (1883), 'कान्यकुब्ज प्रकाश' (1884), 'हिन्दोस्थान' (1885) और 'भारतोदय' (1885)।

इस युग की पत्रकारिता का एक महत्त्वपूर्ण पक्ष यह है कि इस दौर में शुद्ध साहित्यिक पत्रिकाओं का प्रकाशन भी शुरू हुआ तथा हिन्दी भाषा के परिमार्जन के साथ-साथ जनता में जागरण का भाव भी जाग पाया।

मालवीय युग

भारतेन्दु युग के बाद का युग हिन्दी पत्रकारिता के इतिहास में *मालवीय युग* के नाम से अभिहित किया जाता है। ज्ञातव्य है कि 1885 में भारतेन्दु हरिश्चन्द्र का निधन हो गया। उनके निधन के बाद हिन्दी पत्रकारिता की यात्रा अवरुद्ध हो गयी। इस यात्रा को आगे बढ़ाने का श्रेय महामना मदन मोहन मालवीय को जाता है जिन्होंने 1887 में 'हिन्दोस्थान' के प्रधान सम्पादक का दायित्व सँभाला। महामना के सम्पादक मण्डल में अमृतलाल चक्रवर्ती, बालमुकुन्द गुप्त, पण्डित प्रताप नारायण मिश्र तथा गोपाल राम गहमरी जैसे लेखक-पत्रकार मौजूद थे। अनेक लोगों की राय में महामना के प्रधान सम्पादकत्व में प्रकाशित समाचार-पत्र 'हिन्दोस्थान' हिन्दी का पहला सम्पूर्ण दैनिक समाचार-पत्र ठहरता है। इस पत्र के माध्यम से महामना ने पत्रकारिता का जो आदर्श स्थापित किया और जिन मानदण्डों को निर्धारित किया, वे आज भी पत्रकारिता के मील-स्तम्भ हैं। मालवीय ने 1907 में प्रकाशित 'अभ्युदय' साप्ताहिक का भी सम्पादन किया और उसके माध्यम से भी साप्ताहिक पत्रकारिता के आदर्श निर्मित किये। 1910 में 'मर्यादा' नामक मासिक तथा 1933 में 'सनातन धर्म' का सम्पादन भी महामना ने किया। इसके अतिरिक्त महामना ने 'हिन्दुस्तान टाइम्स,' 'लीडर' तथा 'भारत' आदि की स्थापना में भी महत्त्वपूर्ण भूमिका निभाई। इसके साथ-साथ आचार्य महावीर प्रसाद द्विवेदी से पत्र-संवाद कर महामना ने हिन्दी के लेखकों को पुरस्कृत करने की जो परम्परा शुरू की, उसकी कोई दूसरी मिसाल नहीं है। इस युग की व्याप्ति 20 वर्षों तक की रही, यानी, 1885 से 1905 तक। इन वर्षों में हिन्दी की पत्रकारिता का अनेक स्तरों पर विकास हुआ। राष्ट्रीय चेतना, जागरण, देशप्रेम, समाज सुधार जैसे अनेक स्तरों पर पत्रकारिता समृद्ध हुई जिसमें भाषा के स्तर पर भी समृद्धि लक्षित की जा सकती है। इस दौर के प्रकाशनों में यह सहज ही देखा जा सकता है कि राजनीतिक प्रश्नाकुलता भी बढ़ी। इसी दौर में पण्डित अम्बिका प्रसाद वाजपेयी ने

1907 में 'नृसिंह' प्रकाशित कर पत्रकारिता में एक नया अध्याय जोड़ने में सफलता पाई। बाबूराव विष्णुराव पराड़कर ने 'हितवार्ता' के माध्यम से पत्रकारिता को राजनीतिक विश्लेषणों से जोड़ने की पहल की।

इस युग यानी मालवीय युग (1885-1905) के कालखण्ड पर गम्भीरता से विचार करने पर यह स्पष्ट होता है कि आदि युग, भारतेन्दु युग से होती हुई पत्रकारिता इस युग में आकर एक ऐसी परिपक्व विधा के रूप में स्थापित हो गयी जिसे सहज ही साहित्यिक-सांस्कृतिक स्तर पर विकसित किया जा सकता था। और यही कार्य द्विवेदी युग में आचार्य महावीर प्रसाद द्विवेदी ने अपने समय में किया। इस युग के महत्त्वपूर्ण प्रकाशन रहे—

'आर्यावर्त्त', साप्ताहिक (1887), 'रहस्य चन्द्रिका', पाक्षिक (1888), 'हिन्दी बंगवासी', साप्ताहिक (1890), 'नागरी नीरद', साप्ताहिक (1893), 'साहित्य सुधानिधि', मासिक (1894), 'वेंकटेश्वर समाचार', साप्ताहिक (1895), 'विद्याविनोद', मासिक (1895), 'नागरी प्रचारिणी पत्रिका', त्रैमासिक (1896), 'समस्यापूर्ति', (1897), 'रसिक पत्रिका', साप्ताहिक (1896), 'उपन्यास' (1898), 'पण्डित पत्रिका' (1898), 'सरस्वती', मासिक (1900)।

इस दौर के पत्र-पत्रिकाओं को देखें तो मालूम होगा कि इनका प्रकाशन क्षेत्र विस्तृत है। कलकत्ता तो केन्द्र में है ही, बनारस, इलाहाबाद, पटना, लाहौर, बम्बई, कानपुर, आगरा जैसे नगर पत्रकारिता को नई दिशा देने का कार्य करते हैं। इस अवधि में पत्र-पत्रिकाओं की राष्ट्रीय चेतना प्रखर है, पर इनमें उदारपन्थी प्रवृत्तियों का बाहुल्य है। इसका प्रत्यक्ष कारण यह है कि इस युग का नेतृत्व राजनीतिक रूप से उदार कांग्रेसियों के हाथों में था। जाहिर है, आजादी के संघर्ष का नेतृत्व कांग्रेस के हाथ में था और उसे जिन लोगों की दिशा मिल रही थी, वे नरमपन्थी नेता थे। राष्ट्रीय नेतृत्व जब तिलक के हाथों में आया तो पत्र-पत्रिकाओं में भी विद्रोह का स्वर मुखर हुआ, उनकी भाषा बदली तथा क्रान्तिकारिता परवान चढ़ी।

मालवीय युग की पत्रकारिता को एक ऐसा सन्धिस्थल कहा जाना चाहिए जो आरम्भिक चरण का परिष्कार कर रही थी तो आनेवाले समय के लिए जमीन भी बना रही थी जिस पर आगे की पत्रकारिता की इमारत खड़ी होनी थी।

द्विवेदी युग

आचार्य महावीर प्रसाद द्विवेदी ने 1903 में मासिक 'सरस्वती' का सम्पादन कार्य आरम्भ कर हिन्दी पत्रकारिता के एक नये युग का सूत्रपात किया। सही मायनों में द्विवेदी युग में ही हिन्दी पत्रकारिता का साहित्यिक और सांस्कृतिक रूप निखरा और वह बड़े दायित्व की ओर मुड़ी। आचार्य महावीर प्रसाद द्विवेदी ने 'सरस्वती' के माध्यम से पत्रकारिता को सांस्कृतिक अनुष्ठान में बदल दिया। बाद के दौर में महत्त्वपूर्ण

कवियों और लेखकों में गिने जानेवाले लोग 'सरस्वती' से सीख लेकर अपनी पहचान बना सके। मैथिलीशरण गुप्त का उदाहरण पूरे हिन्दी समाज के सामने है। आचार्य द्विवेदी ने नए-नए विषयों पर निबन्ध लिखवाकर ऐसे लेखकों की एक पूरी पीढ़ी को दीक्षा दी जो आगे चलकर हिन्दी पत्रकारिता ही नहीं, साहित्य में भी अपनी प्रखर पहचान बना सकी। आचार्य द्विवेदी ने हिन्दी भाषा को विकसित करने का भी भगीरथ प्रयत्न किया। आचार्य द्विवेदी ने शब्दों के प्रयोग के सम्बन्ध में लिखा था—''यह न देखता कि यह शब्द अरबी का है या फारसी अथवा तुर्की का। देखता सिर्फ यह कि इस शब्द, वाक्य अथवा लेख का आशय अधिकांश पाठक समझ लेंगे या नहीं। अपनी विद्वत्ता की छाप छोड़ने की कोशिश मैंने कभी नहीं की।''

इस युग में पत्रकारिता साहित्यिक और सांस्कृतिक संस्कार पा सकी। द्विवेदी युग का पत्रकारिता के इतिहास में अप्रतिम योगदान है।

गाँधी युग

1920 से हिन्दी पत्रकारिता का समय गाँधी युग के नाम से जाना जाता है। यह वह समय है जब गाँधी जी का पदार्पण हुआ और अपने अहिंसात्मक सत्याग्रहों से वे राष्ट्रीय राजनीति पर छा गये। कांग्रेस की रीति-नीति तब पत्रकारिता का ध्येय बनी; क्योंकि तब एक बड़ा लक्ष्य सबके सामने था—अँग्रेजों की गुलामी से मुक्त कराकर भारत को सम्पूर्ण आजादी दिलाना। इसी अवधि में कलकत्ता में लाला लाजपत राय की अध्यक्षता में कांग्रेस का अधिवेशन हुआ जिसमें गाँधीजी के सत्याग्रहपूर्ण आन्दोलनों को स्वीकृति मिली। गाँधीजी के प्रादुर्भाव ने पत्रकारिता को एक बड़े मिशन में बदल दिया, तब बाल गंगाधर तिलक की क्रान्तिकारी पत्रकारिता भी इसी में विन्यस्त हो गयी। हिंसक आन्दोलन थम-से गये और गाँधीजी के सिद्धान्तों को व्यापक समर्थन मिलने लगा। हिन्दी पत्रकारिता गाँधीजी के नेतृत्व में लड़ी जा रही लड़ाई में उतरी। शिवप्रसाद गुप्त, बाबूराव विष्णुराव पराड़कर, गणेश शंकर विद्यार्थी, पण्डित अम्बिका प्रसाद वाजपेयी, पण्डित लक्ष्मीनारायण गर्दे, माधव राव सप्रे, माखनलाल चतुर्वेदी, प्रेमचन्द, शिवपूजन सहाय जैसे युग-निर्माता पत्रकारों ने गाँधीजी के नेतृत्व में आस्था और विश्वास जताकर उनके अहिंसात्मक आन्दोलनों का प्रबल समर्थन किया जिससे पूरे देश में व्यापक राष्ट्रीय जागरण का वातावरण बन सका। 'आज' दैनिक, जो शिवप्रसाद गुप्त द्वारा स्थापित पत्र है; बाबूराव विष्णुराव पराड़कर के सम्पादन में गाँधीजी के विचारों का प्रबल समर्थक बना। पराड़कर जी ने 'आज' में लिखे अपने सम्पादकीय लेखों में गाँधीवाद का समर्थन किया और पूरे देश को स्वाधीनता संघर्ष में शामिल होने को प्रेरित किया। देश का जनमत और लोकमत गाँधीजी के प्रभाव से आन्दोलित हो सका तो इसमें समाचार-पत्रों का योगदान भी अविस्मरणीय रहा। 'भारत मित्र'

में पण्डित लक्ष्मण नारायण गर्दे ने राष्ट्रीय नेताओं के साक्षात्कार लेकर प्रकाशित किए जिससे स्वाधीनता आन्दोलन की चेतना प्रसारित करने में मदद मिली। इसी तरह पण्डित माखनलाल चतुर्वेदी के 'कर्मवीर', गणेश शंकर विद्यार्थी के 'प्रताप' आदि पत्रों ने स्वाधीनता संघर्ष को तीक्ष्णता दी तथा क्रान्तिचेतना को प्रखरता दी। 'कर्मवीर' तथा 'प्रताप' के कार्यालय तो स्वाधीनता सेनानियों के एक केन्द्र के रूप में भी उभरे थे जहाँ से योजनाएँ बनाकर स्वतंत्रता-सेनानी अँग्रेजी शासन के विरुद्ध आन्दोलन चलाते थे।

1918 से गुजराती तथा हिन्दी में प्रकाशित होनेवाले 'नवजीवन' का सम्पादन गाँधीजी ने स्वयं अपने हाथों में लिया। एक पत्रकार के रूप में गाँधीजी का लम्बा अनुभव 'नवजीवन' के सम्पादन में काम आया। ज्ञातव्य है कि जब वे दक्षिण अफ्रीका में थे तो उन्होंने 1903 में 'इण्डियन ओपिनियन' का प्रकाशन किया था। यह पत्र हिन्दी सहित तीन अन्य भाषाओं में भी प्रकाशित होता था—अँग्रेजी, गुजराती तथा तमिल। गाँधीजी ने 'हरिजन' और 'यंग इण्डिया' के माध्यम से भी भारतीय पत्रकारिता की दिशा बदल दी थी। अँग्रेजी शासन को उनका यह कार्य कतई नहीं सुहाता था, पर इनके माध्यम से गाँधीजी ने क्रान्तिकारी कार्य सम्भव किये। गाँधीजी ने 1931 तक 'नवजीवन' का सम्पादन किया था। 'नवजीवन' में प्रति सप्ताह उनका आलेख प्रकाशित होता था जो जागरण का सन्देश जैसा होता था। 'नवजीवन' तथा 'हरिजन' में छपे गाँधीजी के आलेखों को देश के महत्त्वपूर्ण पत्रों और पत्रिकाओं में प्रकाशित किया जाता था। स्वाधीनता की प्रेरणा से लेकर जनता की समस्याओं और समाज की सड़ी-गली परम्पराओं पर लिखते हुए गाँधीजी ने देश को जहाँ एक महान लक्ष्य की ओर अग्रसर करने में सफलता पाई, वहीं हिन्दी पत्रकारिता को एक नई दिशा भी दी।

स्वाधीनता के बाद के दौर को देखें तो स्पष्ट होगा कि हिन्दी में आधुनिक पत्रकारिता का दौर इसी समय आरम्भ होता है। स्वाधीनता के बाद हिन्दी के पत्र-पत्रिकाओं की संख्या में भारी वृद्धि हुई और अगर केवल पत्रों की ही बात करें तो आज हिन्दी में छह हजार से अधिक पत्रों का प्रकाशन हो रहा है। यह आँकड़ा प्रेस रजिष्ट्रार, 1988 की रिपोर्ट पर आधारित है; जिसके बाद शताधिक पत्रों का प्रकाशन हुआ है और इससे हिन्दी की प्रगति भी सुनिश्चित हुई है।

स्वाधीनता तक और बाद के कुछ दशकों तक हिन्दी पत्रों के प्रकाशन का एक ध्येय था, उसमें राष्ट्रीय निर्माण की चेतना थी और एक समग्र भारत बनाने की दिशा में समग्र संकल्पना की पवित्र दृष्टि थी, जो आज क्षीण हो चुकी है। इस प्रसंग में बाबूराव विष्णुराव पराड़कर के एक वक्तव्य को याद रखना जरूरी है जो उन्होंने 1925 में वृन्दावन साहित्य सम्मेलन के अवसर पर प्रथम हिन्दी सम्पादक सम्मेलन के अध्यक्ष के पद से दिया था—

"हम सब सम्पादक पत्रों की उन्नति चाहते हैं। पर हमें स्मरण रखना चाहिए

कि इस उन्नति के साथ-साथ हमारी स्वातन्त्र्य-हानि अवश्यम्भावी है। उन्नति व्यापारिक ढंग से ही हो सकती है। इसके लिए पूँजीपति और संचालन व्यवसाय की आवश्यकता है। इनके कथनानुसार और भी पत्र का सम्पादन करना असम्भव हो जाता है। इंग्लैण्ड और अमेरिका के पत्रों में स्पष्ट देखा जाता है कि उनके समाचार स्तम्भ, मनोरंजन स्तम्भ और व्यापार स्तम्भ जितने अच्छे हो रहे हैं, उनके सम्पादकीय स्तंभ उतने ही निकम्मे बनते जा रहे हैं। लन्दन के 'टाइम्स' जैसे दो-तीन पत्र इसके अपवाद हैं। पर साधारण नियम वही हैं जो ऊपर बताया गया है। भावी हिन्दी समाचार-पत्रों में भी ऐसा ही होगा। पत्र निकालकर सफलतापूर्वक चलाना बड़े-बड़े धनियों अथवा सुसंगठित कम्पनियों के लिए ही सम्भव होगा। पत्र सर्वांग सुन्दर होंगे। आकार बड़े होंगे। छपाई अच्छी होगी। पत्र मनोहर, मनोरंजक और ज्ञानवर्द्धक चित्रों से सुसज्जित होंगे, लेखों में विविधता होगी, कल्पना होगी, गम्भीर गवेषणा की झलक होगी और मनोहारिणी शक्ति भी होगी। ग्राहकों की संख्या लाखों में गिनी जाएगी। यह सब कुछ होगा, पर पत्र प्राणहीन होंगे। पत्रों की नीति देशभक्त, धर्मभक्त अथवा मानवता के उपासक महाप्राण सम्पादकों की नीति न होगी। इन गुणों से सम्पन्न लेखक विकृत मस्तिष्क समझे जाएँगे। सम्पादक की कुर्सी तक उनकी पहुँच भी न होगी।''[1]

1925 में पराड़कर द्वारा दिए गये उपर्युक्त वक्तव्य को याद करें तो उनकी बातें शतशः प्रमाणित होती दिखाई देती हैं। अब पत्रकारिता का ध्येय अधिकाधिक लाभ कमाना है, उसके पीछे कोई स्वस्थ भाव नहीं रह गया है। सेवा, समर्पण, त्याग और संकल्प जैसे भाव बीते जमाने के हो गये हैं। सम्पादक नामक संस्था नष्ट हो गयी है। प्रबन्धकीय कुशलता सर्वोपरि हो चुकी है। प्रबन्धन की योग्यता जिसमें होगी वही पत्र का संयोजन करेगा, पत्र का सम्पादन और उसका विचार पक्ष पत्र के स्वामियों की मर्जी से नियन्त्रित होता है। लगभग एक सौ अस्सी वर्षों की हिन्दी पत्रकारिता की गौरवपूर्ण यात्रा, जो इतनी विविधताओं भरी रही और जिसने भाषा, समाज, संस्कार तथा जीवन के प्रायः हर क्षेत्र को प्रभावित किया, उसे नये रूप में ढाला; वही आज; कम से कम हिन्दी समाचार-पत्रों के स्तर पर शुद्ध व्यावसायिक हो गयी है और उसकी ध्येयवादी राष्ट्र-निर्माण की संकल्पना बिला-बिसर गयी है जो सचमुच चिन्ता का विषय है।

इस दौर की पत्रकारिता का दूसरा पक्ष पत्रिकाओं का रहा है जिसका उल्लेख पीछे भी यथाप्रसंग हुआ है। इस क्रम में उनमें से महत्त्वपूर्ण प्रकाशनों की सूची इस तरह सामने आती है—

'हितवाणी', 1904, कलकत्ता, सं. रुद्रदत्त शर्मा, सखाराम गणेश देउस्कर।

'नृसिंह', 1907, सा., सं. अम्बिका प्रसाद वाजपेयी।

'अभ्युदय', 1907, प्रयाग, सं. मदनमोहन मालवीय।

'कर्मयोगी', 1909, मा., प्रयाग, सं. कृष्णकान्त मालवीय।

'मर्यादा', 1909, मा., कानपुर, सं. कृष्णकान्त मालवीय।
'प्रताप', 1913, सा, कानपुर, सं. गणेश शंकर विद्यार्थी।
'प्रभा', 1913, मा, सं. कालूराम।
'सरस्वती' (1900) के साथ-साथ अन्य महत्त्वपूर्ण पत्रिकाएँ हैं—
'सुदर्शन', 1900, मा, सं. देवकीनन्दन खत्री, माधव प्रसाद मिश्र।
'समालोचक', 1902, मा, जयपुर, सं. चन्द्रधर शर्मा गुलेरी।
'देवनागर', 1907, मा, कलकत्ता, सं. उमापतिदत्त शर्मा, यशोदानन्दन अखौरी।
'इन्दु', 1909, मा., काशी, सं. अम्बिका प्रसाद गुप्त।
'मनोरंजन', 1912, मा., शाहाबाद, सं. ईश्वरी प्रसाद शर्मा।
'पाटलिपुत्र', 1914, मा., पटना, सं. काशीप्रसाद जायसवाल।
'प्रभा', 1913, मा., खण्डवा (1917 तक साहित्यिक रही, बाद में राजनीतिक)।
इसके अतिरिक्त अन्य महत्त्वपूर्ण पत्रिकाएँ रहीं—
'चाँद', 1920 सा., मा., प्रयाग, सं. रामरख सहगल, चण्डीप्रसाद हृदयेश।
'माधुरी', 1922, लखनऊ, सं. दुलारेलाल भार्गव।
'विशाल भारत', 1928, कलकत्ता, सं. बनारसीदास चतुर्वेदी।
'हंस', 1930, बनारस, सं. प्रेमचन्द।
'सरोज', 1928, कलकत्ता, सं. नवजादिकलाल श्रीवास्तव।
'साहित्य सन्देश', 1937, आगरा, सं. गुलाब राय।

इनके अलावे ऐसी अनेक पत्रिकाएँ इस दौर में प्रकाशित हुईं जिनसे हिन्दी की पत्रकारिता विचार, भाव और राष्ट्रीय चेतना के स्तर पर समृद्ध हुई। आने वाले युग को एक समृद्ध विरासत सौंपती यह पत्रकारिता सही मायनों में जनतान्त्रिक मूल्यों की स्थापना करती है। इस दौर की पत्रकारिता का मुख्य ध्येय स्वाधीनता आन्दोलन के लिए राष्ट्रीय चेतना का प्रसारण था; पर सही अर्थों में विशुद्ध साहित्यिक-सांस्कृतिक पत्रकारिता की जमीन भी इसी युग में निर्मित हुई। द्विवेदी युग की पत्रकारिता से साहित्य और संस्कृति के व्यापक क्षेत्रों से हिन्दी की निकटता बढ़ी। इस युग के प्राय: सभी पत्र-पत्रिकाओं ने स्वाधीनता संघर्ष में व्यापक राष्ट्रीय भागीदारी में अपनी महत्त्वपूर्ण भूमिका निभाई। कांग्रेस के नेतृत्व में लड़ी गयी लड़ाइयों, आन्दोलनों और सत्याग्रहों को अपना भरपूर समर्थन देकर पत्रकारिता ने देश की स्वाधीनता के लिए हो रहे संघर्ष में अमूल्य योगदान दिया। इस युग की पत्रकारिता स्वाधीनता संघर्ष का ऐतिहासिक दस्तावेज बन सकी; जो आनेवाली पीढ़ियों के लिए भी प्रेरणा का स्रोत बनी। इस युग के अधिकांश पत्र-पत्रिकाओं ने महात्मा गाँधी के आलेखों, भाषणों और संकल्पों को प्रकाशित किया। राष्ट्रीय आन्दोलन के लगभग सभी बड़े नेताओं के विचारों को जन-जन तक पहुँचाया और एक राष्ट्रीय भावना के स्तर पर स्वाधीनता की चेतना को

फैलाया। अँग्रेजी शासन की नीतियों के विरुद्ध जनमत बनाने का कार्य हो या सामाजिक कुरीतियों का प्रश्न हो, समाज में हो रहे परिवर्तनों का पक्ष हो या स्थानीयताओं से ऊपर उठकर देश की एकता को कायम रखने का कार्य हो, सांप्रदायिक सद्भाव की स्थापना हो या समतामूलक समाज के स्वप्न का संकल्प हो; हिन्दी पत्रकारिता ने हर स्तर पर राष्ट्रीय प्रश्नों को उठाया और सम्पादकों ने राष्ट्रीय दायित्व में अपना सर्वस्व न्योछावर किया।

इसी युग ने पत्रकारिता को व्यापक साहित्यिक-सांस्कृतिक कर्म के रूप में भी स्थापित करने का कार्य किया। भाषा के स्तर पर हिन्दी अधिक से अधिक रचनात्मक तथा सम्प्रेषणीय इसी युग में हो पाई। शब्दों की स्थानीयता का प्रादुर्भाव भी इसी युग में हुआ; यानी हिन्दी अपने विभिन्न स्थानीय स्रोतों से शब्द लेकर अधिक समृद्ध हुई, अधिक जनोन्मुख हुई और इसी स्तर पर हिन्दी में स्थानीयताओं का महत्त्व बढ़ा। भोजपुरी, अवधी, बुन्देली, ब्रज, राजस्थानी, मारवाड़ी, पहाड़ी, मालवी, मगही, मैथिली, हरियाणवी, कौरवी जैसी उपभाषाओं के शब्दों और मुहावरों से हिन्दी भाषा का अनवरत विकास हुआ। वह व्यावहारिक हुई, उसमें संस्कृति की प्रक्रियाओं का प्रवेश हुआ और इसी अनुपात में वह जनता की बोली-बानी के अधिक निकट हुई। इसी युग में साहित्य की जनपक्षधरता भी लौटी तो सांस्कृतिक स्तर पर जनता की अभिव्यक्ति भी सम्भव हुई। इस युग की पत्रिकाओं ने साहित्यिक आन्दोलनों को जन्मते और नई-नई विचार-सरणियों में विन्यस्त होते देखा। चाहे वह नवजागरण हो, सुधार-संस्कार का काल हो, छायावाद हो या प्रगति, प्रयोगवाद हो; हिन्दी की पत्रिकाएँ सबकी साक्षी बनीं और व्यापक साहित्यिक-सांस्कृतिक परिवर्तनों की भागीदार भी। पत्रिकाओं में नाटक, कला, नृत्य, संगीत जैसी कलाओं की भागीदारी भी इसी दौर में सम्भव हुई। कहना न होगा कि इस युग की पत्रकारिता स्पष्ट अर्थों में साहित्यिक-सांस्कृतिक पत्रकारिता की समृद्ध पृष्ठभूमि बनी। इसी पृष्ठभूमि पर आगे की पत्रकारिता का स्वरूप स्थिर हुआ और उसने विमर्श के नये-नये शिखरों को छुआ।

साहित्यिक-सांस्कृतिक दृष्टि से पत्रिकाओं के महत्त्व को कुछ बिन्दुओं के माध्यम से देखा जाय तो अधिक स्पष्टता से इस तथ्य का रेखांकन हो सकेगा। 1900 में काशी नागरी प्रचारिणी सभा की ओर से प्रकाशित 'सरस्वती' का सिद्धान्त वाक्य था—'सरस्वती श्रुति महती न हीयताम्।' इसके सम्पादक मण्डल में थे—श्री कार्तिक प्रसाद खत्री, पण्डित किशोरी लाल गोस्वामी, बाबू जगन्नाथ दास बी. ए., बाबू राधाकृष्ण दास तथा बाबू श्यामसुन्दर दास। 'सरस्वती' के प्रवेशांक में कहा गया है—"परम कारुणिक सर्वशक्तिमान जगदीश्वर की अशेष अनुकम्पा से ही ऐसा अनुपम अवसर आकर प्राप्त हुआ है कि आज हम लोग हिन्दी भाषा के रसिक जनों की सेवा में नये उत्साह से उत्साहित हो एक नवीन उपहार लेकर उपस्थित हुए हैं, जिसका नाम 'सरस्वती' है। भरत मुनि के इस महावाक्यानुसार कि 'सरस्वती श्रुति महती न हीयताम्'

अर्थात् सरस्वती ऐसी श्रुति है कि जिसका कभी नाश नहीं होता। यह निश्चय प्रतीत होता है कि यदि हिन्दी के सच्चे सहायक और उससे सच्ची सहानुभूति रखनेवाले सहृदय हितैषियों ने इसे समुचित आदर और अनुरागपूर्वक ग्रहण कर यथोचित आश्रय दिया तो अवश्यमेव यह दीर्घजीविनी होकर निज कर्त्तव्य पालन से हिन्दी की समुज्जवल कीर्ति को अचल और दिगंतव्यापिनी तथा स्थायी करने में समर्थ होगी।''[2]

'सरस्वती' के प्रवेषांक में व्यक्त इस संकल्प का निर्वाह उसके प्रकाशन में लगातार होता रहा। यह संकल्प यह सिद्ध करने के लिए काफी है कि 'सरस्वती' ने पत्रकारिता में साहित्यिक-सांस्कृतिक चेतना को प्रतिष्ठित करने के लिए कार्य किया।

इसी शृंखला में 'जागरण' साहित्यिक पाक्षिक को भी देखा जा सकता है जिसने अपने प्रकाशन से हिन्दी की साहित्यिक पत्रकारिता को सम्पन्न किया। काशी से 11 फरवरी, 1932 में आरम्भ हुए इस पाक्षिक के सम्पादक शिवपूजन सहाय थे और संस्थापक-संचालक थे विनोद शंकर व्यास। एक सम्पादकीय में सहाय ने लिखा था—''हममें न कोई चमत्कारपूर्ण प्रतिभा है, न कोई विलक्षण शक्ति है। केवल है औढरदानी विश्वनाथ का अटल भरोसा, जिसकी राजधानी से यह 'जागरण' प्रकट हो रहा है। उसी की प्रेरणा है। वही इसे सँभालें।''[3] यह पाक्षिक विशुद्ध साहित्यिक था और साहित्य को जनता तक पहुँचाना और जनता की भाषा में साहित्य को सम्भव करना इसका लक्ष्य था। ज्ञातव्य है कि कवि जयशंकर प्रसाद ने इस पत्रिका का नामकरण किया था और शिवपूजन सहाय को उन्होंने हर सम्भव सहयोग देकर उसे प्रतिष्ठित करने का भगीरथ कार्य किया था।

इस युग की शायद ही कोई पत्रिका हो जो किसी साहित्यकार के सम्पादन में न निकलती हो। यही कारण है कि यह पत्रिकाएँ जनता में साहित्य-संस्कृति के संस्कार डाल सकीं और साहित्यकारों को भी उनके कर्त्तव्य का बोध करा सकीं। कुछ पत्रिकाओं के विशेषांक तो आज भी अमूल्य धरोहरों की तरह हैं जिनमें हम अपने अतीत की जीवित छवियों को देख सकते हैं। 'चाँद' का फाँसी अंक, 'सुधा' का साहित्य अंक, 'हंस' का आत्मकथा अंक, काशी अंक और प्रेमचन्द स्मृति अंक तो साहित्य की अनूठी स्मृतियाँ हैं। पूरे भारत से निकलनेवाली महत्त्वपूर्ण साहित्यिक पत्रिकाओं ने हिन्दी को एक भाषा के रूप में व्यवस्थित तो किया ही, साहित्य की सुरुचि का भी विकास किया। मानवीय हितों की रक्षा के संकल्प के साथ यह पत्रकारिता हर स्तर पर हिन्दी समाज की उन्नति का लक्ष्य लेकर चली जिसमें भाषा, साहित्य, संस्कार जैसे क्षेत्र प्राथमिकता पर थे। स्वाधीनता की चेतना के प्रसार के साथ-साथ इस पत्रकारिता ने बड़े यत्न से उस नींव को तैयार किया जिस पर बाद में उसके विकास की इमारत खड़ी हो सकी और पत्रकारिता की प्रगति भी सुनिश्चित हो सकी।

पत्रिकाओं के साथ-साथ निकलनेवाले दैनिक, साप्ताहिक और पाक्षिक पत्रों में

भी साहित्य-संस्कृति के प्रति एक सुचिन्तित दृष्टि विकसित होती गयी जो साहित्य-सर्जन के साथ-साथ व्यापक सांस्कृतिक प्रक्रियाओं का हिस्सा भी बनी। यह ध्येय का युग था, मिशन था—स्वाधीनता की प्राप्ति का और अपनी भाषा में साहित्य-सृजन और सांस्कृतिक मूल्यों के संरक्षण का। इस मिशन में शताधिक पत्र और पत्रिकाएँ लगे थे जिनके प्रयत्नों से हिन्दी की पत्रकारिता बहुत छोटे-से काल में इतनी अधिक समृद्ध हो सकी थी। हम पीछे संकेत कर आये हैं कि साहित्य में हुए आन्दोलनों का साक्ष्य पत्रिकाएँ ही रही हैं और कुछ पत्र भी। शायद ही कोई आन्दोलन हो जिसे पत्रिकाओं ने समर्थन न दिया हो। 'छायावाद' जैसे काव्यान्दोलन का नाम 'श्री शारदा' पत्रिका में छपे मुकुटधर पाण्डेय की 'छायावाद' शीर्षक लेखमाला से ही प्रेरित रहा, तो अनेक पत्रिकाओं ने लेखकों को परिष्कृत कर उन्हें मूर्धन्य बनाया। इस प्रसंग में राष्ट्रकवि मैथिलीशरण गुप्त के उदाहरण से सभी लोग परिचित हैं। आचार्य महावीर प्रसाद द्विवेदी और उनके संपादन में निकलनेवाली पत्रिका 'सरस्वती' कविवर गुप्त के परिष्कार में अग्रणी रहे हैं।

आचार्य रामचन्द्र शुक्ल ने 'नागरी प्रचारिणी पत्रिका' के योगदान को तथा उसकी संस्था 'नागरी प्रचारिणी सभा' को याद करते हुए लिखा है—"जिस समय यह (सभा) स्थापित हुई थी उस समय भारतेन्दु द्वारा प्रवर्तित प्रथम उत्थान की ही परम्परा चली आ रही थी। वह प्रचार काल था। नागरी अक्षरों और हिन्दी साहित्य के प्रचार के मार्ग में बड़ी बाधाएँ थीं। 'नागरी प्रचारिणी पत्रिका' की प्रारम्भिक संख्याओं को यदि हम निकालकर देखें तो उसमें अनेक विषयों के लेखों के अतिरिक्त कहीं-कहीं ऐसी कविताएँ भी मिल जाएँगी जैसी श्रीयुत् पण्डित महावीर प्रसाद जी द्विवेदी की 'नागरी तेरी यह दशा'। नूतन हिन्दी साहित्य का वह प्रथम उत्थान कैसा हँसता खेलता आया था, भारतेन्दु के सहयोगी लेखकों का वह मण्डल किस जोश और जिन्दादिली के साथ और कैसी चहल पहल के बीच अपना काम कर गया, इसका उल्लेख पीछे हो चुका है। सभी की स्थापना के पीछे घर चलाने की चिन्ता और व्यग्रता के कुछ चिह्न हिन्दी सेवक मण्डल के बीच दिखायी पड़ने लगे थे। भारतेन्दु जी के सहयोगी अपने ढर्रे पर कुछ न कुछ लिखते तो जा रहे थे, पर उनमें वह तत्परता और उत्साह नहीं रह गया था। बाबू हरिश्चन्द्र के गोलोकवास के कुछ आगे पीछे जिन लोगों ने साहित्य-सेवा ग्रहण की थी वे ही अब प्रौढ़ता प्राप्त करके काल की गति रखते हुए अपने कार्य में तत्पर दिखाई देते थे। उनके अतिरिक्त भी कुछ नये लोग मैदान में धीरे-धीरे उतर रहे थे। यह नवीन हिन्दी साहित्य का द्वितीय उत्थान था जिसके आरम्भ में 'सरस्वती' पत्रिका के दर्शन हुए।"[4]

आचार्य शुक्ल अपने विवेचन से यह कहना चाहते हैं कि किस तरह हिन्दी धीरे-धीरे अपने वर्तमान स्वरूप को प्राप्त कर सकी और कैसे वह रचनात्मक बनने की ओर अग्रसर हुई। इस पूरी प्रक्रिया में पत्रिकाओं का योगदान महत्त्वपूर्ण रहा है।

एक वियोगात्मक भाषा के रूप में हिन्दी का विकास हो या साहित्यिक दृष्टि का पल्लवन, सांस्कृतिक चेतना का प्रश्न हो या व्यापक मानवीय हितों को ध्यान में रखते हुए एक सार्थक साहित्य-कर्म का विकास हो, इस युग की पत्रकारिता ने ऐतिहासिक भूमिका निभाई और बहुत कम समय में हिन्दी को समृद्ध भाषा के रूप में प्रतिष्ठित कर दिया। आज हम जिस हिन्दी को इतना परिष्कृत हुआ देखते हैं, वह इसी युग के अध्यवसाय का परिणाम है।

निष्कर्षत: कहा जा सकता है कि स्वाधीनता पूर्व हिन्दी की पत्रकारिता ने जहाँ दैनिक, साप्ताहिक और पाक्षिक पत्रों तथा पत्रिकाओं के माध्यम से स्वाधीनता संघर्ष को प्रेरित किया, वहीं समाज की अनीतियों, कुरीतियों पर प्रहार करके उसमें नये परिवर्तनों का समर्थन किया। हिन्दी को एक समृद्ध भाषा बनाने का भगीरथ कार्य इसी युग में हुआ जिसके बाद वह व्यापक जन समाज की संप्रेषणीयता का माध्यम बन सकी। यही वह युग है जिसमें हिन्दी को उसकी पूरी संरचना मिली, व्याकरण मिला और वह अपनी बोलियों के नजदीक होकर अधिक समर्थ बन सकी। यही वह युग है जिसमें पत्रकारिता का उज्जवलतम रूप निखरा और उसमें साहित्यिक-सांस्कृतिक पत्रकारिता भी सम्भव हुई। इस स्तर पर आकलन करें तो पाएँगे कि पत्रों में साहित्य की भूमिका के अतिरिक्त अन्य अनुशासनों की भी भागीदारी रही है, पर पत्रिकाओं में साहित्य प्रधान तत्त्व के रूप में मौजूद रहा है। स्वाधीनता पूर्व की पत्रकारिता में साहित्य और पत्रिकाएँ परस्परपूरक रहे हैं। इसी परस्परता के कारण साहित्य भी विकसित हुआ तो साहित्यिक पत्रकारिता भी समृद्ध हुई जो आगे चलकर व्यापक सांस्कृतिक विमर्शों का आधार बनी।

आगे हम पहले अध्याय के तहत ध्येयवादी दौर में समता, समग्रता के स्वप्नों का परीक्षण करेंगे।

सन्दर्भ—

1. हिन्दी पत्रकारिता के युग निर्माता-लेखक डॉ. लक्ष्मीशंकर व्यास, व्यास प्रकाशन, वाराणसी, संस्करण-1988, पृ. 16
2. 'सरस्वती', भाग-1, संख्या-1, जनवरी, 1900
3. 'जागरण', वर्ष-1, अंक-12, जुलाई 1932
4. हिन्दी साहित्य का इतिहास, आचार्य रामचन्द्र शुक्ल, 26वाँ संस्करण, पृ. 265-266

अध्याय-1

ध्येयवादी दौर में समता, समग्रता का स्वप्न

यह वह युग है जब भारतीय जन में तो जागृति थी ही, पत्रकारिता अपने दायित्व का भली-भाँति निर्वाह भी कर रही थी। इस दौर में राजनीतिक सजगता के साथ-साथ जनता में साहित्यिक और बौद्धिक चेतना भी पर्याप्त थी। यही कारण है कि पत्रकारिता की प्रतिबद्धता जनता के प्रति थी और जनता व्यापक राष्ट्रीय हितों के प्रति जागरूक थी। आजाद भारत का स्वप्न फलीभूत तो हुआ था, पर साम्प्रदायिक राजनीति ने जनता को अधूरी आजादी दी थी, पाकिस्तान नाम से मुस्लिम देश जिन्ना के नेतृत्व में बन गया था। हिंसा और शोक के साथ जो साहित्य रचा जा रहा था, उसमें एक समतामूलक समाज की परिकल्पना आकार पा रही थी। सर्वत्र एक ध्येय था और सबके मन में यह धारणा बलवती हो रही थी कि भारत में ऐसी सरकार बने जिसमें सबकी भागीदारी हो, समाज में समानता स्थापित हो। साहित्य में यथार्थवाद की पूर्णपीठिका प्रतिष्ठित होने की राह में थी। 'हंस' में अमृत राय ने सोवियत लेखक मैक्सिम गोर्की के लेख 'नौजवानों से बातचीत' को प्रकाशित कर इस बहस को नई जमीन दी—"साहित्य में समाजवादी यथार्थवाद की अवतारणा इसी तरह हो सकती है कि वह वास्तविक जीवन में होनेवाली समाजवादी रचनात्मक क्रियाओं का दर्पण बने। क्या हमारे साहित्य में ऐसे यथार्थवाद की अवतारणा हो सकती है ? हो सकती नहीं, अवश्य होगी; क्योंकि इस समय भी क्रान्तिकारी समाज रचना के ऐसे उदाहरण हमारे देश में हैं और उनकी संख्या बढ़ती ही जा रही है।"[1]

साहित्यिक पत्रकारिता की इस व्यापक चिन्ता का आधार वह जन ही था जिसकी सामूहिक संकल्पचेतना ने देश को स्वतन्त्रता दिलाई थी। स्वतन्त्रता से पूर्व भी साहित्यिक चिन्तकों ने देख लिया था कि अपनी सत्ता होने पर भी देश में ऐसे लोग कम नहीं हैं जो मौके का फायदा उठाते हुए लोगों की भाषाई कटुता को भुनाकर उससे राजनीतिक लाभ लेंगे। 'हंस' में ही 'भाषा और संस्कृति' शीर्षक लेख में लतीफ अहमद ने लिखा था—"भाषा का वर्तमान झगड़ा असल में भाषा और संस्कृति की हुज्जत और तकरार है ही नहीं। यह तो अपने-अपने स्वार्थ पूरे करने का एक साधन है। राजनीतिक चालाकियाँ हैं, सस्ती नेतागिरी का ढोंग है। जो लोग पहले से प्रभावशाली

हैं (हिन्दू और मुसलमान दोनों), वे अपना प्रभाव बनाये रखने के लिए चाल चल रहे हैं, पर जब जनता का राज बन जाएगा (और वह कांग्रेस के हाथ से आजादी ले लेने के बाद फिर बहुत दूर न रह जाएगा), उस समय न शेख साहब की जिद कायम रह सकेगी और न महाशय जी की घृणा, उस वक्त से दोनों ऐसे गायब होंगे जैसे गधे के सिर से सींग।''[2]

आज के अनेक प्रश्नों के उत्तर टटोलने और उन पर बहस करने की प्रवृत्ति साहित्यिक पत्र-पत्रिकाओं में इतनी अधिक मिलती है कि लगता है कि यह एक ऐसी परम्परा बन रही थी जो बाद की बहसों की जमीन थी। स्वतन्त्रता मिलने के बाद अधिकांश पत्र-पत्रिकाओं ने ध्येयवादिता को एक नई शक्ल दी थी और लोगों को नये संकल्पों में बाँधा था—'स्वाधीनता दिवस और हिन्दी साहित्यकार' शीर्षक सम्पादकीय में व्यक्त किये गये संकल्प को देखें—''पन्द्रह अगस्त के बाद देश जिस नई स्थिति को उत्तीर्ण हो गया है, उस पर हमने विचार किया। अब प्रश्न यह आता है कि इस स्थिति में प्रगतिशील साहित्यकारों (जिससे हमारा अभिप्राय केवल प्रगतिशील लेखक संघ के सदस्यों से नहीं है, संघ के बाहर भी प्रगतिशील लेखक हैं और हो सकते हैं) का क्रान्तिकारी कर्त्तव्य क्या है? राष्ट्र के सामने आज तीन मुख्य कार्य हैं—

पहला—देश में सच्चा जनतन्त्र स्थापित करना।

दूसरा—ब्रिटेन की विभेद नीति को परास्त करना।

तथा *तीसरा*—देशी आत्मा को फिर से एक करना।''[3]

आश्चर्य है कि हिन्दी की साहित्यिक पत्रकारिता, जो स्वतन्त्रता संघर्ष में अपनी बड़ी भूमिका का निर्वाह कर चुकी थी, इस हद तक जागरूक रही और देश की ज्वलन्त समस्याओं पर उसकी सुविचारित दृष्टि निरन्तर बनी रही। उपर्युक्त कर्त्तव्य कितने निभे और व्यवस्था ने उनकी कितनी परवाह की, यह अलग बहस का विषय है, पर हिन्दी की साहित्यिक पत्रकारिता की सांस्कृतिक दृष्टि जिस राष्ट्रीय परिपक्वता का परिचय देती है, उस पर सहज ही गर्व हो आता है।

इस 'हंस' के ही एक अन्य सम्पादकीय को यहाँ देखा जा सकता है जो देश के विभाजन को एक बड़ी साजिश के रूप में देखता है। सम्पादकीय का स्पष्ट मानना है कि देश का विभाजन हिन्दुओं और मुस्लिमों को हमेशा के लिए एक-दूसरे का दुश्मन बनाने के लिए किया गया—''यह औपनिवेशिक स्वराज्य भी सम्पूर्ण भारत को एक इकाई मानकर नहीं दिया गया है। भारत को धर्म के आधार पर इस प्रकार खण्ड-खण्ड कर दिया गया है कि उससे भारत की स्वतन्त्रता ही नहीं, उसकी आत्मा, उसकी स्वतन्त्रता खतरे में पड़ गयी है। देश पाकिस्तान, हिन्दुस्तान और राजिस्तान इन तीन भागों में विभाजित है। तीनों भाग स्वतन्त्र हैं, मगर चतुर शासकों ने विभाजन इस प्रकार किया है कि एक की स्वतन्त्रता दूसरे की परतन्त्रता हो जाती है। धर्म के आधार पर हिन्दुस्तान और पाकिस्तान, इन दो राष्ट्रों की सृष्टि करके क्रूर शासकों ने

हिन्दुओं और मुसलमानों को चिरकाल के लिए एक-दूसरे का दुश्मन बना देने का षड्यन्त्र रचा है। राजाओं को स्वतन्त्र पद देकर उन्होंने भावी भारत में अपनी जगह बनाने की सोची है।''[4]

देश के विभाजन को एक कुटिल नीति के तौर पर देखते हुए 'हंस' ने जो आशंका व्यक्त की थी, वह पूरी तरह सही निकली। आज हम खुली आँखों से देख रहे हैं कि न तो स्वराज ने वास्तविक जनतन्त्र की स्थापना की और न ही धार्मिक समता ही कायम हो पाई। इस विमर्श को केवल राजनीतिक मानकर इसे दरकिनार किये जाने की भूल नहीं की जा सकती। यह एक बड़ा सांस्कृतिक प्रश्न भी है जिसकी तरफ पत्रिका स्पष्ट इशारा करती है और स्पष्ट कहती है कि 'विभाजन से देश की संस्कृति, उसकी आत्मा खतरे में पड़ गयी है।'

यह अकारण नहीं है कि स्वतन्त्रता के बाद हिन्दी साहित्य तथा संस्कृति में व्यापक परिवर्तन की हवा चली। इन परिवर्तनों को हिन्दी की पत्रकारिता ने न केवल आधार दिया, बल्कि दूर तक उसकी सहचरी भी बनी। हिन्दी पत्रकारिता का अभ्युदय एक सांस्कृतिक आन्दोलन ही था और स्वतन्त्रता प्राप्ति के बाद उस आन्दोलन की जवाबदेहियाँ भी बढ़ गयी थीं। राजनीति हो या धर्म, दर्शन हो या अध्यात्म, साहित्य हो या कला; सब पर इस पत्रकारिता की दृष्टि गयी जिससे एक स्वस्थ सांस्कृतिक वातावरण बन सका। इसी कड़ी में महात्मा गाँधी की मृत्यु को भी देखा जा सकता है जो एक हत्यारे की गोलियों का शिकार हुए थे। पूरा देश स्तब्ध हो उठा था। उस समय की शायद ही कोई पत्र-पत्रिका हो जिसने इसे राष्ट्रीय विपत्ति के रूप में न देखा हो। पर विभाजन की भेंट चढ़े भारत के अनेक इलाकों में साम्प्रदायिक हिंसा का जो ताण्डव चल रहा था, उससे उस समय का साहित्यिक जगत शोकार्त्त था। 'हंस' में ही नरोत्तम नागर ने लिखा था—''तीस जनवरी की मनहूस साँझ थी वह जब गाँधीजी के शरीर पर प्रहार हुआ। लेकिन यह तो उनके शरीर पर ही प्रहार था। उनकी आत्मा पर इससे पहले प्रहार शुरू हो गया था—सबसे पहले और सबसे भारी प्रहार हुआ बिहार में जब मुसलमानों की सामूहिक हत्या की गयी।''[5]

देश के विभाजन से उपजी विभीषिका ने पूरे देश को आन्दोलित कर रखा था। जगह-जगह साम्प्रदायिक बर्बरता दिखाई दे रही थी जिसमें असहाय और निर्दोष लोग बड़ी संख्या में मारे जा रहे थे। गाँधी की हत्या इसी बर्बरता की कड़ी थी जिसने मानवता पर सदा के लिए कलंक लगा दिया था। नरोत्तम नागर ने गाँधीजी की हत्या की भर्त्सना तो की ही, मुस्लिमों की सामूहिक हत्याओं की भी निन्दा की। उन दिनों देश का शायद ही कोई पत्र रहा हो जो इस राष्ट्रीय आपदा पर बिफरा न हो। साहित्य चूँकि पत्रकारिता से एकमेव था या यों कहें कि तब साहित्य और पत्रकारिता एक ही सिक्के के दो पहलू थे; इसलिए इन त्रासदियों पर उसकी कड़ी प्रतिक्रिया स्वाभाविक थी।

हिन्दी पत्रकारिता का एक निश्चित ध्येय था, तब पत्रिकाओं का प्रकाशन

व्यावसायिक न था, इसलिए राष्ट्रीय प्रश्नों और समस्याओं पर टिक कर बहस करना उसका अपना धर्म बन गया था। लेखकों की चिन्ताएँ जो पत्र-पत्रिकाओं में व्यक्त होती थीं, वे उनकी रचनाभूमि भी बनती थीं। साहित्य और पत्रकारिता के ऐसे सम्बन्ध दूसरी अनेक सम्पन्न भाषाओं में दुर्लभ हैं; यहाँ तक कि अँग्रेजी, फ्रांसीसी सरीखी भाषाओं में भी साहित्य और पत्रकारिता का ऐसा रिश्ता देखने में नहीं आता। पत्रकारिता ध्येयवादी थी और साहित्य उन्हीं सपनों, संघर्षों की अभिव्यक्ति था; इसलिए वे दोनों मिलकर एक ऐसी पत्रकारिता को जन्म देते हैं जो एक समग्र संस्कृति निर्मित करती है। तब पत्रकारिता भी हिन्दी की साहित्यिक चिन्ताओं से पीछे नहीं हटती।

हिन्दी पत्रकारिता की इन्हीं विशेषताओं को परखते हुए आनेवाली पत्रिकाएँ अपने को इन स्थितियों के लिए तैयार करती हैं और दायित्व की इस बड़ी भूमिका के निर्वाह की भूमि बनाती है। 'कल्पना' के प्रवेशांक में व्यक्त चिन्ताओं को देखकर इसका अनुमान किया जा सकता है—

" 'कल्पना' हिन्दी पत्रिकाओं की संख्या में वृद्धि अथवा ग्राहकों का मनोरंजन करके धनोपार्जन करने के उद्देश्य से नहीं निकाली गयी है। उसके प्रकाशक तथा सम्पादक का एक मात्र उद्देश्य हिन्दी के स्तर को उन्नत करना है। हिन्दी भाषियों की संख्या के आधार पर संसार की भाषाओं में हिन्दी का स्थान दूसरा या तीसरा है, किन्तु साहित्यिक विकास की दृष्टि से हिन्दी को संसार की प्रमुख भाषाओं में स्थान देना ही कठिन है, यहाँ तक कि एक-दो भारतीय भाषाएँ भी हिन्दी से कुछ ऊपर ही हैं।"[6]

यह चिन्ता कोई सामान्य चिन्ता नहीं है; क्योंकि इसमें हिन्दी को साहित्य की मानक भाषा बनाने पर बल दिया गया है और लक्षित किया गया है कि संख्या की दृष्टि से भले ही हिन्दी बड़ी भाषा हो, पर गुणवत्ता की दृष्टि से उसे अभी अपनी मंजिल पानी है। साहित्य इस तरह पत्रकारिता का सहचर बनता है जिसमें धीरे-धीरे साहित्यिक विकास के प्रतिमान तय होते हैं। इस दृष्टि से देखें तो इस दौर की पत्रकारिता को साहित्यिक पत्रकारिता ही मानेंगे; क्योंकि इसकी चिन्ता का मूल साहित्यिक और कलागत प्रश्न अधिक हैं। इसका मतलब यह बिल्कुल नहीं है कि इस पत्रकारिता ने राजनीति सहित दूसरे बुनियादी अनुशासनों की उपेक्षा की है। बल्कि सच तो यह है कि इस युग की पत्रकारिता ने जो समग्रता अर्जित की थी, उसका दूसरा उदाहरण अन्यत्र खोज पाना दुर्लभ है। इस पत्रकारिता का एक उदाहरण देखें जिसमें योजना आयोग द्वारा पंचवर्षीय योजना के प्रारूप के सम्बन्ध में जनता से प्रतिक्रिया चाही गयी थी। 'पंचवर्षीय योजना पर विचार' व्यक्त करते हुए 'आजकल' में सम्पादक की राय है—

"योजना कमीशन ने अपनी पंचवर्षीय योजना के प्रारूप के सम्बन्ध में बड़े-बड़े संगठनों, संस्थाओं तथा पत्र-पत्रिकाओं के विचार जानने के उद्देश्य से उनसे तत्सम्बन्धी आलोचनाएँ शीघ्र भेजने का अनुरोध किया है ताकि कथित योजना को अन्तिम रूप देने से पहले उन सबका पूरी तरह से अध्ययन किया जा सके।"[7]

यह पत्रकारिता जानती है कि देश का विकास तभी होगा जब किसानों की दशा सुधरेगी, खेती तरक्की करेगी, खेती के पारम्परिक संसाधनों की जगह जब वैज्ञानिक उपकरण आएँगे तो निश्चय ही कृषि की उन्नति होगी। 'भूमि सुधार में ट्रैक्टर का उपयोग' शीर्षक निबन्ध में कहा गया—

"केन्द्रीय ट्रैक्टर संगठन, देश के कृषि विस्तार एवं अन्न वृद्धि के लिए अथक परिश्रम कर रहा है। नयी सुधारी गयी हर एकड़ भूमि से देश को लगभग 1/3 टन अन्न प्राप्त होगा।"[8]

यह एक बड़ी पत्रकारीय जिम्मेवारी का निर्वाह है जिसके बिना किसी भी भाषा की पत्रकारिता जीवित नहीं रह सकती। साहित्य और संस्कृति को तो तभी जीवित रहना है जब देश जीवित रहेगा, उसकी जनता खुशहाल होगी। पत्रकारिता की सांस्कृतिक दृष्टि का पता ऐसी चिन्ताओं से ही चलता है। जनोन्मुख पत्रकारिता अपनी भाषाई संस्कृति और अपने साहित्य से विमुख नहीं हो सकती। पर उसके पहले उसे व्यापक जन की सुधि भी लेनी होगी जो उसका पाठक है और जिसके कन्धों पर राष्ट्र की अस्मिता, अस्तित्व तथा समेकित विकास का भार है। हिन्दी की साहित्यिक पत्रकारिता या यों कहें कि मुख्यधारा की पत्रकारिता ऐसी आकांक्षाओं पर खरी उतरती रही है, तो कोई गलत न होगा। यही दायित्वबोध वह जमीन बनाता है जिस पर पत्रकारिता व्यापक साहित्य विमर्श चलाती है और कलाओं पर भी उसकी अपनी एक दृष्टि सामने आती है। इस लिहाज से देखें तो हिन्दी की साहित्यिक पत्रकारिता का अपना एक गौरवपूर्ण स्थान दिखाई देता है। साहित्य का कोई भी आन्दोलन उससे अछूता नहीं रहता। नई से नई रचनाशीलता हो या साहित्यिक विमर्श की आवाजाही हो, कलाओं के स्वीकार का भाव हो या उनकी समीक्षा, अनुशीलन की एक मान्य पद्धति विकसित करने का प्रश्न हो; हिन्दी की साहित्यिक पत्रकारिता ने इस युग में जो कार्य सम्भव किये, वह सचमुच श्लाघ्य हैं। साहित्य और कलाओं से उसकी पारस्परिकता कई स्तरों पर ऐसे मानक बनाती प्रतीत होती है जिस पर आगे की सांस्कृतिक प्रक्रियाओं का आकलन सम्भव होता है।

स्वस्थ और गम्भीर साहित्य की सर्जना की चिन्ता भी इस दौर की साहित्यिक पत्रकारिता की मूल चिन्ताओं में एक दिखाई देती है। पत्रकारिता लगातार प्रयत्न करती है कि ऐसा साहित्य लिखा जाए जिसमें गहराई तो हो ही, पाठकों को छूनेवाली संवेदना भी हो। 'आजकल' में नेमिचन्द्र जैन ने लिखा—"साहित्य सृजन का मूल रहस्य वास्तविकता के साथ साहित्यकार के सम्पर्क में है। जितनी समग्रता के साथ साहित्यकार वास्तविकता के अपने अनुभव को एक जीवित, मूर्त रूप देने में समर्थ होगा, अपनी संवेदनाओं को एक-एक माननीय बिम्ब के रूप में सजीव और सप्राण बनाने में समर्थ होगा; उसी हद तक उसके साहित्य में वह गहराई आएगी जो न केवल एक ही पाठक के मन को केवल एक बार छूने में सफल हो सकेगी, बल्कि अलग-अलग पाठकों

को बार-बार अभिभूत करने में समर्थ होगी।''[9]

यह चिन्ता साहित्य को एक ऐसी दिशा देने की है जो उसे हर तरह से समर्थ बनाये। पत्रकारिता के साहित्य से सम्बन्ध को इस दृष्टि से भी परखा जा सकता है कि अन्त:सूत्रता के बावजूद दोनों अनुशासन एक-दूसरे के प्रति आलोचनात्मक भी बने रहते हैं ताकि वे एक-दूसरे के विकास का सहचर बन सकें। इस विमर्श में शामिल साहित्यकार साहित्य को जीवन की वास्तविकता के निकट लाना चाहते हैं जिससे व्यापक पाठकवर्ग तक उसकी पहुँच बन सके और उन आकांक्षाओं को सामूहिक प्रयत्नों से पाया जा सके जिसे स्वाधीनता संघर्ष के दौरान देखा गया था। इस दृष्टि से साहित्य और पत्रकारिता के सम्बन्धों को देखा जाए तो यह स्पष्ट हो जाता है कि राष्ट्र के निर्माण का स्वप्न जितना साहित्य का रहा, उतना ही पत्रकारिता का रहा और यह पूरा दौर साहित्यिक पत्रकारिता का ही था जिसमें एक समग्र संस्कृति की समझ और चेतना का प्रसार था। 'आजकल' के ही एक सम्पादकीय में देवेन्द्र सत्यार्थी की चिन्ताएँ देखी जा सकती हैं—

''युग की माँग क्या है, विश्व में, विश्व-साहित्य में क्या-क्या प्रवृत्तियाँ अग्रसर हो रही हैं? इन प्रवृत्तियों में कौन-सी प्रवृत्ति है जो 'विश्वात्मा' के नये यथार्थ का विश्लेषण प्रस्तुत करती है? सामाजिक और आर्थिक समस्याएँ देश-देश के साहित्यकारों के सम्मुख कौन-कौन से प्रश्नों के साथ रही हैं? ये कुछ प्रश्न हैं जिनका उत्तर आवश्यक है। इससे साहित्यकार को यह प्रकाश मिलेगा जिसके बिना उसकी लेखनी अन्धे की लाठी बनकर रह जाती है।''[10]

साहित्य से यह माँग नाजायज नहीं थी। इसका एक निश्चित आधार यह था कि जब तक जनता के जीवन से सीधा साक्षात्कार साहित्य में नहीं होता तब तक साहित्य की सामाजिकता प्रमाणित नहीं होती। जिस दौर का ध्येय ही समता और समग्रता का था उस दौर में इन चिन्ताओं का सचमुच बहुत महत्त्व था; महत्त्व आज भी है, पर वह ध्येय बिला बिसर गया है। इस पत्रकारिता की एक विशेषता सांस्कृतिक चेतना की रही है जिसमें साहित्य के अतिरिक्त अन्य कलारूपों को देखने-परखने तथा उन्हें व्यापक सामाजिक पहचान दिलाने की चिन्ता देखी जा सकती है। गन्धर्व महाविद्यालय, दिल्ली की स्वर्णजयन्ती के अवसर पर देश के पहले राष्ट्रपति डॉ. राजेन्द्र प्रसाद के विचारों को परखा जा सकता है जो संगीत और भक्ति की अनन्यता पर प्रकाश डालते हैं और यह भी द्योतित करते हैं कि एक गणराज्य के अध्यक्ष को कितनी सांस्कृतिक समझ चाहिए। वे कहते हैं—''हमारे यहाँ संगीत भक्ति का अभिन्न अंग बन गया। हमारे यहाँ जितने भक्त हुए, वे सभी संगीत से ओतप्रोत थे। प्राय: स्मरणीय चैतन्य महाप्रभु और भक्त शिरोमणि मीरा का नाम ऐसा कौन-सा भारतीय है जो नहीं जानता। यदि मैं यह कह दूँ कि हमारा संगीत भगवत्‌भक्ति के चारों ओर चक्कर काटता है तो कोई अतिशयोक्ति नहीं होगी। हमारे संगीत का ध्येय उत्तेजना

पैदा करना न होकर मानवता को वह शक्ति प्रदान करना है जिसमें उसे अपने व्यक्तित्त्व की पूर्णता मिल जाती है और जिसे प्राप्त करने के पश्चात् फिर और किसी बात की तृष्णा नहीं रहती और कोई मोह नहीं रहता, वासना नहीं रहती। यही कारण है कि हमारे यहाँ शृंगारिक संगीत भी राधाकृष्ण की भक्ति से ओतप्रोत है।...इतिहास के इस भार को आप सबको निभाना है।"[11]

डॉ. राजेन्द्र प्रसाद के इस वक्तव्य को अनेक स्तरों पर परखा जा सकता है। एक स्तर तो यह है कि संगीत मानवता को शक्ति प्रदान करनेवाला एक माध्यम है जो व्यक्तित्त्व को पूर्णता देता है, यह एक सांस्कृतिक दृष्टि है जो भारतीय संगीत की सामर्थ्य के स्वीकार से बनी है। दूसरा स्तर है उस राजनीति का; जो कलाओं की गहरी समझ से निर्मित हुई है। निर्विवाद रूप से तीसरा स्तर पत्रकारिता का है जो कलाओं के बिना अपनी पूर्णता नहीं पाती और लगातार यह चेष्टा करती है कि कलाओं का विकास हो तथा भाषा के साथ-साथ व्यापक जनता में यह रच-बस सके।

इसी शृंखला में भारत के पहले प्रधानमन्त्री पं. जवाहरलाल नेहरू के उस ऐतिहासिक अभिभाषण को याद किया जा सकता है जो उन्होंने दिल्ली में अन्तर्राष्ट्रीय फिल्म समारोह के उद्घाटन पर दिया था। उन्होंने कहा था—

"यह उद्योग इतना शक्तिशाली शस्त्र है कि किसी समाज को गिराने या ऊँचा उठाने में बहुत मदद कर सकता है। अत: यह आवश्यक है कि यह उचित नियन्त्रण में रहे। इसका अर्थ यह है कि यह योग्य और उचित व्यक्तियों के हाथों में रहे। इसका अर्थ यह नहीं है कि यह सरकार के नियन्त्रण में रहे। यह ऐसे व्यक्तियों के हाथ में न रहे जिसकी सौन्दर्यभावना कलुषित हो। मैं चाहता हूँ कि यह उद्योग उचित ढंग से विकसित हो। यह न केवल मनोरंजन का साधन हो, बल्कि जीवन का सही चित्रण करे। और सौन्दर्य कला की वृद्धि करे।"[12]

इसे एक राजनेता के सामान्य अभिभाषण के तौर पर नहीं देखा जा सकता। इसमें एक तरफ तो फिल्म की महत्ता का स्वीकार है तो दूसरी तरफ उससे यह अपेक्षा है कि उसे अपनी सामाजिक जवाबदेहियों का खयाल होना चाहिए। पं. नेहरू फिल्म पर सरकारी नियन्त्रण होने की बात नहीं कहते, पर चाहते हैं कि वह ऐसे व्यक्तियों के हाथ में रहे जिसकी सौन्दर्यभावना कलुषित न हो। सौन्दर्य की वृद्धि के साथ फिल्म जनता के जीवन का सच दिखाये और समाज के मूल्यों को जीवित रखने में सहायक बने। यह सरकार की सांस्कृतिक दृष्टि का उदाहरण तो है ही, पण्डित नेहरू की कलाओं के प्रति सुविचारित सोच का उदाहरण भी है। इस युग की पत्रकारिता ने कलाओं के समानुपातिक विकास पर बल दिया था—ऐसा विकास जो बुनियादी मूल्यों के समानान्तर हो, उसकी कीमत पर न हो। उसमें सौन्दर्य हो—सौन्दर्य की चारुता हो, स्निग्धता हो, एक सुरुचिपूर्ण आकर्षण हो, पर उसमें फूहड़ता न हो और जो लोग इसके नियामक हों, उनमें सौन्दर्यभाव की उज्जवलता हो, कलुषता नहीं। पत्रकारिता

की यही दृष्टि भारतीय समाज में समता, समग्रता का स्वप्न देख सकती थी; क्योंकि साध्य और साधन की पवित्रता उसका मन्त्र था। पत्रकारिता साहित्य और कलाओं के बिना अपूर्ण थी, ठीक इसी तरह साहित्य और कलाओं की रचनाशीलता पत्रकारिता से विमुख होकर नहीं रह सकती थी। सबका ध्येय था—एक ऐसे समाज की स्थापना करना जिसमें देश के सभी धर्मावलम्बी बराबर हों, छोटे-बड़े का भेद न हो सके, सबको एक समान अवसर मिल सकें, सब सम्पन्न और खुशहाल हो जायँ और सभी सार्थक जीवन की चाह लेकर जिएँ। अपने उद्देश्य में भले ही वे सफल नहीं हो पा रहे थे, पर सबकी यात्रा एक ही दिशा में जारी थी जिसे तब की राजनीति का भी सहयोग मिला था। हिन्दी को अधिकाधिक प्रयोग में लाने और उसे सही मायनों में राष्ट्रभाषा बनाने की चिन्ता भी इस दौर की पत्रकारिता की अहम चिन्ता थी। हिन्दी का एक महत्त्वपूर्ण समाचार-पत्र 'नवभारत टाइम्स' अपने सम्पादकीय में लिखता है— "हमारी धारणा है कि अकेला शिक्षा मन्त्रालय हिन्दी की उन्नति के लिए कुछ न कर सकेगा। हमारा तो मानना है कि समस्त मन्त्रालय अपने यहाँ हिन्दी का प्रयोग प्रारम्भ करें।"[13]

सरकार की राष्ट्रभाषा नीति को राष्ट्रीय हित में देखते हुए 'नवभारत टाइम्स' की उक्त टिप्पणी को अनेक पत्रों ने आगे बढ़ाया और सरकार तथा स्वैच्छिक संगठनों से इस बात की माँग की कि वे पूरे देश में हिन्दी का अधिकाधिक प्रचार करें और सभी मन्त्रालयों में हिन्दी में सारे काम-काज किए जाँय। हिन्दी को राजभाषा बना देने के बावजूद जिस तरह उसका विरोध शुरू हो गया था और सरकार अपना दामन बचाने का यत्न करने लगी थी, उससे हिन्दी पत्रकारिता खिन्न थी। हिन्दी को लेकर उस युग की पत्रिकाओं तथा पत्रों ने लगातार अभियान चलाया। चूँकि हिन्दी का प्रश्न केवल एक भाषा का प्रश्न नहीं था, वह पत्रकारिता की जुबान का प्रश्न था और एक ऐसी सांस्कृतिक अस्मिता का प्रश्न भी था जो देशव्यापी स्वाधीनता आन्दोलन से अर्जित थी। यही कारण है कि हिन्दी के हितों से बचकर निकलना अपने साथ ही घात करना था; इसलिए ही सम्भव हो पाया कि हिन्दी के लिए अनेक स्तरों पर प्रयत्न हुए जिसमें पत्रकारिता की ओर से किए गये प्रयत्नों को भुला पाना सम्भव नहीं है। यह अलग बात कि इन सभी प्रयत्नों का सरकार की ढुलमुल नीतियों के कारण कोई सुफल नहीं निकला।

इसी युग में परम्परा का कारगर पल्लवन दिखाई देता है जिसमें कला समीक्षा का विधिवत् सूत्रपात हुआ। सिनेमा, संगीत, नृत्य, नाटक तथा रूपंकर कला की समीक्षा को इस पत्रकारिता ने एक बड़े लक्ष्य की पूर्ति के लिए सम्भव किया। लक्ष्य स्पष्ट था—साहित्य के साथ-साथ कलाओं का विकास; जिसमें उनकी समीक्षा का भी योगदान हो। हिन्दी को इस पत्रकारिता ने कला समीक्षा की भाषा के रूप में भी विकसित करने का प्रयत्न किया और बाद के दौर को एक पुष्ट परम्परा दी। 'बंगाल

शैली' के प्रवर्त्तक माने जानेवाले चित्रकार अवनीन्द्रनाथ ठाकुर की कृतियों—मालिन की बेटी, अभिसारिका, बाँसुरी वादक, अभिनेता, जेबुन्निसा, मोर, राष्ट्रपिता का गहराई से पर्यवेक्षण और मनन करने के बाद नगेन्द्र भट्टाचार्य ने लिखा था—"उनमें जो कलाकार का चित्त था वह किसी प्रथा या किसी विशेष बन्धन में न बँधकर विजयी होकर आगे बढ़ता चला गया। उन्होंने इस बात की चिन्ता नहीं की थी कि देश में प्राचीन की फिर से स्थापना हो।... उन्होंने देश को देखा था और उससे प्यार किया था। उसी दर्शन और प्यार को उन्होंने अपनी कला में अपूर्व रूप में व्यक्त करके हमारे सामने रख दिया। आत्म सचेतन भारत के वही प्रथम सृजनशील कलाकार थे।"[14]

कला गुरु अवनीन्द्रनाथ ठाकुर को याद करना और इस माध्यम से कलादृष्टि की खोज का यत्न करना इस पत्रकारिता का ऐसा महत्त्वपूर्ण प्रयत्न है जिसे भुलाया नहीं जा सकता। इस कड़ी में ही इस दौर की पत्रकारिता की कलादृष्टि के कुछ अन्य उदाहरणों को देखा जा सकता है—

"हाल ही में नई दिल्ली में रामकुमार ने अपनी कलाकृतियों की जो प्रदर्शनी लगाई; उसमें दो पटों पर अब भी दु:ख एवं पीड़ित तथा खोई-खोई-सी महिलाओं के दर्शन होते हैं। यह वस्तुतः इस कलाकार का सुपरिचित रूप है। खोयी-खोयी-सी और विषादपूर्ण आँखों में ही रामकुमार के कलाकार के दर्शन होते हैं।"[15] यह आकलन उनकी आँखें खोल देने वाला है जो रामकुमार के अमूर्त चित्रों को अबूझ पहेली की तरह देखते हैं। सच तो यह है कि रामकुमार विस्थापन, आत्मिक विघटन और मानवीय अन्तर्व्यथाओं को व्यक्त करनेवाले कलाकार हैं जिनकी शुरुआत इन्हीं आकृतिमूलक कृतियों से हुई। उनकी बाद की अमूर्त कृतियों का अन्त:सूत्र इन्हीं आकृतिमूलक रचनाओं से जुड़ता है जिसमें विषाद और विघटन को विखण्डन और भग्नावशेषों के प्रतीकों से दिखाते रामकुमार एक पूरी मानवीय त्रासदी को व्यक्त करते हैं। इसी तरह एक अन्य कला मूर्धन्य एफ. एन. सूजा की प्रदर्शनी पर टिप्पणी यहाँ ध्यातव्य है—

"सूजा की कला में हम उनकी विगलित करुणा, कोमल सूक्ष्म अनुभूतियाँ, और अभिशप्त अकिंचन लोगों के प्रति मैत्रीपूर्ण भाव और गहरी संवेदना पाते हैं। उनकी मनोव्यथा की ही प्रतिक्रिया में उनकी कृतियाँ निर्मित हुई हैं जिसके कारण उनके रंग और रेखाओं में समाज की पीड़ा संग्रथित है।"[16]

एफ. एन. सूजा की कला को जिस सहज ढंग से यहाँ समझाने की कोशिश की गयी है, दुर्भाग्य से इस तरह की प्रविधि आगे न चली और पत्रकारिता से कलाओं की दूरी भी बढ़ गयी, वर्ना कला समीक्षा का पुष्ट विकास हुआ होता तथा आज जनता के बीच भी उसकी पहुँच बनी होती। सिनेमा की समीक्षा के भी एक-दो उदाहरणों के जरिये यह समझा जा सकता है कि पत्रकारिता ने कलाओं को कितनी निकटता से समझने का यत्न किया था—"सनराइज पिक्चर्स की भेंट 'संस्कार' पश्चिमी सभ्यता

तथा भारत की सांस्कृतिक परम्पराओं के मध्य संघर्ष की एक मनोरंजक कथा प्रस्तुत करती है। कहानी लेखक मोहन लाल दवे तथा निर्देशक बी. एस. व्यास उन व्यक्तियों में से माने जाते हैं जो नये प्रवाहों में नहीं बहते, वरन् पुराने संस्कारों में ही विश्वास करते हैं।''[17] हिन्दी की पत्रकारिता का यह चेहरा केवल आदर्शवादी न था, वरन् उसमें सब कुछ को स्वीकार कर आगे बढ़ने की प्रवृत्ति थी। सांस्कृतिक स्तर पर सचेत दृष्टि के कारण ही सम्भव हुआ कि हिन्दी की सांस्कृतिक पत्रकारिता साहित्य और कलाओं को भाषा के साथ-साथ सार्वजनिक जीवन की बहस में उतार सकी। इस प्रसंग में इस तथ्य को याद रखना आवश्यक है कि हिन्दी की साहित्यिक और सांस्कृतिक पत्रकारिता संस्कृति को जीवन का हेतु स्वीकार करके चलती है। जिस साहित्य का, कला या दूसरे अनुशासनों का सार्वजनिक जीवन-व्यवहार से वास्ता नहीं दिखता, यह पत्रकारिता उसे महत्त्व नहीं देती। इसका ध्येय बड़ा है तो स्वप्न भी बड़ा है और मनुष्य मात्र को इस ध्येय में लगाकर इस दौर की पत्रकारिता एक बड़े लक्ष्य को पाना चाहती है। यही कारण है कि भाषा के स्तर पर हिन्दी में प्रचलन की तरह फैल रही विकृतियों पर भी सँभलकर विचार किया जाता है और इसे एक ऐसी बाढ़ की संज्ञा दी जाती है जो जल्दी ही थम जाएगी। 'हिन्दी के कुछ चिन्त्य शब्द प्रयोग' पर भाषाविद् किशोरीदास वाजपेयी ने लिखा—

''हिन्दी में जो गलत-सलत प्रयोग चल रहे हैं, उनसे घबराने की जरूरत नहीं। बाढ़ आने पर नदी में निर्मलता न रहे तो क्या आश्चर्य है? हिन्दी बढ़ रही है, फैल रही है, इसलिए कुछ दिन दस-बीस वर्ष, यह सब थोड़ी-बहुत मात्रा में रहेगा। सभी लिखेंगे, सबका मन करेगा हिन्दी में लिखने के लिए। यह सौभाग्य की बात है। कई पुश्तें लगी हैं, तब यह दिन आया है।''[18] हिन्दी माध्यम के रूप में इस यात्रा का वह प्रस्थान थी जिसके आधार पर ही सारे संघर्ष किए जाने थे। 'राजाजी और हिन्दी' शीर्षक अपने आलेख में हरिवंश राय 'बच्चन' ने लिखा था—''हिन्दी किसी पर लादी नहीं जा रही है। लादी गयी है अँग्रेजी, और जब तक वह हम पर छायी रहेगी, हम अपने आप को नहीं पहचान सकेंगे। हिन्दी तो एक प्रकार का स्वेच्छया-स्वीकृत अनुशासन है, जो हमें अपने देश, अपनी जनता और अपनी संस्कृति के साथ संयुक्त करेगा।''[19]

यह हिन्दी की सांस्कृतिक दृष्टि का एक संकल्प है जिसमें अपनी ही आत्मा को खोजने-पाने की विकलता है जो अँग्रेजी के दबाव में हमारे ही लोग भूल गये थे। अब उन स्थितियों को देखना दिलचस्प होगा जो साहित्य में नये आन्दोलनों की पृष्ठभूमि बनी। साहित्य को लेकर पीछे कई विचारों को देखा जा चुका है; इस शृंखला में कुछ अन्य टिप्पणियों को देखा जा सकता है—

''भारत को जिस आदर्श के लिए संघर्ष करना है, उसकी रचना आज के लेखकों और कवियों, सन्तों और नेताओं की इन्तजारी में रुकी हुई नहीं है। वह आदर्श हमसे बहुत पहले से निर्धारित हो चुका है, उसकी मूर्ति गाँधी से भी पूर्व राजा राममोहन

राय और विवेकानन्द गढ़ चुके थे। गाँधी जी ने उस मूर्ति में प्राण-प्रतिष्ठा की, अरविन्द ने उसके भीतर अतिमानवी मानस का संचार किया, रवीन्द्र ने उसकी कविता लिखी और राधाकृष्णन उसका सन्देश विश्व में फैला रहे हैं।''[20] बिहार प्रादेशिक हिन्दी साहित्य सम्मेलन के रजत-जयन्ती समारोह में सभापति पद से बोलते हुए रामधारी सिंह 'दिनकर' के विचारों से भी यही लगता है कि वे तत्कालीन साहित्यिक परिदृश्य से पूरी तरह सन्तुष्ट नहीं हैं और चाहते हैं—'यद्यपि आदर्श के लिए संघर्ष जारी है, पर उसे अधिक तीव्रतर होना चाहिए।' इस तरह की स्थितियों के पीछे राजनीतिक कारणों की भी भूमिका थी, जो अब धीरे-धीरे सपने तोड़ने लगे थे। आदर्श का संघर्ष तो जारी था, पर दिखाई देने लगा था कि उस आदर्श की तस्वीर ही अब धुँधली होने लगी है! यथार्थ की छायाएँ उसे ढँकने लगी थीं, मन में आवेग की जगह क्षोभ बैठने लगा था। हम पीछे मुड़कर इन विचारों पर भी ध्यान दें जो एक स्वप्न की मानिन्द लगती हैं। इस कारण लगती हैं, क्योंकि हमने सपने तो बड़े-बड़े देखे पर उनको कार्यान्वित नहीं कर पाये, या वे नियति के शिकार हो गये। 'स्वाधीन भारत की साहित्यिक योजना' शीर्षक निबन्ध में सीताराम़ जायसवाल 'हंस' में लिखते हैं—''स्वाधीन भारत जिसमें कि साहित्य समाजवादी लोकतन्त्र स्थापित करना चाहता है, सात लाख गाँवों का देश है। यहाँ यह स्पष्ट कर देना चाहता हूँ कि देश के अस्वाभाविक बँटवारे को मैं भौगोलिक भारत की एकता के सम्मुख स्वीकार नहीं करता। हम भारत के विभाजन की कल्पना नहीं कर सकते। इसलिए आज कहने के लिए जो पाकिस्तान और हिन्दुस्तान बना दिये गये हैं, वे ज्योंही भारत में समाजवादी लोकतन्त्र की स्थापना हुई, एक हो जाएँगे। अत: स्वाधीन भारत में समाजवादी लोकतन्त्र हमारी एकता पुन: स्थापित करेगा। यह पूर्ण सत्य है। सात लाख गाँवों में बसनेवाली जनता ने कभी विभाजन स्वीकार नहीं किया है। उनके ऊपर यह वस्तु उनकी इच्छा के विरुद्ध लादी गयी है। और समाजवादी लोकतन्त्र की जनता इस विभाजन को गलत करार देकर पुन: एकता स्थापित करेगी। इसलिए साहित्यकार समाजवादी लोकतन्त्र की स्थापना के लिए साहित्य सृजन करते समय ग्रामीण जनता को न भूलें।''[21]

आशय यह कि देश में बौद्धिकों के बीच बँटवारे का कड़वा घूँट पीने के बावजूद यह सुखद भ्रम बना हुआ था कि देश यदि समाजवादी लोकतन्त्र बन गया तो बँटवारा झूठा साबित हो जाएगा और दोनों देश फिर एक हो जाएँगे। पर इसके लिए केवल साहित्य रचना ही पर्याप्त न था, उसके लिए जिस निष्ठा और संकल्प चेतना की जरूरत थी, उसका हमारे लोगों में अभाव था। वैसे भी ऐसे विश्वास बहुधा फलित नहीं होते; क्योंकि विवादों, वैमनस्यों और कटुताओं के कारण हुए विभाजनों के बाद थोड़े दिनों तक तो रागात्मकता बनी रहती है, पर बाद में लोगों का मानस बदल जाता है। वे राजनीतिक कुचालों तथा धार्मिक, साम्प्रदायिक सोचों का शिकार हो जाते हैं। भारत विभाजन के बाद लगभग यही हुआ है।

साहित्यिक पत्रकारिता इन स्थितियों के भीतर एक नई दुनिया बनाने का यत्न करती है। कलाओं, यथा : ललित कला, नृत्य, संगीत, नाटक और साहित्य के माध्यम से यह भले ही समाजवादी लोकतन्त्र की स्थापना करने में सफल न हो पाई हो, पर देश की; खासकर हिन्दी जनता की चेतना तथा उसके स्वत्व को जगाने का भगीरथ कार्य अवश्य किया है। इसके बावजूद इस तरह की चिन्ताएँ इस दौर में भी व्यक्त की जा रही थीं जिसमें शोषण, भ्रष्टाचार, असमानता आदि कुरीतियों के चलन की भर्त्सना थी। 'कल्पना' में 'आज भी काव्य की आवश्यकता है' शीर्षक निबन्ध में हजारी प्रसाद द्विवेदी ने लिखा—

"मेरा विश्वास है कि काव्य का मूल स्वर अगर भुला न दिया गया होता तो भ्रष्टाचार और शोषण अवश्य कम होते।"[22] स्वाधीनता आन्दोलन की चिन्ता और संकल्प से उपजी समता और शुचिता जब स्वयं राजनीतिक पाखंड की भेंट चढ़ गयी तो उसका आगे क्या होना था! जनता के असहयोग और सत्याग्रही आन्दोलनों को स्वाधीनता के बाद कठोरता से दबाया जाने लगा था। इस पर कुपित होकर राहुल सांकृत्यायन ने पं. नेहरू को एक पत्र लिखा—

"पहले आप क्या थे, और अब आप क्या हैं? सच, आपके शानदार समाजवादी अतीत से आपके वर्तमान की पटरी बैठाना हमारे लिए सम्भव नहीं है—हम समझ नहीं रहे हैं कि इन दोनों को कैसे एक जगह रखा जाय। और अब जन संघर्षों के विरुद्ध काफी तेजी के साथ सरकारी दमन का इंजन छोड़ दिया गया है। हड़तालों को आपने एक तरह से गैरकानूनी बना दिया है। और उन लोगों को पकड़-पकड़कर जेलों में बन्द किया जाने लगा है जो आपके तरीकों से भिन्न तरीके पसन्द करते हैं।"[23]

राहुल सांकृत्यायन के इस पत्र को साहित्यिक पत्रकारिता के उस गौरवशाली अतीत के रूप में देखा जा सकता है जिसमें एक महानतम संकल्प की चेतना काम कर रही है। स्वाधीनता संग्राम के दौरान देखे गये सपनों पर हो रहे वज्रपात से पत्रकारिता सन्न थी, पर खामोश रहनेवाली न थी। उसे याद दिलाना था कि लाखों लोगों की शहादत इस दिन को देखने के लिए न थी कि वाजिब अधिकारों के लिए किये जा रहे शान्तिपूर्ण विरोध को कुचल दिया जाए और उसे हिंसा मानकर कानून के शासन से सहज ही उसकी शत्रुता दिखा दी जाय। यह हिन्दी पत्रकारिता का उज्जवल चरित्र है जिसे तब तक विभाजित नहीं किया जा सका था, उसका मूल स्वर साहित्यिक-सांस्कृतिक ही था जिसकी आकांक्षा थी—समतामूलक समाज की स्थापना और जिसका मन्त्र था—प्रतिबद्ध जनतन्त्र का आदर्श स्वराज। पत्रकारिता का यह स्वप्न हर स्तर पर व्यक्त होता रहा और विभिन्न कलारूपों पर काम करनेवाले लोगों ने इस विचार को दीप की तरह जलाये रखा। 'जीवन में संगीत के महत्त्व' विषय पर अपने एक निबन्ध में सत्यवती मल्लिक ने लिखा था—"अपने यहाँ के श्रेष्ठ कवियों और लेखकों की कृतियों एवं लोकगीतों को नये-नये रूपक, बैले, नाट्य-नृत्य का सुन्दर

रूप देना होगा। ज्यों-ज्यों हम ललित कलाओं और लोक जीवन के सौन्दर्य के समीप जाएँगे, उतनी ही हमारी आत्मा परिष्कृत होगी, रुचियों का विकास होने पर अर्थात् सादा जीवन और दिव्य एवं ऊँचे भावों के आदर्श सम्मुख रखकर जब समाज में मनोरंजन और शिक्षा के वे नये रूप उपस्थित होंगे, जिनसे हमारी आत्मा झंकृत होती है, तो निश्चय ही हम बहुत कुछ सामाजिक और आर्थिक बन्धनों से मुक्त हो सकेंगे।"[24]

यह हिन्दी पत्रकारिता की समेकित सांस्कृतिक दृष्टि ही थी जो एक तरफ तो व्यक्तित्त्व की पूर्णता पर बल देती थी तो दूसरी तरफ व्यवस्था के खिलाफ अपने अधिकारों के लिए तन कर खड़ा होने को प्रेरित करती थी। लोक में व्याप्त कलाओं का समकालीन परिप्रेक्ष्य में उपयोग करने तथा उनसे जीवन-रस पाने का सार्थक विचार वही दृष्टि दे सकती थी जिसमें अतीत और वर्तमान का गहरा बोध हो और जो भविष्य को उम्मीद की नजरों से देखती हो।

साहित्य को जनोन्मुख बनाने के साथ-साथ यह पत्रकारिता पूरी संस्कृति को एक नई दिशा देना चाहती थी। 'कल्पना' में बालकृष्ण राव 'अधूरी बात' शीर्षक कविता में कहते हैं—

'मेरी अशक्ति से बल पाकर
मेरे अभाव भी एक बार
कानों तक आज प्रचुरता से
पहुँचा पाये अपनी पुकार।'[25]

अपने अभाव और अपनी अशक्ति को पुकार की तरह रखते हुए बालकृष्ण राव यह संकेत देते हैं कि जनता के जीवन में सुख और समृद्धि का लेश भी नहीं है। सर्वत्र अभाव का वातावरण है। इन्हीं स्थितियों में पत्रकारिता के माध्यम से यह बहस जोर पकड़ती है कि कवि क्यों लिखे ? भगवत शरण उपाध्याय इस पर विचार करते हुए लिखते हैं—"कवि क्या लिखे ? इस प्रश्न का उत्तर देने के लिए पहले इस पर विचार कर लेना है कि कवि क्यों लिखे अथवा कि वह क्यों लिखता है। पन्द्रह वर्ष की बालिका ने जग-विख्यात एक महाकाय साहित्यिक को एक बार लिखा कि अब वह अपने चारों ओर की परिस्थिति को सह नहीं सकती, इसलिए अब वह बोलेगी, अब वह लिखेगी। यह परिस्थिति जो उस बालिका-विशेष के सम्बन्ध में दुर्दमनीय है—उसके चारों ओर भीषण दरिद्रता मुँह बाए खड़ी है—उसे लिखने को प्रेरित करती है। अर्थात् कवि अपनी परिस्थितियों के वशीभूत हो, उनकी अदम्य प्रेरणा से लिखेगा। यह तो सिद्ध हुआ कि कवि क्यों लिखेगा।"[26]

साहित्य में यह बहस शुरू हुई कि परिस्थितियाँ लिखने का कारण बनें, ऐसा न हो कि लिखने के नाम पर लेखक अपना शौक पूरा करें और भूल जाएँ कि समाज को उनसे कितनी अपेक्षा है।

भगवत शरण उपाध्याय ने ही आगें लिखा—''कवि को सत्य, शोभन और कल्याण का वर्णन करना है। और वह सब मनुष्य की परिस्थितियों से ही विशेषत: सम्बन्धित होगा। हमारे जो आलोचक या विमार्ग-प्रस्थित कवियों के समानधर्मा, अतीत की दुहाई देकर वर्तमान की ओर पीठ कर लेते हैं वे इस बात को भूलते हैं कि स्वयं प्राचीन महाकवि अधिकतर अपने वर्तमान को ही लिखते आए थे और अपने अतीत-वर्णन में भी उन्होंने अपने वर्तमान की ही छाया डाली। सफल कवि वह है जो अतीत को जानता है परन्तु उससे अधिक वर्तमान में जीता और सम्प्रति के हर पहलू को जानता-समझता है।''[27]

पत्रकारिता साहित्य में यह बहस शुरू करती है और आकांक्षा रखती है कि साहित्य सहित दूसरे सभी सांस्कृतिक उद्यम सर्जना के नाम पर अपने वर्तमान को न भुला दें। सब में अपने समय का अक्स हो, सबमें जनाकांक्षाओं को फलीभूत करने की सफल चेष्टा हो। देश स्वाधीनता प्राप्त कर सका तो इसमें करोड़ों लोगों का संघर्ष था। सबका सपना था—'सुराज'। ऐसा 'सुराज' जिसमें समतर और समता स्थापित हो। सबका ध्येय था कि बिना सबकी उन्नति के इस स्वाधीनता का कोई अर्थ नहीं है। पत्रकारिता साहित्य को हथियार नहीं बनाती, वह चाहती है कि साहित्य जनता के लक्ष्यों का वहन करे और रचनात्मकता जनचेतना की आत्मा को दृश्यमान करे। यह परिस्थितियों की ही देन थी कि छायावादी कवि सुमित्रानन्दन पन्त प्रगतिवाद की ओर प्रेरित हुए और प्रगतिवाद एक बड़े काव्यान्दोलन की शक्ल ले सका। पन्त की काव्यचेतना का परिवर्तन साहित्यिक परिदृश्य में एक बड़ी घटना के रूप में याद किया जाता है। इसी प्रसंग में 'प्रगति, संस्कृति और कला' शीर्षक निबन्ध में शान्तिप्रिय द्विवेदी ने लिखा था—''भावजगत से ऊबकर पन्तजी बुद्धि (विश्लेषण) के सहारे छायावाद से प्रगतिवाद की ओर प्रेरित हुए। प्रगतिवाद क्या है? इस प्रश्न पर उनकी इन पंक्तियों से प्रकाश पड़ता है—''प्रगतिवाद उपयोगितावाद का भी दूसरा नाम है। वैसे तो सभी युगों का लक्ष्य सदैव प्रगति की ओर ही रहा है, पर आधुनिक प्रगतिवाद ऐतिहासिक विज्ञान के आधार पर जन समाज की सामूहिक प्रगति के सिद्धान्तों का पक्षपाती है।'' साहित्य में हम जिसे प्रगतिवाद कहते हैं, वह मार्क्स का ऐतिहासिक भौतिकवाद है। उसकी दृष्टि से 'मनुष्य का विकास समाज की दिशा में होता है, समाज का इतिहास की दिशा में।' प्रगति के इस दृष्टिकोण में इतिहास की वैज्ञानिक व्याख्या है।''[28]

शान्तिप्रिय द्विवेदी के उपर्युक्त वक्तव्य को केवल एक साहित्यिक टिप्पणी नहीं माना जा सकता। यह साहित्यिक पत्रकारिता की सांस्कृतिक दृष्टि का उदाहरण है जिसमें परिवर्तनकामी कलाओं के उत्स पर विवेचनात्मक समझ है। साहित्य समाज की आवश्यकताओं के अनुरूप बदलता है और सामाजिक परिवर्तनों को दर्ज करता है। यह हिन्दी पत्रकारिता का वह शुभ पक्ष है जिसे हम 'लोक-मंगल' की अवधारणा

से अभिहित कर सकते हैं। अब कहानियों पर विचार करें जिसको लेकर पत्रकारिता का रुख आलोचनात्मक रहा है। 'हिन्दी का कहानी-साहित्य' शीर्षक सम्पादकीय में 'कल्पना' की टिप्पणी द्रष्टव्य है—"पिछले 30 वर्षों में हजारों कहानियाँ लिखी गयीं और आज तो कहानी लेखकों की संख्या सर्वाधिक है तथा साहित्य के अन्य पक्षों के लेखकों से कई गुना अधिक है। पर संख्या की यह वृद्धि आज तक हिन्दी कहानियों के मानदण्ड को अन्य विदेशी भाषाओं और हिन्दुस्तान की दूसरी भाषाओं की कहानियों के समकक्ष नहीं उठा सकी। आज जब हिन्दी कहानियों की तुलना ओ हेनरी, मोपासां, तुर्गनेव और गोर्की की कहानियों से की जाती है तो हमारी कहानियाँ उनके सामने बिल्कुल फीकी पड़ जाती हैं।"[29]

हिन्दी कहानी को लेकर की गयी इस टिप्पणी से यह स्पष्ट है कि कहानियों से सामाजिक परिवर्तनों की छवियाँ दृष्टिगोचर नहीं होती थीं। एक पारम्परिक ढाँचे में विन्यस्त कहानी नये दौर की वास्तविकता को समझने में असमर्थ हो रही थी। चरित्र का सृजन हो या विषयों का चयन, आधुनिक संवेदना की खोज का प्रश्न हो या नये समय में नयी आकांक्षाओं के प्रतिफलन का प्रश्न हो; इस अवधि की हिन्दी कहानियाँ पारम्परिक ढर्रे से बाहर नहीं निकल रही थीं। यही कारण था कि उन पर तीखी टिप्पणियाँ हो रही थीं और उनसे अपेक्षा की जा रही थी कि वे नये समय और समाज की आवश्यकताओं के अनुरूप ढलें तथा विश्वस्तरीय कहानियों के समानान्तर विकसित होकर युग-यथार्थ को प्रतिबिम्बित करें। ऐसी अपेक्षा केवल कविता और कहानी से न थी, समग्र विधाओं तथा अन्य कलाओं से थी जिनका जनता से सीधा वास्ता था। छायावादी कवयित्री महादेवी वर्मा ने जब नारी समस्याओं पर विचार करते हुए अपने पारम्परिक ढब को त्यागा तो अमृत राय ने उनकी भरपूर प्रशंसा की। उन्होंने 'गद्यकार महादेवी और नारी समस्या' शीर्षक लेख में लिखा—"महादेवी ने अत्यन्त गम्भीर और शान्त मन से नारी समस्या के विभिन्न पहलुओं पर विचार किया है और तत्सम्बन्धी अपने निष्कर्ष वास्तविक जीवन के अपने परिचय के आधार पर बनाये हैं। यही कारण है कि उन्होंने गाँधीवादी सुधारवाद को बिल्कुल ठुकरा दिया है और आमूल क्रान्ति का मार्ग अपनाया है। उनके विचारों पर यदि किसी विचारधारा का प्रभाव पड़ा है तो वह वैज्ञानिक समाजवाद है।"[30]

अमृत राय की प्रशंसा को गाँधीमार्ग के विरोध में न देखकर परिवर्तनों की भूमि पर ही देखा जा सकता है जिसमें वे महादेवी के नये रूप का साक्षात्कार करते हैं और पाते हैं कि वे आमूल क्रान्ति का पक्षधर होकर सामने आती हैं। असल तथ्य उस समग्रतावादी ध्येय का ही है जिसमें साहित्यिक पत्रकारिता उतरती है और उन सभी विचारों का स्वागत करती है जो उसके मार्ग के सहयात्री बनते हैं। जाहिर है, भाववादी रचनाओं, विचारों और बहसों को वह खारिज करती है जो यथास्थितिवाद का पोषक बनते हैं तथा नये समाज की जरूरतों का खयाल नहीं करते। साहित्य के

साथ-साथ कलाओं से भी—इस पत्रकारिता की यही अपेक्षा है जो लगातार दिखाई देती है।

एक समग्र ध्येय को लेकर चलनेवाली यह पत्रकारिता यह लक्ष्य करती है कि कलांओं की मौलिकता, उनकी सुरुचि-सम्पन्नता को रेखांकित किया जाय; पर इस तथ्य का भलीभाँति परीक्षण भी किया जाय कि जो राजनीतिक लक्ष्य है, उसे पाने में इनका सहयोग मिल सके। जन-समाज में अपनी विशेष पहचान बना रहे नृत्य-नाट्यों पर 'समाज और नृत्य' शीर्षक निबन्ध में शान्ता गाँधी लिखती हैं—

"हमारे नृत्य-नाट्यों का जन्म एक राजनीतिक आवश्यकता की पूर्ति के लिए हुआ था। इसका संरक्षण बड़े-बड़े प्रभावशाली लोगों ने इसलिए किया था कि वह प्रचार का बड़ा भारी साधन था। और यह नृत्य-नाटक आज तक इसलिए जीवित रहा कि उसने समय-समय पर जनता की, अमीर-गरीब सभी लोगों की—आशा-आकांक्षाओं की अभिव्यक्ति की तथा उसे चित्रित करने के लिए नित-नूतन विषय-वस्तु ग्रहण की।"[31]

कलाएँ सिर्फ मनोरंजन का साधन नहीं हैं। वे अगर जनता की आशाओं-आकांक्षाओं को व्यक्त नहीं करतीं, तो उनवी सर्जना की सार्थकता नहीं है। नृत्य-नाट्य पर इस विचार को पत्रकारिता ने सभी कलारूपों पर लागू किया था और सबसे अपेक्षा की थी कि वे जनता की चित्तवृत्तियों को समझने का अपना मूल दायित्व निभाने का यत्न करें। पत्रकारिता की इस अपेक्षा से कलाएँ भी अनजान न थीं। चूँकि उस दौर की पत्रकारिता साहित्यिक-सांस्कृतिक ही थी, इसलिए स्वाभाविक ही था कि वह अपने समय की वास्तविकताओं की अभिव्यक्ति की अपेक्षा साहित्य तथा दूसरे कला अनुशासनों से करे। कलाएँ इस अपेक्षा का सम्मान करती नजर आती हैं और लेखक अपनी टिप्पणियों में इसे एक मूल्य की तरह स्थापित करने का प्रयास करते हैं। यह वह दौर है जिसमें कोई सीमा-रेखा तय नहीं है। पर यह तय है कि कलाओं पर विशुद्ध साहित्यिक ही विचार करेंगे और उनकी समीक्षा का एक मुकम्मल खाका बनाएँगे। आज की तरह उन दिनों कलाओं, मसलन—ललित कला, नाटक, नृत्य, सिनेमा और संगीत को त्याज्य मानने या हाशिये की चीज मानने की धारणा नहीं थी। यह पत्रकारिता यह स्पष्ट मानती थी कि एक समग्र सांस्कृतिक दृष्टि का विकास तभी सम्भव है जब सभी कलाओं को पर्याप्त जगह मिलेगी। यह अकारण नहीं है कि विख्यात हिन्दी कवि रघुवीर सहाय ने 'कल्पना' में फिल्मों की समीक्षाएँ लिखीं, अज्ञेय, श्रीकान्त वर्मा जैसे लेखकों ने कलाओं पर लिखा और एक विशुद्ध सांस्कृतिक वातावरण बनाने की चेष्टा की। महबूब प्रॉडक्शन की विख्यात फिल्म 'मदर इण्डिया' पर लिखते हुए रघुवीर सहाय ने टिप्पणी की—"सम्पूर्ण फिल्म फीचराइजेशन की एक दुर्गम इच्छा से आक्रान्त दिखाई देती है। क्यों ? क्या कोई कथाकार इस कहानी को सम्पूर्ण फिल्म-नाटक की शक्ल में देख नहीं सकता था ? लगता है जैसे सिनेरियोकार

के पास कुछ 'आइडिया' है जिसे उसे कहीं न कहीं खपाना है—एक मौलिक आइडिया नहीं है, यदि वह होता तो पूरी रचना को सम्पृक्ति दे सकता था, पर वह नहीं ही है और उसके अभाव में जो कुछ है, वह मानवीय तो क्या भारतीय भी नहीं है।''[32]

इसी समय 'प्रतीक' नामक पत्रिका का प्रकाशन भी आरम्भ हुआ। यह देखना दिलचस्प है कि साहित्य तथा दूसरी कलाओं से ध्येय की अपेक्षा रखना अनेक पत्र-पत्रिकाओं के प्रकाशन का कारण भी बनता है तो अनेक पत्रिकाएँ कलाओं से एक निश्चित ध्येय की माँग को अनुचित भी बताती हैं। 'प्रतीक' अपने सम्पादकीय में लिखता है—'' 'प्रतीक' किसी दल का पत्र या आयोजन नहीं है। पत्र तो वह है ही नहीं, पर यहाँ उसका स्पष्टीकरण प्रसंगतर हो जाएगा। वह देश की स्वाधीन साहित्यिक चेतना का प्रतीक है। जीवन के संघर्षों की अनदेखी हम नहीं करेंगे, न हम इस बात को अस्वीकार करते हैं कि संघर्ष साहित्य की मौलिक प्रेरणा है। किन्तु यह भी नहीं भूला जा सकता कि स्वयं इतिहास में भी, जो कि अनिवार्यत: संघर्षों का ही संकुल क्षेत्र है, इसकी सम्भावना रहती है कि विकास के क्रम से उन्नति हो। संस्कृति, साहित्य, कला आदि तो उतने प्रत्यक्ष संघर्ष क्षेत्र नहीं हैं, अत: वहाँ तो प्रगति विकास का भी रूप ले ले सकती है। हम यह नहीं मानते कि प्रगति केवल अतीत से कटकर अपनी सारी परम्परा को उच्छिन्न करके ही है; क्योंकि यह तो एक-दूसरे प्रकार की आकाश बेल हो गयी और यदि जड़ें धरती में नहीं हैं तो इससे क्या कि आकाश संघर्ष के धुएँ से काला अथवा लाल है ? हम समझते हैं कि प्रगति प्राचीन मर्यादाओं को भीतर से प्रसृत करके उदार बनाने में है। परम्पराओं के खण्डन में नहीं बल्कि मण्डन और उन्नयन में है।''[33]

'प्रतीक' की चिन्ता प्रगति और विकास के नाम पर प्रवाद को लेकर थी। सब कुछ प्रगति के नाम पर ऐसा हो रहा था जिसमें परम्परा को लेकर, अपनी जड़ों को लेकर, संस्कृति को लेकर और सीधे-सीधे अतीत को लेकर तिरस्कार था। यह प्रवृत्ति घातक थी जिसे 'प्रतीक' ने लक्ष्य किया और इस तरह का वातावरण बनाने की कोशिश की कि प्रगति के लिए हो रहे लेखन और संघर्ष में ऐसा न हो जाय कि हम अपनी पहचान ही भुला दें। उसने परम्पराओं के तिरस्कार और खण्डन को नकारा, उसने मर्यादाओं के पल्लवन पर बल दिया। 'प्रतीक' जैसी पत्रिकाओं ने समूचे संस्कृतिकर्म को सन्तुलित करने का यत्न किया और इसका सुफल यह निकला कि ध्येय के साथ-साथ परम्परा के सृजनशील अवयवों को आत्मसात् करने की प्रवृत्ति भी विकसित हुई। मनुष्य की आन्तरिकता उसके भाव, हर्ष-विषाद तथा जीवन के उन पक्षों पर भी रोशनी की सम्भावना बनी जो संघर्ष की अधिकता से धुँधली पड़ गयी थी। यह एक बड़ा कार्य था जिसकी ओर 'प्रतीक' ने सबका ध्यान खींचा था। उसके प्रवेशांक में ही अमृता शेरगिल की कृतियों पर रामचन्द्र टण्डन का मूल्यांकन प्रकाशित हुआ था। इस समीक्षा को देखकर 'प्रतीक' की उस सन्तुलनवादी दृष्टि का अनुमान लगाया जा

सकता है जिसमें वह प्रगति के साथ-साथ दूसरे मानवीय और सौन्दर्यबोधीय पक्षों पर बल देता है। रामचन्द्र टण्डन लिखते हैं—"अमृता शेरगिल ने हिन्दुस्तान में जिन चित्रों का अंकन किया, उनमें न केवल ताजगी (विषम की) है बल्कि टेकनीक़ की नूतनता भी है। यह कहना अनुचित न होगा कि क्रमशः प्रयोग द्वारा उन्होंने वह पथ पा लिया था जिस पर चलकर हिन्दुस्तानी चित्रकला के लिए वह एक नया मार्ग प्रदर्शन करती हैं।...शुरू में वह हिन्दुस्तान की दरिद्रता, जर्जरता, दैन्य से प्रभावित रहीं। यह बात सन्तोषजनक थी कि बाद में उनका ध्यान 'और पहलुओं' की ओर गया और उत्सवों, मंगल-कर्म और जीवन के विविध दृश्यों और अंगों के प्रति भी वह आकृष्ट हुईं।"[34]

यह जो 'और पहलुओं' को देखना है, उसी में उत्सव, मंगल-कर्म और जीवन है तथा शारीरिक सौन्दर्य का अंकन है। 'प्रतीक' ने प्रगति के झोंक में भुला दी जा रही प्रवृत्तियों को भी प्रकाशित करने का आग्रह करके पत्रकारिता, विशेषकर साहित्यिक-सांस्कृतिक पत्रकारिता में सन्तुलन की स्थिति बनाकर महत्त्वपूर्ण कार्य किया। इस प्रसंग में 'प्रतीक' के दूसरे अंक के सम्पादकीय को देखना प्रासंगिक होगा जो प्रकाशित सामग्री पर विवेचनात्मक दृष्टिकोण प्रस्तुत करता है—" 'प्रतीक' के दोनों अंकों में जो लेख छपे हैं, उनमें से कुछ एक अवश्य आपको सोचने के लिए चुनौती देंगे। भगवतशरण उपाध्याय ने गीता के नये अध्ययन द्वारा हमारे प्राचीन साहित्य को एक नये ढंग से परखने का प्रयत्न किया है जो सर्वथा अनूठा है। नगेन्द्र ने मनोविज्ञान की आधुनिक गवेषणा के आधार पर रस सिद्धान्त के एक पक्ष का विवेचन किया है। 'लोकवार्ता की वैज्ञानिक पृष्ठभूमि' में सत्येन्द्र और 'सन् 57 और परवर्ती साहित्य' में लक्ष्मीसागर वार्ष्णेय दोनों ही हमारी सांस्कृतिक सम्पत्ति को नई दृष्टि और सूक्ष्मता से जाँचते हैं। विष्णु दे का लेख मार्क्सीय कला समीक्षा की कुछ मौलिक समस्याओं को सामने रखता है। नये युग के कला और साहित्य सम्बन्धी मानों के निर्धारण में मार्क्सवादी दृष्टिकोण का, प्रत्यक्ष अथवा परोक्ष रूप में बहुत दान है। प्रायः यह लगता है कि साहित्य और जीवन के सम्बन्ध में रचनात्मक (Positive) और आशापूर्ण दृष्टिकोण केवल मार्क्सवादियों का ही है। बाकी दृष्टिकोण या तो निराशावादी अथवा अस्वीकारात्मक है या मार्क्सवाद से अपना मतभेद प्रकट करने के अतिरिक्त उनका कोई निजी उद्देश्य नहीं होता। उनका आधार-बिन्दु चाहे आलोचना के लिए ही सही, मार्क्सवाद ही होता है।"[35]

'प्रतीक' के सम्पादकीय के उक्त उद्धृत अंश को अनेक स्तरों पर तत्कालीन पत्रकारिता का एक मानक माना जा सकता है। महत्त्वपूर्ण तथ्य यह है कि जिसे सम्पूर्ण सम्पादकीय दृष्टि कहा जाता है, उसका साक्षात्कार यहाँ होता है। विषयों का विश्लेषणात्मक परिचय, उनके वैचारिक आधारों का आकलन, वर्तमान में व्याप्त विरोधी विचारों से उनका तुलनात्मक परीक्षण तथा अपने समय में उसके होने की प्रासंगिकता के बिन्दुओं

की पड़ताल; वे विशेषताएँ हैं जिसके आधार पर कह सकते हैं कि अगर साहित्यिक पत्रकारिता का कोई आदर्श हो सकता है, तो यही दृष्टि हो सकती है। 'प्रतीक' अपने समय में है, अपने समाज से भी उसका गहरा वास्ता है, पर वह यह नहीं भूलती कि उसे सांस्कृतिक सम्पदाओं का भी संरक्षण करना है। उसे यह भी स्मरण है कि कला समीक्षा में केवल उपयोगितावादी दृष्टि ही कारगर नहीं है, उसके दूसरे पक्षों पर भी रौशनी डाली जानी चाहिए। सर्जन स्वत:स्फूर्त होता है। वह अपने आकार को स्वयं निर्मित करता है, पर चूँकि वह जीवन से बाहर की निर्मिति नहीं है, इसलिए जीवन और उसकी आकांक्षाओं को उसमें देखना बुरा नहीं है। बुरा वह है जो एक 'जरूरत' से ज्यादा उसमें नहीं देखा जाता। उसके सौन्दर्य, उसमें विन्यस्त अनुभूति, स्वप्नों की छवियाँ और जीवन के नाना रंगों को देखे बिना कला को केवल 'जरूरत की वस्तु' मान लेना ही कला समीक्षा है, तो वह भी अनुचित है जितना कि अनुचित कलाकृति को सौन्दर्य से परे यानी शुद्ध कला की दृष्टि से देखने की पद्धति।

'प्रतीक' के तीसरे अंक में विष्णु दे का आलेख 'समकालीन बंगला चित्रकला और यामिनी राय' यामिनी राय की कुछ चर्चित कृतियों—माता, देहाती बढ़ई, संथाल आदि को देखते-परखते हुए जिस बिन्दु पर आ टिकता है; उसमें निश्चय ही कला-समीक्षा की सर्वांगता झलकती है। अपने आलेख में विष्णु दे लिखते हैं—"यामिनी राय वास्तव में 'बंगाल स्कूल' के प्रतिनिधि नहीं माने जा सकते, तथापि ठाकुर बन्धुओं के और नन्दलाल बसु के स्वप्न उन्हीं की कला में पूरे हुए हैं, और उन्हीं के द्वारा हमारे देश की कला के पुनर्जीवन में बंगाल प्रमुख स्थान पर पहुँचा है।... यामिनी राय ने कला का कोई नया सिद्धान्त प्रतिपादित नहीं किया है, न किसी सैद्धान्तिक मतवाद के प्रवर्त्तक अथवा शास्त्रकार होने का कोई उनका दावा ही है। उनकी चित्रकला की खूबी उनकी चित्रात्मकता में ही है, और जो दर्शक उनके चित्रों की चित्रात्मकता (पिक्चोरिअल क्वालिटी) से ही परिष्कृत नहीं होता यह यामिनी राय की कला में निहित एक कला स्रष्टा की महान् विजय का ठीक-ठीक महत्त्व नहीं समझ सकता।"[36]

कहने की आवश्यकता नहीं है कि विष्णु दे यामिनी राय के कसीदे न पढ़ते हुए भी यह स्पष्ट करते हैं कि उनकी चित्रात्मकता भारत की कला के पुनर्जीवन में महत्त्वपूर्ण भूमिका निभाती है। इसमें जो दे ने ठाकुर बन्धुओं और नन्दलाल बसु के स्वप्नों को पूरा करने की बात कही है, उससे अन्य तथ्यों के अलावा इस बात पर रौशनी पड़ती है कि यामिनी राय ने अपनी कला में शुद्ध देशज तत्त्वों का उपयोग किया और भारतीय जन-जीवन को अभिव्यक्त किया। चित्रात्मकता उनकी कला का प्राणतत्त्व है और यही कला-सर्जना का केन्द्रीय सूत्र भी है।

ध्येयवाद इस दौर के समूचे लेखन पर प्रकट होता है, चाहे वह रचना हो, विचार हो या जीवन-व्यवहार का क्षेत्र हो। यथार्थ के आग्रह की अधिकता भी कुछ विचारकों को उद्वेलित करती है और वे पाते हैं कि इससे आदर्श बहुत पीछे छूट जाएगा। जाहिर

है, ऐसी स्थिति में समग्रता का स्वप्न फलीभूत नहीं हो पाएगा। 'प्रतीक' में ही 'गत मास का साहित्य' शीर्षक स्तम्भ में रसिकलाल पाठक जैनेन्द्र कुमार के एक लेख पर विचार करते हैं। लेख का शीर्षक है—'धर्म या संस्कृति'। ध्यान दीजिए तो यह उस दौर की उदार और विराट् पत्रकारिता का एक महत्त्वपूर्ण पक्ष लगेगा। यह लेख जैनेन्द्र कुमार ने 'नया समाज' नामक पत्रिका में लिखा था। यह उसी दौर की पत्रकारिता में सम्भव था कि किसी दूसरे प्रकाशन के विचारणीय प्रश्न पर कोई अन्य पत्रिका मन्थन करे। अपने लेख में पाठक लिखते हैं—" 'नया समाज' में जैनेन्द्र कुमार ने एक रोचक लेख प्रकाशित किया है। 'धर्म और संस्कृति' शीर्षक से उन्होंने इन दो शब्दों की अपने ही ढंग से व्याख्या की है। 'संस्कृति' में स्पष्ट ही सामंजस्य की ध्वनि है। और धर्म को उसके विरोध में नहीं आना चाहिए। यह निर्देश करके वह पहले लिखते हैं—"इधर जो समाजवाद और साम्यवाद नाम की विचारधाराएँ चली हैं, उन्होंने अवसर नहीं छोड़ा है कि एक अपने को अन्य अनेक से सर्वथा भिन्न और पृथक मान सके। एक सबके साथ है, अपने में वह समाप्त नहीं है, शेष में ही फैलकर एक को चरितार्थ होना है।"

मगर और फिर थोड़ा आगे चलकर :

"धर्म का यह अपलाप देखने में आता है इसलिए संस्कृति शब्द का सहारा लिया जाय और अपनी अन्तस्थ सहानुभूति का उत्तरोत्तर विकास साधते चला जाय तो यह ठीक ही है, फिर भी उस धर्म शब्द का बहिष्कार उचित न होगा...जो समाज के हित में आत्माभाव से समर्पित है उसे समाज का बन्दी होने की आवश्यकता नहीं है।"

फिर और थोड़ा आगे चलकर :

नेता का मतलब है साथ होकर भी एक कदम आगे चलनेवाला, यह जो एक कदम आगे होकर चलने की बात है, यह निरे सामाजिक आदर्शों से नहीं पूर्ण हो सकती, उसके लिए सामाजिक से कुछ उच्चतर आदर्श की आवश्यकता है।"[37]

यह है ध्येयवादी दौर की पत्रकारिता जो समता, समग्रता का स्वप्न देखती है, पर उच्चतर आदर्श की माँग भी उठाती है। धर्म यहाँ निरस्त करने की ही चीज नहीं है, स्वीकार और आचरण की भी चीज है तो संस्कृति सामंजस्य का प्रतीक। धर्म और संस्कृति एक-दूसरे के विरोध में नहीं हैं, न होने चाहिए। यह विचार उस दौर की पत्रकारिता का एक अन्य उल्लेखनीय पहलू है। अनेक साहित्यिक-सांस्कृतिक आन्दोलनों का आधार बना यह युग नई कविता, नई कहानी तथा नये विचारों की प्रतिष्ठा का भी था। पीछे हम देख आये हैं कि साहित्य को नये संकल्प और समग्रता के ध्येय के साथ जोड़ने की किन-किन स्तरों पर बहस चली। इसी बीच साहित्य में 'नई कविता' का आन्दोलन चला और उसे एक विधिवत् काव्यरूप की संज्ञा भी दी गयी। इसी नाम से इलाहाबाद से एक पत्रिका निकली जिसके प्रवेशांक में कविवर सुमित्रानन्दन पन्त ने लिखा—

"नई कविता ने मानव भावना को छायावादी सौन्दर्य के धड़कते हुए पलने से बलपूर्वक उठाकर उसे जीवन-समुद्र की उत्ताल लहरों में पेंग भरने को छोड़ दिया है, जहाँ वह साहस के साथ सुख-दुःख, आशा-निराशा के घात-प्रतिघातों में बढ़ती हुई युग-जीवन की आँधी और तूफानों का सामना कर सके, अन्तर्वेदना से मुक्त होकर सामाजिक व्यथा के अनुभवों से परिपक्व बन सके। नई कविता विश्व-वर्चस्व से प्रेरणा ग्रहण करके तथा आज के प्रत्येक पल बदलते हुए युग-पट को अपने मुक्त छन्दों के संकेतों की तीव्र-मन्द गति-लय में अभिव्यक्त कर, युग-मानव के लिए नवीन भावभूमि प्रस्तुत कर रही है।"[38]

कविवर पन्त के उपर्युक्त व्यक्तव्य से यह स्पष्ट है कि नई कविता उन अनेक काव्य-प्रविधियों का समवेत् स्वर बनी थी जो उन दिनों दृश्य में थीं। पन्त उसे छायावाद से निःसृत काव्यान्दोलन मानते हैं; जबकि बाद के अनेक काव्यान्दोलन भी इसके मूल में रहे हैं। नई कविता को कुछ अधिक स्पष्टता के साथ रखते हुए जगदीश गुप्त कहते हैं—"नया कवि उस रूढ़िवादी को भी अपना लक्ष्य नहीं बनाता जो हर प्राचीन के प्रति आकर्षण और हर नवीन के प्रति विकर्षण के भाव से परिचालित होता है। ऐसे व्यक्तियों में एक जड़ता निहित रहती है जो उनकी आन्तरिक अप्रगति की द्योतक होती है। इलियट ने काव्य-रुचि के विकास की चर्चा करते हुए निर्भीकतापूर्वक इनका स्मरण किया है—I dare say many people never advance so that such taste for Poetry as they retain in later life is only a sentimentals memory of the pleasures of youth, and is probably entwined with all our other sentimental restrospective feelings.रुढ़िवादियों की तरह पूर्वाग्रही लोगों का एक वर्ग होता है जो कवि के द्वारा सदैव अपने गलत या सही अभीप्सित की पूर्ति चाहते हैं। किसी सामान्य उद्देश्य से ऊपर वे कविता की कोई सार्थकता ही स्वीकार नहीं करते। कवि के रूप में किये गये हर प्रयत्न को वे व्यर्थ और हीनतर तथा प्रचारक के रूप में किये गये हर प्रयास को वे श्रेष्ठतर समझते हैं।"[39]

जगदीश गुप्त के इस वक्तव्य को प्रगतिवाद के समानान्तर उस काव्यरूप की प्रस्तावना के रूप में भी देखा जा सकता है जिसमें स्पष्टतः लक्ष्य धर्मी कविता का विरोध दर्ज है। जगदीश गुप्त अप्रत्यक्ष ही सही, पर उसी कविता का विरोध कर रहे हैं जो कविता प्रचारात्मक है तथा इस नाते वह जीवन के अनेक क्षेत्रों से कटती जाती है। अपनी टिप्पणी में वे उन रूढ़िवादियों से भी एतराज जताते हैं जो प्रचार से इतर कविता को हीनतर समझते हैं। रघुवीर सहाय ने अपनी एक कविता के माध्यम से 'नई कविता' को समझने की युक्ति भी दी है, कविता है—

"आज फिर शुरू हुआ जीवन।
आज मैंने एक छोटी-सी सरल-सी कविता पढ़ी।

आज मैंने सूरज को डूबते देर तक देखा।
आज मैंने शीतल जल से जी-भर स्नान किया।
आज एक छोटी-सी बच्ची आई
किलक कर मेरे कन्धे पर चढ़ी,
आज मैंने आदि से अन्त तक
एक पूरा गान किया।
आज जीवन फिर शुरू हुआ।''[40]

नई कविता हिन्दी में एक नये बयार की तरह आई जिसमें ताजगी और सुगन्ध थी। आमजन तक पहुँचने का इसने आसान-सा रास्ता यह अख्तियार किया कि रोजमर्रा जीवन को कविता का विषय बनाया। सहज शब्दावली में जीवन के छोटे-बड़े सभी संघर्षों को स्वर दिया और यह प्रयत्न किया कि कविता में लघु मानव अपनी जगह पा सके। इस नई कविता को भी—आसानी से स्वीकृति मिल गयी हो, ऐसा नहीं है। उसे अनेक स्तरों पर विरोध का सामना करना पड़ा, उसकी खूब आलोचना हुई और उसके सहज तथा सतहीपन को भी आड़े हाथों लिया गया। साहित्यिक पत्रिकाओं और समाचार-पत्रों के अंक के अंक इन बहसों से भरे हुए दिखाई देते हैं जिसमें एक ठोस शक्ल तक पहुँचने की कोशिश स्पष्टत: लक्षित की जा सकती है। अनेक नई कविता के पैरोकार कवियों ने भी इसकी समस्याओं और स्वयं अपनी कमजोरियों पर भी रोशनी डाली है। नरेश मेहता की टिप्पणी इस प्रसंग में गौरतलब है—''यहाँ मैं नई कविता पर ही कहूँगा। नवीन वह कई अर्थों में निश्चित है किन्तु अपने में कोई साध्य नहीं। उधर अनेक नई कविता के सामूहिक संकलन निकले हैं जिन्हें देख बोध हो जाना चाहिए कि प्रयोग एवं प्रचार में एक सीमा होती है। जीवन भर कोई प्रयोग और प्रचार की दुहाई नहीं दे सकता।...इधर के संकलनों को देखकर यह स्पष्ट हो जाना चाहिए कि कविता में आज अज्ञानता, उच्छृंखलता हीन होने को आधुनिकता की संज्ञा दी जा रही है। हम नये कवियों की सबसे बड़ी कमजोरी यह है कि काव्य की रचना से भी अधिक आवश्यक यह है कि हमारा कवि व्यक्तित्त्व ही नहीं है। आर्थिक संकट आदि बातों की आड़ में जिस गरिमाहीन, स्वत्वहीन, ओछे व्यक्तित्त्व को हमने अपने में पैदा होने दिया है, वह और कुछ भले ही कर सके साहित्य की सृष्टि नहीं कर सकता है। साहित्य व्यक्ति की अभिव्यक्ति नहीं वरन् व्यक्ति द्वारा बृहत् की अभिव्यक्ति है। यह बृहत् भावना, व्यक्ति-सत्य को बाधा देती हो, सो भी नहीं; किन्तु जीवन को देखने के लिए वैज्ञानिकता ही एक मात्र दृष्टि है, इसे भी स्वीकार नहीं किया जा सकता है। दूसरी ओर भावना की अपेक्षा जिस तर्क-चातुर्य को प्रश्रय दिया गया, यह भी ठीक नहीं हुआ।''[41]

नई कविता दूसरे काव्यान्दोलनों की तरह ही प्रतिष्ठित होने के पहले ही विवादास्पद हो गयी जिसमें नये कवियों की प्रतिक्रिया भी उसे झेलनी पड़ी। नरेश मेहता नई

कविता में जिस अभाव की चर्चा करते हैं, वह दुर्भाग्य से आधुनिक साहित्य का ही अभाव है। परम्परा का विरोध, तर्क, चातुर्य, विज्ञान की श्रेष्ठता, वैयक्तिकता पर जोर, बृहत्, जनाकांक्षा के प्रति विरक्ति जैसे प्रश्न नई कविता से ऐसे जुड़ गये मानों इनसे उसका चोली-दामन का साथ हो। यह अच्छा भी हुआ कि उसे अपने ही लोगों का विरोध झेलना पड़ा। इस तरह की प्रतिक्रियाओं का लाभ यह हुआ कि नई कविता अपनी संरचना में कुछ अधिक सजग हो सकी तथा आगे उसमें ऐसे प्रयत्न जुड़े कि वह विराट् की ओर उन्मुख हो सकी। अज्ञेय की कविता 'महानगर : रात' की कुछ पंक्तियाँ नई कविता के बदले ढब को दिखाने का यत्न करती हैं—

"धीरे-धीरे चली जाएँगी सभी मोटरें,
बुझ जाएँगी सभी बत्तियाँ,
छा जाएगा एक तनाव भरा सन्नाटा
जो उसको अपने भारी बूटों से
रौंद-रौंद चलनेवाले वर्दीधारी का
प्यार नहीं, किन्तु वांछित है।"[42]

इस कविता में अज्ञेय ने महानगरीय आधुनिकता को एक ऐसे तनाव भरे सन्नाटे में देखा है जिसमें प्यार की आकांक्षा तो है, पर वह सहज प्राप्य नहीं। नई कविता के साथ आधुनिकता की समस्या भी जुड़ी जिस पर बहुत गहन मंथन हुआ। ऐसी ही एक बहस की झलक यहाँ देखी जा सकती है जिसमें विपिन कुमार अग्रवाल, रामस्वरूप चतुर्वेदी, मलयज, नित्यानन्द तिवारी और जगदीश गुप्त की भागीदारी थी—"आधुनिकता की समस्या नई कविता से सीधे सम्बद्ध है तथा इसको लेकर जागरूक साहित्यिक पिछले कुछ वर्षों से विशेष चिन्तनशील रहे हैं। विदेश में यह समस्या एक व्यापक आन्दोलन का रूप ग्रहण करते हुए आज प्राय: निश्चित परिणति तक पहुँच गयी है। जिन संघर्षों को साहित्यिक तथा साहित्यिक क्षेत्र में पाश्चात्य जगत झेल चुका है, युगों से परतन्त्रता से अभिशप्त भारत आज मुक्त और स्वचेता होकर उन्हीं से गुजर रहा है।...ऐसी देशा में भारत जैसे नवविकसित या विकासोन्मुख देश में आधुनिकता के प्रति सही और गम्भीर दृष्टिकोण बनाने के क्रम में पाश्चात्य देशों के अनुभव से लाभ उठाना मुझे विवेकसम्मत और श्रेयष्कर प्रतीत होता है।"[43]

आधुनिकता को एक बड़ी चुनौती के रूप में लेते हुए साहित्यकारों ने उसे पश्चिमी ढब में बरतने तथा पाश्चात्य अनुभवों से सीखने की सलाह दी। एक बड़ा प्रश्न यह था कि जीवन को नये सन्दर्भों में परिभाषित करते हुए नई हवाओं के बीच उसे व्यवस्थित कैसे किया जाय? सामने व्यवस्था की चुनौती तो थी ही, समग्रता का ध्येयवादी स्वप्न भी था जो जीवन के हर क्षेत्र में एक विकट बाधा बनकर खड़ा था। इस युग की पत्रकारिता ने इस बाधा को पार करने की जो कोशिशें कीं, उससे एक

नई जमीन बनी और वातावरण भी; जाहिर है, इससे एक नया विमर्श सम्भव हो सका तथा एक नई चेतना प्रवाहित हो सकी।

इस दौर की पत्रकारिता ने समता, समग्रता का ध्येय लेकर इस क्षेत्र की सम्पन्नता की चिन्ता की। इस दौर की सांस्कृतिक दृष्टि आदर्श मानी जा सकती है जिसमें साहित्य सहित सभी कलाओं के प्रति समान भाव दिखता है। राजनीति सहित दूसरे प्रभावी अनुशासनों पर भी इस दौर की पत्रकारिता ने पर्याप्त दबाव बनाया और उसे जन-पक्षधर होने की सीख दी। इस दौर के विमर्श में पत्रिकाओं और पत्रों की बड़ी जमात शामिल रही थी जिन सबका उल्लेख करना न तो सम्भव है और न ही समीचीन ही; फिर भी अगर नाम लेना हो तो पत्रिकाओं में कहानी, संचेतना, आलोचना, समालोचना, कल्पना, नया साहित्य, अजन्ता, धर्मयुग, नीहारिका, नई कविता, पल्लव, नये पत्ते आदि तथा पत्रों में हिन्दुस्तान, नवभारत टाइम्स, आर्यावर्त्त, आज, प्रदीप जैसे दैनिक शामिल हैं जिनमें तत्कालीन स्थितियों पर गम्भीर बहस देखी जा सकती है। इस अध्याय के तहत हमने कुछ चुने हुए पत्र-पत्रिकाओं को अपने विमर्श का आधार बनाया है जिनसे इस युग की पूरी व्याप्ति को सहजता से समझना सम्भव हो सके। इन्हीं प्रश्नों और बहसों के आलोक में सभी पत्र-पत्रिकाओं को उद्धृत करना इन अध्यायों को अनावश्यक विस्तार देना है जिससे लोभ संवरण करते हुए हम मूल बिन्दुओं को रखने में ही पाठकों का हित समझते हैं।

अध्याय के तहत उद्धृत पत्र-पत्रिकाओं के मूल विमर्शों के विवेचन से यह स्पष्ट होता है कि इस दौर की पत्रिकाएँ और पत्र तत्कालीन राजनीतिक, सामाजिक तथा साहित्यिक-सांस्कृतिक दृष्टि से बहुत सजग रहे हैं। इन पत्र-पत्रिकाओं में उस समय की राजनीतिक स्थिति के साथ-साथ तत्कालीन सामाजिक विसंगति का गहरा बोध भी मिलता है। एक ध्येय सर्वत्र दृष्टिगोचर होता है जिसमें समता और समग्रता का स्वप्न है। स्वतन्त्र भारत को समान अवसर और समान सुविधाओं का देश बनाने के लिए अपने-अपने स्तर पर सभी प्रयत्नशील हैं, सभी कटिबद्ध हैं। इस युग में साहित्य को जनता के अधिक निकट लाने के आन्दोलन हुए तो कलाओं को ज्यादा समाज सापेक्ष बनाने की दिशा में कार्य हुआ। नई कविता, नई कहानी जैसे कविता और कथा के आन्दोलन इसी युग में चले तथा स्थापित हुए। नाटक, नृत्य, संगीत, सिनेमा तथा व्यापक लोकधर्मी लोक-साहित्य और लोककलाओं को समझने तथा उन्हें व्यापक जनता तक पहुँचाने के प्रयत्न में इस दौर की पत्रकारिता ने बड़ी भूमिका निभाई। यह युग एक बड़े स्वप्न की बुनियाद की तरह है जिसमें व्यापक भारतीय जन को प्रतिष्ठित करने का यत्न हुआ। इसी युग में साहित्य में आधुनिकता तथा यथार्थवाद का प्रवेश हुआ तो संस्कृति के क्षेत्र में वैश्विक प्रश्नों से मुठभेड़ करने की प्रवृत्ति का विकास। आश्चर्य है कि इस युग की पत्रकारिता ने साहित्य और संस्कृति के समान धरातल पर अपने को प्रतिष्ठित किया तथा व्यापक राष्ट्रीय हित में सार्वजनिक विमर्श की

परम्परा का सूत्रपात किया।

पहले अध्याय के अध्ययन से स्पष्ट होता है कि हिन्दी की साहित्यिक तथा सांस्कृतिक पत्रकारिता में एक मांगलिक भाव है। दैनिक पत्रों में भी साहित्य और संस्कृति को अनिवार्य पक्षों की तरह बरता गया है जिसमें उस समय की न तो कोई गम्भीर साहित्यिक पुस्तक विमर्श से बाहर है, न गम्भीर फिल्म, न गम्भीर नाट्य प्रस्तुति, न गम्भीर कलाकृति। एक समेकित प्रयत्न से समन्वित इस युग की पत्रकारिता साहित्यिक पत्रिकाओं में भी दिखाई देती है जिसमें उस दौर की राजनीतिक समस्याओं और जनता की आकांक्षाओं का उतना ही खयाल है जितना कि दैनिक पत्रों में। अज्ञेय, धर्मवीर भारती, नरेश मेहता, चन्द्रगुप्त विद्यालंकार, श्रीकान्त वर्मा, नामवर सिंह, रामस्वरूप चतुर्वेदी, नित्यानन्द तिवारी, रघुवीर सहाय, श्रीपत राय, अमृत राय, जैनेन्द्र कुमार, रामविलास शर्मा, नन्ददुलारे वाजपेयी, शिवपूजन सहाय, जगदीश गुप्त, विद्यानिवास मिश्र, विष्णु दे जैसे अनेक स्थापित लेखक हिन्दी की साहित्यिक-सांस्कृतिक पत्रकारिता को नई दिशा देते हैं और उसे व्यापक सांस्कृतिक कर्म में विन्यस्त करते हैं।

अगले अध्याय 'स्वप्नभंग की प्रक्रिया और राष्ट्रनिर्माण के प्रति आशावाद का द्वन्द्व' में हम देखेंगे कि राजनीतिक परिस्थितियों के समानान्तर टूटती जनास्था को पत्र-पत्रिकाओं ने कैसे अभिव्यक्त किया तथा अकविता, अकहानी, समानांतर कहानी जैसे साहित्यिक आन्दोलन कैसे प्रकाश में आये तथा उनका क्या प्रभाव पड़ा।

सन्दर्भ

1. हंस, वर्ष-17, 1947, पृ. 415
2. हंस, वर्ष-17, अंक-6, मार्च 1947, पृ. 407
3. हंस, वर्ष-17, अंक-11, अगस्त 1947, पृ. 824-25
4. हंस, वर्ष-17, अंक-11, अगस्त 1947, पृ. 822-23
5. हंस, वर्ष-17, अंक-11, अगस्त 1947, पृ. 824-25
6. कल्पना, वर्ष-1, अंक-2, संपादकीय, अगस्त 1949
7. आजकल, अंक-8, दिसम्बर 1951, पृ. 40
8. वही, पृ. 41
9. आजकल, 'साहित्य और सामयिकता', वर्ष-2, अंक-11, जून 1955, पृ. 16
10. आजकल, अंक-10, फरवरी 1952, पृ. 51
11. आजकल, अंक-1, वर्ष-8, मई 1952, पृ. 8
12. आजकल, अंक-12, अप्रैल 1952, पृ. 6
13. नवभारत टाइम्स, 13 जनवरी 1952
14. आजकल, फरवरी 1952, पृ. 10
15. नवभारत टाइम्स, 4 मार्च 1961, पृ.4

16. वही, 12 मार्च 1961, पृ. 5
17. नवभारत टाइम्स, 15 दिसम्बर 1952, पृ. 5
18. नवभारत टाइम्स, 30 नवम्बर 1952 (रविवारी), पृ. 5
19. वही, 20 दिसम्बर 1957, पृ.4
20. नवभारत टाइम्स, 25 फरवरी 1956,(1956) पृ. 5
21. हंस, अंक-2, वर्ष-17, अक्तूबर 1947, पृ. 92
22. कल्पना, अंक-1, वर्ष-1, पृ. 13
23. हंस, अंक-9, वर्ष-18, जून 1948, पृ. 649
24. आजकल, अंक-10, फरवरी 1952, पृ. 27
25. कल्पना, अंक-5, वर्ष-1, पृ. 15
26. वही, पृ. 23
27. कल्पना, अंक-5, वर्ष-1, पृ. 23
28. कल्पना, अंक-3, वर्ष-1, पृ.9
29. कल्पना, अंक-6, वर्ष-1
30. नया साहित्य, अंक-4, पृ. 18
31. नया साहित्य, अंक-4, पृ. 41
32. कल्पना, अंक-12, वर्ष-8, पृ. 12
33. प्रतीक, संयोजना, अंक-1, पृ. 3
34. प्रतीक, अंक-1, वर्ष-1, पृ. 24
35. प्रतीक, अंक-2, पृ. 5
36. प्रतीक, अंक-3, पृ. 21
37. प्रतीक, अंक-1, वर्ष-4, पृ. 1
38. नई कविता, अंक-1, पृ. 3
39. नई कविता, अंक-1, पृ. 6
40. नई कविता, अंक-1, पृ. 45
41. नई कविता, अंक-3, पृ. 51-52
42. वही, अंक-3, पृ. 100
43. नई कविता, अंक-7, पृ. 25-26

अध्याय-2

स्वप्नभंग की प्रक्रिया और राष्ट्रनिर्माण के प्रति आशावाद का द्वन्द्व

पिछले अध्याय में हम देख आये हैं कि पत्रकारिता; जो मूल रूप से साहित्यिक-सांस्कृतिक ही रही, आजादी के बाद समता, समग्रता का ध्येय लेकर चली। इस ध्येय में जहाँ राजनीति उसका सहचर बनी, वहीं साहित्य तथा दूसरी कलाएँ जनता की आकांक्षाओं और उसके स्वप्नों को फलीभूत करने के संकल्प के साथ आगे बढ़ीं। पर दुर्भाग्य से अपेक्षाओं का इतना बड़ा बोझ सरकार से न उठ सका और उसे आलोचनाओं का शिकार होना पड़ा। पत्रकारिता का सुर बदला, साहित्य में पल रहे आदर्शों का भी विखण्डन हुआ और इस तरह स्वप्नभंग की प्रक्रिया आकार पाने लगी। इसके बावजूद जो आशावाद था, वह भी कायम रहा जिसके द्वन्द्व यत्र-तत्र दिखाई देने लगे। यह लक्ष्य करने के बावजूद कि बड़ी-बड़ी अपेक्षाएँ टूटने लगीं, जनता में हताशा बढ़ी, स्वतन्त्र भारत की पहली निर्वाचित सरकार ने कानून-व्यवस्था के नाम पर जन-आन्दोलनों को कुचलने की भी कोशिश की। विभाजन का दंश अब भी बरकरार था। विस्थापित शरणार्थियों की समस्या अभी पूरी तरह हल भी नहीं हुई थी। सरकार कई मोर्चों पर जूझती हुई थक-हार रही थी। उम्मीदें कहाँ तक पूरी होतीं जब साधन कम थे और सरकार अपने ही अन्तर्विरोधों का शिकार होने को अभिशप्त थी। कहाँ तो 'सुराज' और 'रामराज्य' के आदर्शों पर लड़ा गया स्वाधीनता संघर्ष, और कहाँ यह स्वप्नभंग। इस युग की पत्रकारिता इस स्थिति को बहुत बारीकी से उठाती है।

साहित्य तथा दूसरे कला-अनुशासनों में भी यह दौर छाया रहता है। यह भी लक्ष्य कर सकते हैं कि समतामूलक प्रगति की कामना के खण्डन से जुड़ा मोहभंग संस्कृति के क्षेत्र में अधिक प्रखरता से अभिव्यक्त होता है। इसके परिणामस्वरूप ही कलाओं में परिवर्तन आते हैं और साहित्य में भी नये-नये आन्दोलन चलते हैं। इन आन्दोलनों में नकार का भाव है, तिरस्कार और आत्मक्षोभ का भाव है। क्षोभ है कि ऐसी आजादी हमने क्यों चाही जिसमें अब स्वप्न देखने की भी जगह नहीं रह गयी। इनमें समाज के पारम्परिक ढाँचे पर प्रहार था तो भद्र कही जानेवाली हर व्यवस्था

का खुला विरोध। इसके समानान्तर एक धारा यह भी थी जो उम्मीद को प्रश्रय दे रही थी। उसका मानना था कि देर भले हो रही हो, पर देश में नया सवेरा जरूर आएगा। समाज में फैलाई जा रही कुत्सा और नकारात्मक प्रभावों के विरुद्ध यह धारा एक सांस्कृतिक मुहिम में बदल रही थी; बहुधा इसे व्यवस्था-संरक्षित धारा कहा जा रहा था, पर इसे समाजवादी धड़ों का समर्थन था जो सरकारी नीतियों का समर्थन करने के साथ-साथ साहित्य तथा कलाओं में भी आशावादी स्वरों को महत्त्व दे रहे थे। साहित्यिक पत्रकारिता ने इन दोनों स्वरों को प्रमुखता दी और तत्कालीन परिस्थितियों को देखते हुए यह सुनिश्चित करने की कोशिश भी कि देश में एक समुचित आलोचनात्मक सांस्कृतिक वातावरण बन पाये।

यह हैरान करनेवाला तथ्य है, पर सच है कि इस दौर की पत्रकारिता ने साहित्य और कलाओं को सबसे अधिक प्रभावित किया। प्रभाव का यह मतलब नहीं है कि कलाओं की निर्मिति को उसने बदलने की चेष्टा की, बल्कि यह कि उसने नये सन्दर्भों में कलाओं को समझने की कोशिश की, जिसके फलस्वरूप एक नई स्थिति बन सकी। इस दौर की पत्रकारिता ने भी अपने उन संकल्पों का पूरी तरह निर्वाह किया जो उसके प्रस्थान के मूल में थे। संस्कृति का क्षेत्र उसका आधार था और सांस्कृतिक दृष्टि ही उसकी संकल्पना का भावक्षेत्र। यही कारण है कि इस दौर की प्रवृत्तियों की अभिव्यक्ति जिन-जिन स्तरों पर हुई उन सबको अपने विमर्श का आधार बनाते हुए भी पत्रकारिता स्वप्नभंग की प्रक्रिया के साथ-साथ राष्ट्रनिर्माण के प्रति आशावाद के द्वन्द्व को भी रूपायित कर सकी। सम्पादकीय टिप्पणियों, अग्रलेखों तथा प्रकाशित रचनाओं में इस तथ्य को भलीभाँति महसूस किया जा सकता है और यह देखा जा सकता है कि पत्रकारिता किन-किन स्तरों पर अपने युग को रेखांकित कर सकी।

स्वतन्त्रता के बाद अँग्रेजी को लेकर जो बहस छिड़ी थी, वह बहस तो आज तक जारी है; पर उसकी मूल संकल्पना में यह निहित था कि हिन्दी हमारे राष्ट्रीय चरित्र और स्वाभिमान का निर्धारण करती है। प्रसंगात् 'कर्मवीर' के सम्पादकीय को देखते चलें जिसमें माखनलाल चतुर्वेदी ने एक बड़ी बहस शुरू की थी—"आज, जहाँ किसी विषय पर चाहे वह हमारे अपने ही साहित्य, अपनी ही कला, अपनी ही संस्कृति, और अपनी ही प्राचीन परम्पराओं से सम्बन्धित क्यों न हों, अँग्रेजी ग्रन्थों का सहारा लिए बिना कलम उठाना हमारे अपने ज्ञान दरिद्रता की निशानी बन जाता है। वहाँ अपने यहाँ के शोधक विद्वानों के प्रति वह अपराध है, जिसका प्रायश्चित्त, उन्हें तत्काल उचित, समादरणीय स्थानों पर प्रतिष्ठित करके हमें अभी करना होगा।"[1]

पत्रकारिता का यह आदर्श आजादी के तत्काल बाद का आदर्श है जो आगे अपनी इन्हीं चिन्ताओं के साथ सामने आता है। हिन्दी स्वप्न, संकल्प, समता और संघर्ष का प्रतीक बनी थी जिसको प्रतिष्ठित करने की चिन्ता करना पत्रकारिता का पहला कर्त्तव्य था। माखनलाल चतुर्वेदी ने इस चिन्ता को आगे बढ़ाया था जो आनेवाले दौर में भी जारी रही। इसी चिन्ता

को 'कर्मवीर' में ही बालकृष्ण शर्मा 'नवीन' आगे बढ़ाते हुए लिखते हैं—

"हमें अपने देश में अपनी परम्परा अनुमोदित भाषा-हिन्दी भाषा के द्वारा ही अपना सांस्कृतिक उत्थान करना है। हमें अपने देशवासी मुसलमान जनों को हिन्दी भाषा के द्वारा ही शिक्षित करना है। हमें उन्हें इसी भाषा के द्वारा अपने देश अर्थात् उनके देश की प्राचीन गरिमा का गौरवानुभव करना है। हमें उन्हें राम, कृष्ण, भीम, अर्जुन, अशोक, चन्द्रगुप्त, गंगा-यमुना, विन्ध्य, हिमांचल आदि में अपनापा का अनुभव कराना है।"[2] इस वक्तव्य में प्रसिद्ध कवि बालकृष्ण शर्मा 'नवीन' हिन्दी को एक ऐसी भाषा के रूप में देखना चाहते हैं जिसके माध्यम से हमें अपना सांस्कृतिक उत्थान करना है। इस सांस्कृतिक उत्थान से ही हम अपना खोया हुआ गौरव वापस पा सकते हैं। भाषा के प्रति यह मन्तव्य केवल एक राय न था बल्कि एक संकल्पना था जिसके माध्यम से पूरे देश का विकास भी सुनिश्चित किया जाना था। 'कर्मवीर' के इस आह्वान को आगे की पत्रकारिता भी साथ देती है और उसमें 'राष्ट्रीय चरित्र' की स्थापना पर भी बल देती है। भाषा का प्रश्न, एक सीमा के बाद राष्ट्रीय चरित्र का ही प्रश्न हो जाता है। राष्ट्रीय आकांक्षा का विरोध कर भाषा थोपी नहीं जा सकती। चरित्र में यदि सुकरता होगी तो भाषा सहित सांस्कृतिक दृष्टि भी विकसित होगी। 'नई धारा' का प्रकाशन शुरू होने पर रामवृक्ष 'बेनीपुरी' ने जो घोषणा की थी, उसे भी 'कर्मवीर' ने बहस का आधार बनाया। अपने पहले सम्पादकीय में 'बेनीपुरी' ने 'नई धारा' में लिखा था—"देश में जो एक नई सांस्कृतिक चेतना उत्पन्न हुई है, उसे विकसित और पुष्ट करने तथा हिन्दी साहित्य में जो नई प्रवृत्तियाँ दृष्टिगोचर हो रही हैं, उनका प्रतिनिधित्व करने एवं सही मूल्यांकन प्रस्तुत करने के लिए इस पत्रिका का प्रकाशन हो रहा है।"[3] जाहिर है, देश की सम्पन्नता और चतुर्दिक विकास के लिए यह आवश्यक था कि राष्ट्रभाषा के रूप में हिन्दी को स्वीकृति मिले तथा साहित्य तथा व्यापक सांस्कृतिक कर्म के माध्यम से ऐसा वातावरण बनाया जाय जिससे एक समग्र विकास की धारा प्रवाहित हो। इसी तरह की चिन्ताओं को सामने लाते हुए आजादी के बाद की पत्रकारिता एक बड़े ध्येय को लेकर चल रही थी जिसमें इकहरी दृष्टि नहीं वरन् समग्र सांस्कृतिक दृष्टि का विन्यास था। देश की राष्ट्रभाषा को लेकर हिन्दी के लेखकों और पत्रकारों की चिन्ता केवल भाषा की चिन्ता तक सीमित न थी; क्योंकि वे भाषा को राष्ट्र के निर्माण की कुंजी मानते थे। हिन्दी नागरिकों के चरित्र, उनके संस्कार, उनकी प्रतिबद्धता और उनके भारतीय होने का एक प्रमाण की तरह थी। यही चिन्ता दूसरे रूपों में आगे भी बनी रही जो कई स्तरों पर हमारा ध्यान खींचती है। भाषा पर पत्रकारिता की चिन्ता को दिखाते हुए हमने इसे राष्ट्रीय चरित्र के रूप में भी देखने की कोशिश की है; जैसा कि उसे भाषा के साथ जोड़कर माना जाता रहा है। इसी प्रसंग में कालिदास पर विचार करते हुए 'नवभारत टाइम्स' देखिए किस तरह 'साहित्य के अनुशीलन से' 'राष्ट्रीय चरित्र' के निर्माण पर जोर दे रहा है—"भारत

में ऐसे साहित्य का अभाव नहीं जिसके अध्ययन और अनुशीलन से हम अपने 'राष्ट्रीय चरित्र' का निर्माण कर सकें। परन्तु इधर पराधीनता के कारण हम भारतीयों में अपने आपको भारतीय आँखों से देखने की अपेक्षा पश्चिमी आँखों से देखने और उस प्रकार देखने से हम सुन्दर अथवा विकृत जैसे भी नजर आयें; उसी को अपना प्रामाणिक रूप मानने का 'फैशन' चल पड़ा है।''[4] पत्रकारिता जिस धुँधले आशावाद को जिलाए हुई थी, उसमें यह आवश्यक था कि वह भाषा के साथ-साथ देश के नागरिकों के चरित्र को निर्मित करने की दिशा में एक मुहिम छेड़े। चरित्र में अन्तर्विरोध और पाखण्ड दिखाई दे रहा था। लोगों में अब भी अँग्रेजियत बची थी, मानसिकता विकृत थी। ऐसे में यह आवश्यक था कि पत्रकारिता हमें भारतीय होने पर बल देती, अपनी भाषा और संस्कृति पर गर्व करना सिखाती; और यह बड़ा कार्य पत्रकारिता ने सम्भव किया।

साहित्य में परिवर्तन का जोर था। बहस-मुबाहिसे में कभी नये आन्दोलन को पुरानी परम्परा में देखा जाता तो कभी उसे नये समय की जरूरत बताया जाता। स्वप्नभंग की प्रक्रिया शुरू हो गयी थी, पर क्षीणतर आशाओं के बीच उम्मीद की लौ दिपदिपा रही थी। एक बहस थी कि 'नई कविता' अभी शुरू हुई या उसकी परम्परा पहले से चली आ रही है? स्वातन्त्र्योत्तर हिन्दी कविता पर दिल्ली विश्वविद्यालय में आयोजित एक गोष्ठी में शमशेर बहादुर सिंह ने कहा, ''मैं नई कविता की शुरूआत निराला से मानता हूँ। नई कविता के बीज 'परिमल' में ही प्रस्फुटित होने लगे थे। नये युग और नये युगबोध की कविता ही नई कविता है।''[5] शमशेर बहादुर सिंह का वक्तव्य हिन्दी में चल रहे शोर-शराबों के बीच आया जो एक प्रतिक्रिया माना गया। इसमें सन्देह नहीं कि नये युगबोध को लेकर निराला ने कविता में नये प्रयोग किये और मुक्तछन्द को सर्वथा पहली बार स्वीकृति भी निराला के द्वारा ही मिली, पर नई कविता का आन्दोलन एक नूतन काव्यधारा के रूप में आजादी के बाद ही आया जिसके एक कवि के रूप में शमशेर बहादुर सिंह को भी पहचान मिली। यहाँ कविता की परम्परा पर बहस करने का औचित्य नहीं है; केवल पत्रकारिता के सांस्कृतिक विमर्श को दिखाने का उपक्रम किया जा रहा है; इसलिए यह देखना-दिखाना महत्त्वपूर्ण है कि पत्रकारिता सांस्कृतिक स्तर पर कितनी गम्भीर रही है।

पत्रकारिता केवल साहित्य और कलाओं पर ही अपने को केन्द्रित नहीं करती वरन् उन सभी प्रश्नों पर अपना ध्यान देती है जिससे असमंजस की स्थिति का मुकाबला किया जा सके। इस दौर में परम्परा का तीखा विरोध हो रहा था, पुराने के त्याग और नये के स्वीकार के बीच आस्था खण्डित हो रही थी। पर सबसे विचित्र स्थिति यह थी कि जिस नये के स्वीकार का प्रयत्न हो रहा था, उस नये के स्वरूप पर ही प्रश्न खड़ा था। ऐसे में माखनलाल चतुर्वेदी ने चिन्ता व्यक्त करते हुए लिखा— ''यदि एक पीढ़ी इस व्यवस्था में विद्रोह करती है तो वह पूरे प्राचीन अध्ययन से, संचित श्रद्धा से ही विरोध प्रारम्भ करती है।...इस देश के उन्नयन में मनोवैज्ञानिक

उपचार की आवश्यकता है। यह केवल वैज्ञानिक आविष्कार लेकर उस पर टूटने से कैसे होगा।"[6]

कितने बड़े सपने और उनको पूरा करने का यह ओछा ढंग। श्रद्धा का लोप हो रहा था, पुराने के नाम पर हर तरह की सांस्कृतिक सम्पदा और विचार प्रक्रियाओं का विरोध हो रहा था। ऐसे में माखनलाल चतुर्वेदी ने यहाँ के नागरिकों की मानसिकता में ही खोट देखा और यह ठीक ही कहा कि इस देश का उन्नयन चाहिए तो यहाँ के लोगों का मनोवैज्ञानिक उपचार आवश्यक है। इस बहस को साहित्य के माध्यम से रखते हुए कवि रामधारी सिंह 'दिनकर' ने लिखा—"विज्ञान से निकली हुई दूसरी शिक्षा बुद्धिवाद की है, जिसका प्रभाव साहित्य पर बड़े जोर से पड़ा है। जो बात बुद्धि में नहीं आती, उसका वर्णन साहित्य में भी नहीं किया जाना चाहिए, इस मान्यता के कारण धर्म और पुराण के रूप साहित्य में बदल गये हैं। कर्ण के रथ के चक्के अगर धरती में धँस गये थे, तो यह बात खोलकर कहनी होगी कि वहाँ दलदल था।"[7]

कहना न होगा कि 'दिनकर' प्रकारान्तर से वही बातें कह रहे हैं जो माखनलाल चतुर्वेदी ने दूसरे सन्दर्भों में कही थीं। श्रद्धा, परम्परा, संस्कृति और आस्था के प्रति जुगुप्सा एक तरफ तो नागरिक समाज में अपनी जड़ें जमा रही थीं तो दूसरी तरफ साहित्य शुद्ध बुद्धि से ग्रसित हो रहा था जिसमें कहीं-कहीं अविश्वसनीय अतिरेक भी था। ऐसे में यह आवश्यक था कि देश के नवनिर्माण की उम्मीद के साथ-साथ श्रद्धा और आस्था की डोर थामे रहा जाय! तिरस्कार किसी भी रोग का निदान नहीं है। उपचार आवश्यक है, पर सही औषधि के साथ। साहित्य में श्रद्धा के विखण्डन को लेकर पैदा हुई इस बहस को साहित्यिक पत्रकारिता ने बखूबी प्रस्तुत किया जिससे यह बहस सामूहिक चिन्ता का विषय बन सकी। 'आलोचना' पत्रिका का रूख नये साहित्यिक आन्दोलनों के प्रति शुरू से ही आलोचनात्मक रहा। इस पत्रिका ने साहित्य में प्रयोगों के नाम पर चलाये जा रहे आन्दोलनों को आड़े हाथों लिया और उनसे एक स्वस्थ दृष्टि की माँग की। 'आलोचना क्यों?' शीर्षक सम्पादकीय में शिवदान सिंह चौहान ने लिखा था—"प्रतीकवादी या प्रयोगवादी लेखक नये प्रयोगों—नवीनता, उक्ति-वैचित्र्य और मनोवैज्ञानिकता के नाम पर साहित्य में मनुष्य के समग्र व्यक्तित्त्व के पुनर्निर्माण की समस्या को तिलांजलि देकर उसे और भी एकांगी, असामाजिक और विकृत बनाने में दत्तचित्त रहे हैं और उनमें से अनेक सत्याभासों की आड़ लेकर साहित्यिक प्रतिक्रियावाद को प्रश्रय देते रहे हैं। इसके विपरीत यशपाल और अश्क आदि को छोड़कर अन्य प्रगतिवादी और समाज का यथातथ्य फोटो-चित्र उपस्थित करनेवाले प्रकृतवादी या तो यथार्थवाद से पथभ्रष्ट होकर और अपने को प्रचार साहित्य की संकीर्ण सीमाओं में बाँधकर सामयिक जीवन—वास्तव को अपने मनचाहे ढंग से ही देखने के आदी रहे हैं या इतिहास की सम्भावनाओं से उसका विच्छेद करके, केवल उसके वर्तमान कुत्सित रूप को ही निःसंग, निष्क्रिय दर्शक की भाँति देखते

रहे हैं।''[8]

शिवदान सिंह चौहान की इस प्रतिक्रिया को बड़े कैनवस पर समझना होगा। इसमें वे आन्दोलनों के नाम पर भ्रम में डालनेवाली प्रवृत्ति का तो विरोध करते ही हैं; उस मानसिकता का भी विरोध करते हैं जो स्थितियों की सीधी अभिव्यक्ति को ही बड़ा लेखनकार्य मानकर सन्तुष्ट हो जाया करती है। यह दौर चूँकि स्वप्नभंग की प्रक्रिया और आशावाद के द्वन्द्व का है; इसलिए इसमें आवश्यक था कि वैचारिक हदबन्दियों को तोड़कर समग्र दृष्टि के साथ सृजनकर्म हो। यह अकारण नहीं है कि शिवदान सिंह चौहान ने प्रयोगवादियों की प्रयोगशीलता पर प्रहार करने के साथ उन यथार्थवादियों की भी खबर ली है जो यथातथ्य चित्रण को ही यथार्थवादी लेखन मानने के भ्रम में पड़े रहते हैं। चौहान की असल चिन्ता 'जीवन-यथार्थ को इतिहास की सम्भावनाओं में देखने की' है और जिस भी लेखक में वे इसे नहीं पाते, उस पर अपना विरोध दर्ज कराते हैं। शिवदान सिंह चौहान अपनी इस चिन्ता को और बड़ा आकार देते हुए कहते हैं—''प्रेमचन्द के बाद हिन्दी में जिस साहित्य की सृष्टि हुई है—चाहे वह प्रगतिवादियों द्वारा रचा गया हो या प्रतीकवादियों, छायावादियों और प्रकृतिवादियों द्वारा—उसमें हमारे असंख्य अन्तर्विरोधों से ग्रस्त वर्ग-समाज के संघर्षशील मानव के समग्र व्यक्तित्त्व का चित्रण नहीं हो पाया है। ऊपर से ये रचनाएँ किसी भी विचारधारा से अनुप्रेरित क्यों न हों; उनके अन्तर में एक दृष्टि-साम्य तो मिलता ही है कि उनमें 'खण्ड मनुज को फिर से ढालने' या 'मनुज को खोज निकालने' की यथार्थवादी प्रवृत्ति का अभाव है।''[9]

शिवदान सिंह चौहान ठीक ही लक्ष्य करते हैं कि साहित्य में समग्र व्यक्तित्त्व के साथ मनुष्य चित्रित नहीं हुआ। वह जिस समाज में रहता है, उसके अन्तर्विरोध भी सामने नहीं आ पा रहे हैं। यह प्रवृत्ति वे सभी तरह के लेखकों में बराबर भाव से पाते हैं। शिवदान सिंह चौहान जैसे प्रगतिशील लेखक इतने से ही सन्तुष्ट नहीं होते और वे 'प्रयोगवाद' को 'प्रतीकवाद' कहकर उस पर टूट पड़ते हैं। अब वे नाम लेकर बहस में उतरते हैं गोया उनकी 'अज्ञेय' से निजी शत्रुता हो—''अज्ञेय की 'प्रयोगशीलता' के पीछे कविता, उपन्यास, कहानी और नाटक आदि के माध्यम से हमारी समूची जनता और कौम की विरासत और सामूहिक जीवन को, उसके समस्त वैविध्य और अन्तर्विरोधों के साथ कलात्मक रीति से प्रतिबिम्बित करने का आग्रह नहीं है। प्राचीन काल के कलाकारों की तरह नई परिस्थितियों से प्राप्त नई विषय-वस्तु की मूर्त, सक्रिय और सम्पूर्ण रूप से प्रतिबिम्बित करने के निमित्त प्रयोग करना छोड़कर केवल रूप-विधान और शैली को जान-बूझकर अधिकाधिक निजी, जटिल और दुरूह बनाने की चेष्टा ही नई 'प्रयोगशील कविता' की विशेषता है; क्योंकि जैसा हम कह चुके हैं, यह प्रवृत्ति 'प्रतीकवाद' और 'बिम्बवाद' से प्रभावित है।''[10]

'प्रतीकवाद : त्रिशंकुओं का साहित्य' शीर्षक सम्पादकीय में शिवदान सिंह

चौहान प्रयोगवाद को प्रतीकवाद और बिम्बवाद से प्रेरित बताते हैं और मानते हैं कि इसमें निजता का आग्रह है। रूप के प्रति आग्रह के कारण इस कविता की आत्मा कहीं खो-सी गयी है। यह प्रवृत्ति साहित्य की सभी विधाओं में काम कर रही है और इसमें जनता के जीवन की सामूहिकता और उसके अन्तर्विरोध उसकी विविधता के साथ अभिव्यक्ति नहीं पाते। 'आलोचना' द्वारा चलाये गये इस विमर्श से तत्कालीन साहित्यिक परिदृश्य पर प्रकाश पड़ता है और स्पष्ट होता है कि साहित्यिक मतवादों को लेकर किस-किस तरह की बहसें चला करती थीं। इन बहसों के पीछे एक व्यापक चिन्ता काम कर रही थी और वह थी राष्ट्रनिर्माण की बेचैनी। यही कारण है कि जो मतवाद इस दिशा से भिन्न रुख अख्तियार करता था, वह सहज ही आलोचना का शिकार होता था। ऐसा भी था कि इस तरह की उठा-पटक में निजी कटुताएँ और रंजिशें भी उभरकर सामने आती थीं जिससे साहित्य में दलबन्दी को बल मिलता था। आजादी के दौरान देखे गये सपनों का फल यही मिला था कि सब कुछ उल्टा हो रहा था। जनता की बड़ी आकांक्षाओं का वहन करना सरकार के लिए सम्भव नहीं हो पा रहा था। साहित्यिक-सांस्कृतिक क्षेत्र में जनता के असन्तोष को अभिव्यक्त करने की नाना विधियाँ आकार पा रही थीं जिनमें कुछ प्रगतिशीलता से प्रेरित थीं तो कुछ प्रयोगशीलता से। कलाओं में भी यही हो रहा था जिसे लक्ष्य कर आलोचकों ने बहस चला रखी थी। समाजवाद का नारा, नारा ही रहने को अभिशप्त था जिसको लेकर शिवदान सिंह चौहान ने ही 'स्वातन्त्र्योत्तर हिन्दी साहित्य : नया परिवेश' शीर्षक से सम्पादकीय में कहा, "समाजवाद का नारा लगाकर पूँजीवादी उद्योग-धन्धों का विकास शुरू हुआ। परिणामतः अमीर-गरीब का भेद मिटाकर एक शोषण-मुक्त समाज बनाने के नेक इरादों की घोषणाओं के बावजूद अमीर अधिक अमीर होते गये और गरीब अधिक गरीब। शोषण, मुनाफाखोरी, रिश्वतखोरी, चोर-बाजारी और दूसरी ऐसी अलामतें जो समाज के नैतिक आधार को खोखला करती हैं और लोगों में मानसिक विक्षोभ और अनिश्चितता की भावना पैदा करती हैं, बढ़ती गयीं।"[11]

नारा समाजवाद का और पूँजीवाद का पोषण; यह थी भारतीय व्यवस्था की शुरुआत जिससे समता, समानता का ध्येय स्वप्न ही होना था और वह हुआ। पत्रकारिता ने अपनी आँखों देखा कि कैसे 'सुराज' का आदर्श निजी हाथों में खेलने लगा और कैसे मुट्ठी भर लोग इस देश की तकदीर बन बैठे। इसका परिणाम यह हुआ कि अमीर की थैलियाँ भरी जाती रहीं और गरीब फटेहाल होता चला गया। पूँजीवाद की स्वाभाविक बुराइयाँ जैसे-जैसे अपना विस्तार करती गयीं वैसे-वैसे भारतीय व्यवस्था की नींव कमजोर होती गयी। लोगों में रिश्वतखोरी बढ़ी, शोषण करने की प्रवृत्ति दुराचार की तरह बढ़ी और नैतिकता असहाय लोगों की दुहाई से ज्यादा वजन रखने में असमर्थ हो गयी। शिवदान सिंह चौहान की इस चिन्ता को स्वप्नभंग की शुरुआत के रूप में देखा जा सकता है जिसमें जनास्थाओं के टूटने की व्यथा छिपी है। भारतीय व्यवस्था

द्वारा पूँजीवाद के पोषण की हवा ऐसी बही कि पूरे देश में तूफान खड़ा हो गया। पत्र-पत्रिकाओं में इस स्थिति की समीक्षा होने लगी और माँग उठने लगी कि सरकार को जनहित की अनदेखी करके पूँजीपतियों के हितों को साधनेवाले कदम उठाने से बचना चाहिए। 'पूँजीवाद की जीवन घूँटी' शीर्षक लेख में वणिक ने लिखा—''देश में उत्पादन की नितान्त आवश्यकता है। उद्योगपति उसके लिए सबसे अधिक सक्षम हैं। देश को उनकी जरूरत बनी रहेगी—उनका विनाश देश के हित का विनाश होगा। हाँ, अब यह जमाना नहीं रहा कि उद्योगपतियों के मत के मुताबिक ही सब बातें हों। उन्हें देश की मंशा के मुताबिक चलना होगा—इसी में उनका हित है और देश का भी।''[12] देश में उत्पादन बढ़ाने और उद्योगों की स्थापना की चिन्ता तो थी, पर इसके साथ-साथ यह भी दिखाई दे रहा था कि व्यवस्था पूँजीपतियों के कहे पर चलकर छोटे और लघु उद्योगों को प्रश्रय देने से परहेज कर रही थी। स्थितियाँ बिगड़ रही थीं। सर्वत्र एक चुप्पी व्याप्त थी। साहित्य में नये आन्दोलनों के उभार के साथ आधुनिकता की बहस चल रही थी तो कलाओं में देशज तत्त्वों के स्वीकार का जोर बढ़ रहा था। ऐसे में पत्रकारिता का दायित्व पहले से कहीं अधिक बढ़ गया था। इस दौर की पत्रकारिता का एक अन्य पक्ष आधुनिकता को लेकर बहस थी जो लगातार चल रही थी। साहित्य की विभिन्न विधाओं के साथ-साथ दूसरी कलाओं में भी आधुनिकता एक बड़े प्रश्न की तरह खड़ी थी। 'नई कविता' में 'आधुनिक : स्वरूप और प्रयोजन' शीर्षक परिचर्चा में भाग लेते हुए विपिन कुमार अग्रवाल, रामस्वरूप चतुर्वेदी, मलयज, नित्यानन्द तिवारी और जगदीश गुप्त इस निष्कर्ष पर पहुँचते हैं कि—''आधुनिकता की समस्या नई कविता से सीधे सम्बद्ध है तथा इसको लेकर जागरूक साहित्यिक पिछले कुछ वर्षों से चिन्तनशील रहे हैं। विदेश में यह समस्या एक व्यापक आन्दोलन का रूप ग्रहण करते हुए आज प्राय: निश्चित परिणति तक पहुँच गयी है। जिन संघर्षों को साहित्यिक और सांस्कृतिक क्षेत्र में पाश्चात्य जगत झेल चुका है, युगों तक परतन्त्रता से अभिशप्त भारत आज मुक्त और स्वचेता होकर लगभग उन्हीं से गुजर रहा है। ऐसी दशा में भारत जैसे नवविकसित या विकासोन्मुख देश में आधुनिकता के प्रति सही और गम्भीर दृष्टिकोण बनाने के क्रम में पाश्चात्य देशों के अनुभव से लाभ उठाना हमें विवेक-सम्मत और श्रेयस्कर प्रतीत होता है।''[13]

आधुनिकता को लेकर चल रही इस बहस में शामिल होकर लेखकों ने जो निष्पतियाँ दीं, वे निश्चय ही साहित्य के क्षेत्र में एक महत्त्वपूर्ण प्रस्थान सिद्ध हुईं। आधुनिकता को लेकर चली बहस का सिलसिला आगे भी जारी रहा। 'नयी कविता' में ही विपिन कुमार अग्रवाल ने लिखा—''आधुनिकता के बारे में यह भी कहा जाता है कि यथार्थ की नकल करने के बजाय कैसे यथार्थ प्रकट होता है, यह उसकी खोज है। इसका उदाहरण कृतियों का अमूर्तन और उनका क्रिस्टल की तरह का आन्तरिक संगठन है। और यह खोज इस रूप में इतिहास में पहली बार घटित हो रही है। नई

कविता, अमूर्त चित्रकला और सैद्धान्तिक भौतिक विज्ञान इसकी महत्त्वपूर्ण अभिव्यक्तियाँ हैं। आज आधुनिकता की वही मान्यताएँ हैं, जो भाषा और प्रकृति की सीमाएँ हैं; जैसे बोलचाल के शब्द, अमूर्त चित्रों में भाग लेनेवाले प्रारम्भिक आकार और प्रकार की सीमित गति।''[14]

इसी अंक में नित्यानन्द तिवारी के कथन को देखना भी प्रासंगिक है जो उसे एक जीवन-पद्धति मानते हैं। वे लिखते हैं—

''आधुनिकता सबसे पहले एक जीवन पद्धति है, जिसका विकास इतिहास की विभिन्न शक्तियों के दबाव के कारण हुआ है। सामान्य मनुष्य की ज्ञान और आनन्द प्राप्त करने की सृजनशीलता आयामों में भिन्न होती हुई भी जब एक मूलभूत स्तर पर अभिव्यक्त होने लगती है, तब पद्धति का विकास होता है। इस पद्धति को जब जीवन के बीच स्वीकार किया जाता है, तब उसका रूप मूल्य का होता है, क्योंकि उसकी स्वीकृति उसके मूल्यवान होने के सामर्थ्य पर भी निर्भर है।''[15]

इन दोनों ही उद्धरणों में हम देखते हैं कि आधुनिकता को एक ऐसी पद्धति मानने पर ही बल है जो नई दृष्टि से चीजों को देखने और उसकी खोज करने से सम्बन्धित है। एक में वह 'यथार्थ के प्रकटन' की खोज का यत्न है तो दूसरे में 'ऐसी पद्धति' जो धीरे-धीरे एक मूल्य बन जाती है। कहना न होगा कि वह मूल्य तब ही बनती है जब अपने समय की प्रश्नाकुलता, शंका और अपने होने के अहसास के भीतर से हम उसे पाते हैं और एक स्थायी दृष्टि के रूप में उसे स्वीकार करते हैं। जगदीश गुप्त की दृष्टि में विज्ञान के निकट ले जाकर आधुनिकता की व्याख्या करना गलत है। उनके ही शब्दों में—''विज्ञान के निकट ले जाकर आधुनिकता की व्याख्या करना उल्टी और अर्थहीन पद्धति है। यदि आधुनिकता की कोई सार्थकता है तो वह मानवीयता संवलित विशिष्ट युगबोध में ही है, जिसके लिए विज्ञान की अपेक्षा ऐतिहासिक पद्धति का ज्ञान अधिक अपेक्षित है। वे लोग भी जो उसे केवल कला तक ही सीमित नहीं मानते, आधुनिकता के सही दृष्टिकोण तक पहुँच जाते हैं। इसका ज्वलन्त उदाहरण पं. जवाहरलाल नेहरू की 'डिस्कवरी ऑफ इण्डिया' में देखने को मिलता है—The Modern mind, that is to say the better type of the mind, is practical and programatic, ethical and social, attractic and humantarian. It is govern by practical idealism for social betterment the Ideals that move it represent the spirit of the age, the zeitgeist, the yugadharma (page-572)

स्पष्टतया यहाँ मानववादी और सामाजिक दृष्टि से आधुनिक दृष्टिकोण का अभिन्न सम्बन्ध है। (Better type of modern mind) कह कर ऐसे आधुनिकतावाद की ओर भी संकेत किया गया है जो संकीर्ण है। यदि मुझे गिनाने पड़ें तो मैं कहूँगा कि उसके चिह्न हैं—पुरातन से चिढ़ना, उपलब्धि के नाम पर सतही आत्म-प्रदर्शन, एक मतवाद के रूप में कट्टरता के साथ आधुनिकता की व्याख्या करना तथा प्रत्येक

परम्परा से अपने को विच्छिन्न मानना। मैं ऐसे संकीर्ण आधुनिकतावाद को हितकर नहीं समझता हूँ, क्योंकि मुझे उसके पीछे खंडित, सतही एवं एकांगी जीवन-दृष्टि की झलक मिलती है।''[16] आधुनिकता को लेकर चली इस बहस के विश्लेषण की अब जरूरत नहीं है; क्योंकि विभिन्न लेखकों की स्थापनाओं से यह स्पष्ट हो जाता है कि आधुनिकता नये युग में नई दृष्टियों के साथ उस समझ का नाम है जो नये के स्वीकार के साथ ही अपनी परंपरा और संस्कृति से भी जुड़ने को प्रेरित करती है। वह आधुनिकता सचमुच एकांगी और संकीर्ण है जो अपनी परम्परा से काटती है तथा व्यक्ति को कट्टरता के साथ जीने की सीख देती है। यह बहस इस दौर की प्रायः सभी पत्र-पत्रिकाओं में दिखती है। सबका उल्लेख करना न तो सम्भव है और न ही तार्किक; क्योंकि हमारा लक्ष्य उन बहसों को सामने लाना है जो उन दिनों दृश्य में थीं न कि उनकी सूचियाँ गिनाना। यह वह दौर भी है जब साहित्य तथा कलाओं में नई चेतना का संचार हो रहा था और तेजी से सामाजिक परिवर्तनों की प्रक्रिया भी चल रही थी। नए और पुराने के इसी द्वैत के बीच आधुनिकता की बहस ने राजनीतिक अपेक्षाओं को भी बढ़ाया तथा व्यक्ति की भौतिक जरूरतों के भीतर उसकी अस्मिता का प्रश्न भी प्रमुखता से उठा। साहित्य की सभी विधाओं तथा अन्य कलाओं में नई चेतना की माँग अवांछित नहीं थी, बल्कि वह इन्हीं वैचारिक बहसों का नतीजा के रूप में आयी। आधुनिकता की बहस से जो एक चेतना उभरी, वह साहित्य तथा संस्कृति के प्रत्येक क्षेत्र में मुखर हुई। संगीत, नृत्य, नाटक, कला तथा सिनेमा में भी नये प्रयोगों की धमक सुनी गयी। पत्रकारिता ने इस नूतन अवधारणा को प्रसारित किया और जनता से अपेक्षा भी की कि वह नये परिवेश में अपने को ढाले। अशोक ओझा ने सिनेमा के नये रूप को लेकर लिखा—''नव-सिनेमा पुरातन मूल्यों को नई दृष्टि से देखने का नाम है। नव-सिनेमा अपने दर्शकों से वैसी ही भागीदारी और अन्तरंगता की माँग करता है जैसी आधुनिक कला अपने दर्शकों से करती हैं।''[17] यह प्रवृत्ति उस आधुनिकता से ही आई थी जिसको लेकर रचना और विचार-जगत के साथ-साथ सभी कलाओं में नये विचारों की कौंध दिखाई दे रही थी। साहित्य और कलाओं में नयी समझ की यह युक्ति कितने लोगों तक पहुँची, यह अलग विचार का विषय है; पर इससे जो वातावरण बना उसने समाज को नई स्थितियों में ढालने में बड़ी भूमिका निभाई। सामाजिक समस्याओं, विसंगतियों तथा संघर्षों की विवेचना की अपेक्षा हर कला-माध्यम से होने लगी। असमिया नाटकों पर एक विश्लेषण में 'अमृत पत्रिका' की राय है—''असमिया के आधुनिक नाटककारों में प्रवीण चौधरी एक प्रौढ़ नाटककार हैं। उनकी भाषा मुहावरेदार और बोलचाल की है। उनके पात्र स्वाभाविक हैं। वे समाज और व्यक्तियों की असंगतियों और विचित्रताओं को व्यंग्यभरी भाषा के प्रभावशाली ढंग से चित्रित करते हैं। अँग्रेजी नाटककार इब्सन की तरह वे भी मानते हैं कि हमारा काम समस्याओं को उठाना है, उसका समाधान करना नहीं।''[18] साहित्यिक पत्रकारिता

इस दौर में भी संस्कृति के विभिन्न क्षेत्रों की चिन्ता करती है जिसका फलक राष्ट्रीय प्रश्नों से लेकर जीवन के हर क्षेत्र तक फैला है। राजनीतिक रूप से देश की हालत स्थिर नहीं थी। चीन से युद्ध के कारण भी देश की माली हालत बिगड़ गयी थी। सरकार की कोशिशों के बावजूद स्थितियों में कोई सुधार नहीं आ पा रहा था। ऐसे में बौद्धिक वर्ग विकल्प की सम्भावना की तलाश कर रहा था। इस समय की पत्र-पत्रिकाओं में उठी बहसों को देखें तो स्पष्ट होगा कि प्राय: सब में प्रकाशित सम्पादकीयों और दूसरी विचारपरक रचनाओं में स्वप्नभंग की प्रक्रिया का इस कदर खुलासा हुआ कि लगता है कि देश दोबारा पराधीनता के युग में लौट गया है। साहित्य और कलाओं की रचनाशीलता में इन स्थितियों की बड़ी बेबाक अभिव्यक्ति मिलती है। 'स्वत:स्फूर्त क्रान्ति : एक नये विकल्प की सम्भावना' शीर्षक लेख में ओमप्रकाश दीपक ने लिखा —"1966 जब खत्म हुआ, तो कहीं उम्मीद की कोई किरण नजर नहीं आ रही थी। अकाल, भूमिहरण, नीचे से ऊपर तक भ्रष्टाचार, झूठ और चापलूसी का राज, गतिहीन अर्थ-व्यवस्था, चारों तरफ भयंकर विषमता, अन्याय और जुल्म, और दुनिया में हर भिखमंगे को मिलनेवाला अपमान, बस यही नजर आता था। एक हल्की, बहुत हल्की रोशनी की झलक थी, अगर कोई थी तो; वह यह कि लोग कुछ बेचैन हो रहे थे। शायद हमारे जड़-समाज में भी यह अहसास पैदा हो रहा था कि दलदल गले के ऊपर तक आ गया है। और अब सवाल अस्तित्त्व रक्षा का है।"[19]

ऐसी स्थिति केवल विचार जगत में थी, ऐसा नहीं था। इसका प्रत्यक्ष असर रचनाओं में दिखाई दे रहा था, लोगों के जीवन में दिखाई दे रहा था और इससे नाना किस्म की सामाजिक व्याधियाँ पैदा हो रही थीं। ऐसे में वे लेखक भी चिन्ता में डूब गये थे जो कभी सुनहले सपनों में खोए रहकर उम्मीद कर रहे थे कि आजादी के बाद भारत सम्पन्नता के कीर्तिमान बनाएगा। अपने समय के महत्त्वपूर्ण लेखकों में एक भगवतीचरण वर्मा ने लिखा —"मैंने पहले ही कहा है कि मेरे सामने भयानक अन्धकार है। और उस अन्धकार में कहीं भी कोई प्रकाश-रेखा दीख नहीं रही है मुझे। हम सब विनाश के मुख की ओर चले जा रहे हैं। यह जो अखण्ड हिन्दोस्तान हमने बनाया है, जहाँ हर प्रदेश वाला दूसरे प्रदेश वालों को अपने शत्रु की तरह समझता है।...समस्त विघटनकारी शक्तियाँ तेजी के साथ उभर रही हैं, करोड़ों बेजुबान और निरीह आदमियों को खा जाने के लिए अकाल मुँह बाये खड़ा है।"[20]

यह मोहभंग का सच है। भूख से लोग बेहाल हैं। अर्थ-व्यवस्था जर्जर है। सब तरफ लूट और हाहाकार है। लोग चीत्कार करते हैं, चीख-पुकार करते हैं, पर कोई नहीं सुनता। समता -समानता का स्वप्न टूट रहा है। ऐसे में अन्धकार के सिवा और कुछ दिखाई भी देता तो क्या दीखता ! इन्हीं स्थितियों को लक्ष्य कर सुदामा पाण्डेय 'धूमिल' ने यह कविता लिखी—

"दोपहर हो चुकी है
हर तरफ ताले लटक रहे हैं
दीवारों से चिपके गोली के छर्रों
और सड़कों पर बिखरे जूतों की भाषा में
एक दुर्घटना लिखी गयी है
हवा में उड़ते हुए हिन्दुस्तान के नक्शे पर
गाय ने गोबर कर दिया है।'[21]

'धूमिल' की 'बीस साल बाद' शीर्षक उपर्युक्त कविता आजादी के बीस बरस बाद की स्थितियों का चित्रण करती है। कविता बताती है कि दंगा हुआ है। लोग घर-बार छोड़कर भाग चुके हैं। सब तरफ सन्नाटा है। क्या यही है वह भारत जिसकी कल्पना में लाखों लोगों ने जानें दे दीं? क्या यही समता है, समृद्धि है या कि झूठ है जो सबको अपने आगोश में लेकर अस्तित्त्व तक को नकार रहा है? धार्मिक सद्भाव का आदर्श तार-तार है। भूख और बदहाली ने यहाँ के जीवन को नरक कर रखा है। पत्रकारिता इसे देखकर चुप नहीं है। वह आक्रामक होती है और साहित्य को आगे कर स्थितियों को बेपर्द करती है। यह पत्रकारिता के झूठे सब्जबाग दिखाने का फरेब नहीं, एक मिशन है; इसलिए यह परिस्थितियों के झूठे सपनों में नहीं उलझाती, उसे आईने की तरह सफाई से दिखाती है। अकविता, अकहानी, भूखी पीढ़ी नाम से अनेक साहित्यिक आन्दोलन इन्हीं परिस्थितियों की उपज थे। इनमें विद्रोह था, व्यर्थ के मुगालते को नकारकर सच को स्वीकार करने का आग्रह था; हालाँकि इस आग्रह में परम्परा, आस्था, श्रद्धा और भद्रता को सिरे से नकार देने की ऐसी कोशिश भी थी जिससे अराजकता को बढ़ावा मिलता था। इन कोशिशों को तब के साहित्य-समाज ने नकारा था। अपने एक लेख में अकवितावादी कवि राजकमल चौधरी ने लिखा था —"पिछले साल 'भूखी पीढ़ी' के इन रचनाकारों ने मोटे गत्ते के दो हजार 'मुखोश' (मुखौटे) बनवाये थे। हर मुखोश पर एक वाक्य लिखा था—'मुखोश-टा-खुले नीन।' अपने चेहरे से नकाब उतारकर फेंकिए। और यह नकाब उन्होंने डाक से प्रसिद्ध शिक्षकों, नेताओं, कलाकारों, बुद्धिजीवियों, राजनीतिज्ञों, प्रशासनिक अधिकारियों के पास भेज दिए थे। अपने चेहरे से नकाब उतार फेंकिए और अपना असली चेहरा लेकर समाज के सामने उपस्थित रहिए —ये रचनाकार यही चाहते हैं।"[22]

इस तरह के फरेब और ओढ़ी हुई भद्रता के खिलाफ 'भूखी पीढ़ी' बगावत पर आमादा थी जिसे साहित्य-समाज से स्वीकार और नकार दोनों मिला। इस आन्दोलन को हिन्दी की युवा पीढ़ी लेकर चल रही थी। इसमें अकविता, अकहानी जैसे आन्दोलन भी शामिल थे। इन सभी आन्दोलनों का मुख्य स्वर विद्रोह था जिसमें क्षोभ, नकार और आक्रोश जैसी प्रवृत्तियाँ मुख्य थीं। कविता की इन विविध प्रवृत्तियों पर टिप्पणी

करते हुए श्रीकान्त वर्मा ने लिखा —"सन् साठ के पहले की कविता बहुत हद तक रोमाण्टिक कविता थी। लेकिन सन् साठ के बाद हिन्दुस्तान में भयानक राजनीतिक और सामाजिक परिवर्तन हुए, हमले हुए, नेतृत्व नहीं रहा, और सारा देश गुलाम हो गया। इस सारे दबाव को नये कवि ने, कवि होने के कारण ज्यादा तीव्रता से महसूस करते हुए अभिव्यक्ति दी—यह नहीं कि औरों ने उसे महसूस नहीं किया। आज लिखी जा रही कविता बागी जनता की ही एक भंगिमा है।"[23] देश की जटिल स्थिति और मोहभंग का स्वीकार केवल कविता में नहीं था, वह साहित्य तथा अन्य कलाओं में भी था जिसे पत्रकारिता ने लक्ष्य किया और उन पर बहस भी सम्भव हुई। साहित्य और पत्रकारिता ने लक्ष्य किया कि देश की बिगड़ी स्थिति के कारण और पूँजीवादी हितों की रक्षा में लगी रहनेवाली व्यवस्था के कारण देश में पूँजीवाद की आवश्यक बुराइयाँ पैदा होने लगी हैं। झूठ, मक्कारी, भ्रष्टाचार, पारिवारिक तनाव, अकेलापन, शंकालु प्रवृत्ति तथा बनावटी चरित्र जैसे सामाजिक रोग अपना जाल फैला रहे थे। सब तरफ शून्यता की स्थिति थी। अब ऐसा कोई आदर्श न था जिसके सहारे खुशफहमी में रहने का भ्रम पाला जाता। युद्धों की छाया से आक्रान्त समाज में शीर्ष नेतृत्व भी नहीं बचा था। पहले गाँधी, फिर पटेल और उसके बाद नेहरू भी काल कवलित हो गये थे। अब इस शून्य में निराश्रित समाज की आँखें धुँधली हो गयी थीं। राजनीतिक उठा-पठक और मूल्यहीन राजनीति के भी दर्शन होन लगे थे जिनमें टुच्चे स्वार्थ के लिए लोग दीन-ईमान को गिरवी रखना शुरू कर चुके थे। ऐसे में चाहे विचार का क्षेत्र हो या सृजन का, जीवन का क्षेत्र हो या सपनीली दुनिया का—सब में एक निराशा, अवसाद तथा भविष्य को लेकर अनिश्चितता मौजूद थी। इसी समय की साहित्यिक कृतियों पर लिखते हुए डॉ. राजनारायण मौर्य ने टिप्पणी की—"आजकल की साहित्यिक कृतियों पर एक नजर डालने पर हर जगह आपको टूटे हुए आदमी, उसकी अनास्था और उससे उत्पन्न मूल्यहीनता, जिन्दगी की कशमकश, उसकी पीड़ा, निराशा, कुण्ठा, मृत्यु, सन्त्रास और सबसे ऊपर उसकी विकृत सेक्स-भावना का ही चित्रण मिलेगा। वस्तुतः यह चीजें आधुनिक मानव के गहरे संघात को नहीं व्यक्त करतीं।...आधुनिक मानव सब से बहुत नीचे गहराई तक जिस चेतना के स्तर पर बिखरा है, वह बहुत कम साहित्यिक रचनाओं में व्यक्त हुआ है।"[24]

स्वप्नभंग की इस स्थिति ने विमर्श-जगत को बहुत गहराई से प्रभावित किया। हर तरफ निराशा, अवसाद और विभ्रम की स्थिति ने रचनारत व्यक्तियों को भी सकते में डाल रखा था। इन हालातों में देश में साम्प्रदायिकता का ज्वार भी रह-रहकर उमड़ पड़ता था। ऐसा लगता था कि देश विभाजन की आग में तो झुलस ही गया है, कहीं ऐसा न हो कि शेष भारत भी कट्टरता की भेंट चढ़ जाए। 'मनीषा' संगोष्ठी में 11 अप्रैल 1964 को अपने अध्यक्षीय भाषण में प्रभाकर माचवे ने कहा था —"मुझे विश्वास है —आप लोगों को हो या न हो, कि भारत में चिली जैसा षड्यन्त्र हो रहा

था और जनतन्त्र का नाश करके एक दक्षिणपन्थी तानाशाही लाने की तैयारी थी। कई देशों में यह हो चुका है। गनीमत है कि इसे रोक दिया गया है। मैं कहता हूँ — फिलहाल रोक दिया गया है। खतरा है। षड्यन्त्र है। संसदीय लोकतन्त्र की चाल धीमी होती है। पर एक संसदीय व्यवस्था को हमने 17 वर्षों तक अपनाया तो उसकी परम्परा के दाय को झुठलाकर आगे नहीं बढ़ा जा सकता।...हमारा साहित्य महान् साहित्य तभी बन सकेगा जब वह दिक्काल मानव नियति के साथ चल सकेगा। युग-समय को युग-युग के सत्य से मिलानेवाला सच्चा सेतु बनेगा। व्यक्तिगत अनुभूति की सूक्ष्मता को सामाजिक सन्दर्भ से कटां हुआ नहीं मानेगा।''[25] यहाँ ध्यान देने पर लगता है कि माचवे साम्प्रदायिकता को लक्ष्य करते हुए उस साहित्यिक अभिव्यक्ति को स्वीकार करने की बात कर रहे हैं जिसमें व्यक्तिगत अनुभूति की सूक्ष्मता को सामाजिक सन्दर्भों में देखने की तत्परता है। इस वक्तव्य को भी उसी बहस का हिस्सा माना जा सकता है जिसमें निजता और सामूहिकता को लेकर बहस गर्म थी। अब इस बहस को 'कहानी' के माध्यम से भी समझने की जरूरत है जिसमें कहानीकारों ने नये सन्दर्भों को लेकर अनेक प्रयोग किये। 'समकालीन कहानी : नये मूल्यांकन की समस्या' विषय पर गंगा प्रसाद विमल ने लिखा —''इन वर्षों की, साठ के बाद की कहानी अभिव्यंजना के नये-नये माध्यम तो खोजती ही है, वह संवेदना के उन गहरे आकारों को भी अभिव्यक्ति देती है जो पिछले दशक में केवल संकेत के माध्यम से अभिव्यक्त हुए थे।...इस परिवर्तन को जो भी नाम दिया जाए, यह 'एण्टी स्टोरी' नुमा परिवर्तन है।...हिन्दी में 'एण्टी स्टोरी' से मेरा अर्थ आक्रोश की पीढ़ी से होते हुए भी उस अर्थ-तत्त्व की विविधता से है जो कहानी में नई दिशा का संकेत दे रही है। परन्तु नया मूल्यांकन यहीं से आरंम्भ हो रहा हो, ऐसी कोई बात नहीं है।...इन वर्षों में कहानियों के मूल्यांकन की समस्या ज्यों की त्यों बनी हुई है।...उसमें निहित उस नये तत्त्व के मूल्यांकन की आवश्यकता है, मसलन इन वर्षों की कहानियों में अनुभूति (वस्तु आग्रह युक्त) और अभिव्यक्ति (अभिव्यंजना के विविध माध्यम) के जो नये आधार झलके हैं, उनका मूल्यांकन होना आवश्यक है। नीलकान्त, हरवंश कश्यप, ज्ञानप्रकाश, ज्ञानरंजन, मधुकर सिंह, इसराइल इत्यादि अनेक नाम ऐसे हैं जो ख्यात हैं और जिनकी रचनाएँ हम इन वर्षों में पढ़ रहे हैं और इन नये नामों की अनेक रचनाएँ एक ठोस आधार पर मूल्यांकन का आग्रह करती हैं।''[26]

मालूम हो कि कहानी विधा भी अपनी पुरानी लीक तोड़कर नये युग के अनुरूप ढलने की कोशिश कर रही थी। उसमें नये समय की आकांक्षा और व्यवस्था के प्रति टूटती आस्था को पकड़ने की गहरी तत्परता थी। इसने भाषा को नई शक्ति के साथ ऐसे मुहावरों में विन्यस्त किया जो जीवन को गहराई से व्यक्त करते थे। इन कहानियों में जीवनयथार्थ के उन तलों को भी भेदने की चेष्टा हुई जो अब तक अलक्षित थे। जनता की बेतरह तकलीफों और उसकी दयनीयता के बीच उन उम्मीद की किरणों

को भी कहानीकारों ने छूने की कोशिश की जिससे अब भी एक नई दुनिया बन सकती थी। पत्रकारिता ने साहित्य की इस उर्वर भूमि को पहचाना था और उसके विभिन्न स्तरों की विवेचना के माध्यम से एक ऐसी जमीन बनाई जिस पर हम आगे की तस्वीरों को नया आकार दे सकते थे। स्वप्नभंग का यह मतलब कतई नहीं था कि केवल टूटन और अवसाद से भरे अनुभवों को व्यक्त किया जाय। उसका यह भी तकाजा था कि ऐसी विषम परिस्थितियों में भी उन स्थलों की खोज की जाय जिन पर गुजरते हुए हम उम्मीद का दामन पकड़े रहें और पूरे मन से उद्यम करके यह सुनिश्चित करें कि कल का भारत हमारी उम्मीदों और सपनों का ही बनेगा। इस दौर की पत्रकारिता का यह एक अहम पक्ष भी है जिसे रेखांकित किया जा सकता है और जिसकी प्रशंसा भी की जा सकती है।

युगबोध को इन विषम परिस्थितियों के भीतर जाग्रत करने की कोशिशों के बीच ही धर्मवीर भारती ने 'सूरज का सातवाँ घोड़ा' नामक कलात्मक उपन्यास लिखा था। इस उपन्यास में भी समीक्षकों ने एक ऐसी दृष्टि की खोज की थी जो व्यवस्था बदलने की प्रेरणा देने के साथ-साथ मानवता के सहज मूल्यों को स्थापित करने की प्रेरणा देती है—

"इस उपन्यास के भीतर की कहानियों में वास्तव में प्रेम से कहीं ज्यादा महत्त्वपूर्ण चित्रण है आज के निम्न-मध्यवर्ग के जीवन का, उनका आर्थिक संघर्ष, नैतिक विशृंखलता और इसी के कारण फैली हुई निराशा, अनाचार, कटुता और अँधेरा। किन्तु इस अँधेरे में भी कोई ऐसी ताकत है जो समाज-व्यवस्था बदलने और मानवता के सहज मूल्यों को स्थापित करने की प्रेरणा देती है।"[27] इस युग में व्यक्ति के अन्तर्द्वन्द्व को लेकर भी बहुत बहसें हुईं, क्योंकि आधुनिकता ने नए सिरे से समाज को विचलित किया था और परिस्थितियों की जटिलता ने कई स्तरों पर व्यक्ति को अकेलेपन से जूझने को विवश कर दिया था। ऐसे में जब प्रेमचन्द की परम्परा की बात चली तो उसमें भी कई ऐसे स्तर नजर आये जिन पर अलग तरह से सोचने की जरूरत महसूस की गयी। प्रेमचन्द का समय दूसरा था, ऐसी स्थितियाँ उनके लेखन काल में न थीं, इसलिए भी वे जीवन के बाहरी संसार को ही रूपायित करने में लगे। हालाँकि उनके परवर्ती कथाकारों—जैनेन्द्र, अज्ञेय और यशपाल ने व्यक्ति के अन्तर्द्वन्द्वों को बखूबी चित्रित किया। जब इस दौर के रचनाकारों पर यह बहस शुरू हुई कि वे व्यक्ति के संघर्षों के बजाय उसके अन्तर्द्वन्द्वों पर अधिक ध्यान देते हैं तो उनकी ओर से भी प्रतिक्रिया आना लाजमी था। प्रेमचन्द पर विचार करते हुए राजेन्द्र यादव ने 'कहानी : नयी कहानी तक' शीर्षक निबन्ध में लिखा—"प्रेमचन्द की दृष्टि व्यक्ति के अन्तर्द्वन्द्वों की ओर कम, समष्टि के मूल्यों की ओर अधिक है। शायद यही कारण है कि 'बूढ़ी काकी', 'मनोवृत्ति' और 'बड़े भाई साहब' को छोड़कर उन्होंने न तो व्यक्ति के अन्तर्द्वन्द्व पर कोई अच्छी कहानी लिखी है, न व्यक्ति और व्यक्ति के

आपसी सम्बन्धों पर। इस अन्तर्द्वन्द्व और आपसी सम्बन्धों का सबसे नाटकीय और कथा-सम्भावनाओं भरा क्षण आता है नारी-पुरुष के बीच। नारी-पुरुष के बीच सम्बन्ध और 'प्रेम-कहानी' की अनुपस्थिति उनके यहाँ सचमुच आश्चर्यप्रद है।''[28]

बहस का विषय यह नहीं है कि प्रेमचन्द के यहाँ व्यक्ति के अन्तर्द्वन्द्वों के लेकर कहानियाँ नहीं हैं या वे प्रेम को कितना महत्त्व दे पाये हैं या नहीं, बल्कि यह है कि इन दिनों की स्थितियों और प्रेमचन्द युग की स्थितियों में बहुत अन्तर था। पहले आजाद होने की लड़ाई सर्वोपरि थी तो अब आजाद होकर जीना भारी पड़ रहा था। सपने बिला-बिसर गये थे; ऐसे में व्यक्ति का टूटना, अकेला होना उसकी नियति हो चली थी जो साहित्य में विभिन्न रूपों में अभिव्यक्त हो रही थी। न तो साहित्य इन स्थितियों की उपेक्षा कर सकता था और न दूसरी कलाएँ ही। सब तरफ एक ही स्वर था—आक्रोश और क्षोभ तथा उसके परिणामस्वरूप उपजी असंगति का चित्रण। 'चिराग की लौ' नाटक की प्रस्तुति में भी इसी अन्तर्द्वन्द्व को देखने की चेष्टा की गयी है—" 'चिराग की लौ' नाटक एक मध्यमवर्गीय परिवार के व्यक्ति में आदर्श और वास्तविकता के बीच चलनेवाले अन्तर्द्वन्द्व पर आधारित है। यह व्यक्ति अपने आदर्शों पर दृढ़ रहने के कारण आत्मसुख एवं शान्ति का अनुभव तो करता है, परन्तु उसका यह आदर्शवाद ही पारिवारिक कलह का कारण बन जाता है। इससे पति-पत्नी का सम्बन्ध विषाक्त बन जाता है।''[29] आर्थिक विपन्नता ने आदर्शों की जो चिन्दियाँ उधेड़ीं उससे एक बड़ा शून्य पैदा हुआ। नाना तरह की तकलीफों के बीच आदर्श का वही हश्र हुआ जो भूखे पेट भगवान का नाम लेने पर होता है। आदर्श स्वप्न में जीता है, पर उससे रोजमर्रा की तकलीफें नहीं दूर होतीं। जरूरतों, नई समस्याओं और सम्बन्धों के दायरों को जब तक व्यावहारिक स्तर पर समझने की कोशिश नहीं होती, तब तक उनका टिका रहना और अपने को सहेज पाना सम्भव नहीं होता। इस दौर की पत्रकारिता ने सामाजिक प्रश्नों पर भी गम्भीरता से विचार किया जो साहित्य और संस्कृति के मूल में हैं। इस पत्रकारिता का एक अन्य पक्ष सामाजिक वैषम्य और आर्थिक तंगी से उपजी स्थितियों का परीक्षण भी है जिसके कारण पत्रकारिता अधिक विश्वसनीय मानी गयी। राजनीति व्यक्ति की उम्मीदों को हवा देने में अब भी पीछे न थी। सब तरफ सन्नाटा, पर आशा में तिल-तिल मरते लोग एक नई लड़ाई लड़ते हैं। मकान दूसरे मकानों को देखते हैं, सड़कें भी अपनी जगह पड़ी रहती हैं। 'वस्तु' में 'व्यक्ति' के खोने और सन्नाटे में गुम होते समय को कवि रामदरश मिश्र की कविता 'आमने सामने मकान' में देखा जा सकता है जो उस दौर की विडम्बना को सजीव प्रस्तुत करती है—

"आमने सामने मकान
बीच में एक सड़क है
मकान रोज देखते हैं एक दूसरे को

किन्तु सड़क पार नहीं करते
सड़क से गुजरते हैं लोग
(जिन्हें न सड़क जानती है न मकान)
कभी-कभी उनके हाथों में झण्डे होते हैं
और मुखों पर माइक
उड़ती हुई आवाजें
कुहरे-सी टँग जाती हैं छतों के बीच
और सड़क डूब जाती है
धीरे-धीरे कुहरा छँट जाता है
और फिर सड़क उभर जाती है
जिस पर से गुजरने लग जाते हैं
लोग...लोग...लोग
मकान फिर एक दूसरे को देखकर
खड़े रहते हैं।''[30]

देश में वैचारिक उद्वेलन को अपने विमर्श में लेकर चलनेवाली पत्रकारिता साहित्य में आए नये बदलावों पर बहस तो कर ही रही थी, वह संस्कृति के क्षेत्र में अधुनातन विमर्शों को भी जगह दे रही थी। श्वावक्ष चावड़ा की कला-प्रदर्शनी पर प्रेम कपूर ने 'रेखाओं की सीमा और कथ्य की तलाश' शीर्षक आलेख में इंगित किया—''रेखाओं की यह गति, यह प्रभाव श्यवक्ष जी की अपनी विशेषता है। उनके चित्रों में रंग तो आकस्मिक घटित होते हैं, कुछ तो रेखाएँ ही बोलती हैं। वांशिगटन के 'रोज क्राफ्ट घुड़दौड़' के इन घोड़ों के चित्रों के बाद आते हैं उनके भव्य बड़े आकार वाले नृत्य मुद्रा के चित्र—भरतनाट्यम और कथक, जिनमें वे हमेशा के गति, प्रवाह और सूक्ष्म को पूरी तरह अपनी गिरफ्त में लाने में सफल रहे हैं। साथ ही मोर्स कनिंघम तथा मार्था ग्रेहम नृत्य कम्पनियों के भी चित्र हैं।''[31] इस कला-यात्रा में प्रेम कपूर ठीक ही भरत नाट्यम और कथक की भंगिमाओं को लक्ष्य कर श्यावक्ष चावड़ा की रेखाओं की प्रशंसा करते हैं। इसी क्रम में कथक गुरु लच्छू महाराज के नृत्य पर एक टिप्पणी द्रष्टव्य है—''लच्छू महाराज गजल का भाव बताने में अद्वितीय हैं। सामन्ती युग में कथक नर्तक विलासिता में डूबे हुए राजदरबारों या नवाबी महफिलों में जिस गजल का भाव बताते थे, उसी गजल को जब वे उर्स, मजार, धार्मिक सम्मेलनों या सूफियों के सामने गाते थे तो उसी गजल का भाव इश्क हकीकी में परिवर्तित हो जाता था। सूफी लोग ईश्वर को 'प्रियतम', स्वयं को 'दुलहिन', संसार को 'नैहर', मित्रों को 'सखियाँ', मृत्यु को 'विवाह' और जनाजे को 'दुलहिन की विदाई' कहते हैं। कथक नृत्यकार जब सूफी लोगों के सामने किसी गजल का भावाभिनय करते हैं, तो अपनी अभिव्यक्ति द्वारा गजल को उक्त भावरूप प्रदान कर देते हैं। इसे कथक

नृत्य में 'अर्थ भाव बताना' कहते हैं। पहले इसका चलन था। आज तो प्रायः यह समाप्त-सा है। किन्तु लच्छू महाराज अर्थ भाव बताने और सिखाने, दोनों में ही माहिर हैं।''[32]

दिलचस्प यह है कि इस दौर की पत्रकारिता अपनी समूची निर्मिति में संस्कृति के प्रति अपना रागात्मक दृष्टिकोण नहीं छोड़ती। उसकी दृष्टि सब तरफ जाती है—क्या राजनीति, क्या धर्म, क्या दर्शन, क्या वैश्विक प्रश्न और क्या कलाएँ। संस्कृति चूँकि उसके पूरे कार्य-व्यापार का मूल है और वह मानती है कि संस्कृति से ही वह अपनी दृष्टि पाती है; इसलिए उसके पूरे तानेबाने में अभिव्यक्ति के सभी माध्यम आते हैं और उसकी विवेचना से ही यह पत्रकारिता बहस के बिन्दु ग्रहण करती है। चूँकि साहित्य रचना और विचार का भाषिक माध्यम है, इसलिए साहित्य उसका प्रस्थान बनता है—विचार, चिन्तन, चिन्ता और विश्लेषण का, जिसमें हम सहजता से देख पाते हैं कि समकालीन समय और समाज के तापमान को कौन प्रभावित कर रहा है तथा तत्कालीन परिस्थितियों में हमारी भूमिका क्या हो। सन् 1964 में हिन्दी साहित्य सम्मेलन (प्रयाग) ने अपने सांस्थानिक उद्देश्यों की पूर्ति के लिए 'माध्यम' नामक साहित्यिक पत्रिका का प्रकाशन आरम्भ किया तो इसकी पर्याप्त प्रशंसा हुई। 1964 का यह समय हिन्दी साहित्य और पत्रकारिता के लिए कोई विशेष संकटपूर्ण नहीं था, किन्तु यह अवश्य था कि इन दिनों वादों-प्रतिवादों की जोरदार लहर चल रही थी। साहित्य की विभिन्न विधाओं में नारों, आन्दोलनों और पूर्वग्रहों की भूमिका लक्षित होने लगी थी। देश के स्वतन्त्र होने के 17 वर्ष बाद भी हिन्दी अपनी जगह बना पाने में विफल रही थी। ऐसे समय में हिन्दी साहित्य सम्मेलन ने हिन्दी के प्रचार-प्रसार में एक ऐसी पत्रिका के प्रकाशन की आवश्यकता महसूस की जो हिन्दी को उसका यथोचित सम्मान दिलाने के साथ-साथ समग्र भारतीय साहित्य को एक मंच पर लाकर विभिन्न भाषा-भाषियों के बीच की खाई को भी पाट सके। हालाँकि आलोचना और सर्जनात्मक साहित्य को समद्ध करने की दिशा में 'आलोचना', 'कल्पना' और 'ज्ञानोदय' जैसी विशिष्ट पत्रिकाओं के साथ-साथ और भी अनेक पत्रिकाएँ दृश्य में थीं।

'माध्यम' के प्रवेशांक मई 1964 में 'यह पत्र' शीर्षक सम्पादकीय में उसके संस्थापक-सम्पादक बालकृष्ण राव ने लिखा—'' 'माध्यम' के प्रकाशन के साथ हिन्दी साहित्य सम्मेलन के प्रथम शासन निकाय का एक महत्त्वपूर्ण संकल्प क्रियान्वित हो रहा है। पर यह सिद्धि का उद्घोष नहीं, साधना के आरम्भ की सूचना मात्र है। सम्मेलन की स्थापना जिन उद्देश्यों से कही गयी थी, जिन लक्ष्यों को प्राप्त करने का उसका प्रयास पिछली अर्धशती के हिन्दी आन्दोलन का इतिहास है, वे आज भी हमारे सामने हैं। भले ही हमने अनेक क्षेत्रों, अनेक दिशाओं में सन्तोषप्रद ही नहीं, आश्चर्यजनक प्रगति कर ली हो, पर क्या सचमुच हम दावा कर सकते हैं कि हिन्दी ने अपना

अपेक्षित स्थान प्राप्त कर लिया है? आज हिन्दी की स्थिति अपने ही घर में प्रवासिनी की न हो भी तो क्या, हमें सन्तुष्ट, आश्वस्त और निश्चेष्ट हो जाने का अधिकार है? 'माध्यम' का उद्देश्य हिन्दी जगत का नेतृत्व करना नहीं है—जैसा उसके नाम से और 'निमित्त मात्रं भव' के उसके मूल मन्त्र से स्पष्ट है, उसका ध्येय केवल यही है कि उसके माध्यम से हिन्दी का स्वर प्रत्येक दिशा में फैले और देश के कोने-कोने तक पहुँचे, उसके निमित्त से हिन्दी के विराट और उदात्त वांङ्मय के प्रति अधिकाधिक व्यक्ति आकृष्ट हों, उसकी सहायता से हिन्दी जगत में हिन्दीतर भारतीय साहित्यों की जानकारी उत्तरोत्तर बढ़ती रहे।

'माध्यम' हिन्दी जगत से स्नेह और सहयोग की प्रार्थना करता है। साथ ही यह आश्वासन देता है कि प्रार्थित स्नेह-सहयोग के लिए अपनी अर्हता को अक्षुण्ण रखना उसकी रीति-नीति का चरम लक्ष्य होगा।"[33] मई 1964 से जुलाई 1969 तक 'माध्यम' के जो तिरसठ अंक निकले (हालाँकि वह इस बीच नये आकार-प्रकार में फिर निकल रही है, पर वह स्तरीयता अब नहीं रही), उनका कई दृष्टियों से महत्त्व है। नियमित रूप से साहित्यिक-सांस्कृतिक विषयों पर गम्भीर लेख, परिचर्चाएँ आदि के प्रकाशन के साथ-साथ कविताएँ और कहानियाँ भी प्रकाशित होती थीं। अंकों में संस्मरणों तथा यात्रा-वृत्तान्तों के लिए भी जगह होती थी। पर जिन दो स्तम्भों के कारण यह पत्रिका अन्य पत्रिकाओं से अलग थीं वे थे—'विवेचना' और 'सहवर्ती-साहित्य'। ज्ञातव्य है कि हिन्दी साहित्य सम्मेलन की ओर से 'माध्यम' के प्रकाशन के साथ-साथ जो दूसरा महत्त्वपूर्ण निर्णय लिया गया था, वह था— 'विवेचना' नाम से एक मासिक साहित्यिक गोष्ठी का। हर महीने होनेवाली इस गोष्ठी की विशेषता यह थी कि किसी विशिष्ट कृति पर एक अधिकारी विद्वान अपना पर्चा पढ़ते थे और उसके ऊपरान्त उस पर गर्मागर्म बहस होती थी। बाद में पढ़ा गया पर्चा, उस पर हुई टिप्पणियाँ आदि 'विवेचना' स्तम्भ में छपते थे। यह आयोजन अपने आप में अकेला आयोजन था, जिसने हिन्दी आलोचना को संवाद की निरन्तरता से समृद्ध किया। कई कृतियों पर नए सिरे से सोचने को प्रेरित किया तथा उस समय के सारे महत्त्वपूर्ण लेखकों-आलोचकों को एक मंच पर लाकर 'विवेचना' के माध्यम से 'माध्यम' ने स्वस्थ-साहित्यिक बहस को सम्भव बनाया।

इस पत्रिका का दूसरा चर्चित स्तम्भ 'सहवर्ती साहित्य' का रहा। इस स्तम्भ के अन्तर्गत 'माध्यम' ने प्रत्येक अंक में किसी एक भारतीय भाषा पर विशेष सामग्री प्रकाशित कर हिन्दी पाठकों को भारतीय समग्रता की पहचान कराई। तमिल, मलयालम, बांग्ला, कन्नड़ आदि भाषाओं पर प्रकाशित सामग्रियों को पढ़ने के बाद जहाँ अपनी साहित्यिक व्यापकता का बोध होता है, वहीं हम प्रान्त और भाषा की दीवारें लाँघते हुए एक-दूसरे की निकटता पाने लगते हैं। आन्ध्र और केरल पर केन्द्रित 'माध्यम' के विशेषांक तो दोनों प्रदेशों पर एकाग्र पूरी किताब बन गये हैं। यह ऐतिहासिक कार्य

नियमित रूप से केवल 'माध्यम' ही कर सकी, जो उसके महत्त्व का एक बड़ा कारण है। इस पत्रिका ने अपने को निरन्तर सृजनात्मकता से जोड़कर कविता, कथा-साहित्य, आलोचना और परम्परा के बीज-मूल्य को अक्षुण्ण रखते हुए, विभिन्न वैचारिक बहसों के माध्यम से आलोचना की समृद्धि की। इस स्तर पर 'माध्यम' के आलोचनात्मक योगदान को एक महत् उपलिब्ध माना जा सकता है। हिन्दी आलोचना की पारम्परिक परिपाटी से निकलकर 'माध्यम' ने जो रूढ़िमुक्त संवादों का सिलसिला चलाया उससे न केवल बौद्धिक उत्तेजना का माहौल बना, बल्कि साहित्यिक हलके में बौद्धिक जागरूकता का वातावरण निर्मित हो सका। 'आलोचना', 'कल्पना', 'ज्ञानोदय' जैसी उत्कृष्ट साहित्यिक पत्रिकाओं के साथ 'माध्यम' ने साहित्यिक पत्रकारिता को एक नई दिशा दी तथा उसे एक गम्भीर विमर्श का आधार दिया। इस दौर की समकालीन प्रवृत्तियों की अभिव्यक्ति के साथ-साथ 'माध्यम' की सम्पादकीय भूमिका भी उल्लेखनीय रही।[34] इसी शृंखला में 1965 से प्रकाशित होनेवाली पत्रिका 'नटरंग' का उल्लेख आवश्यक है जिसके प्रकाशन ने नाट्य कला के सृजन और विचार पक्ष को समृद्ध करने में महत्त्वपूर्ण भूमिका निभाई। इस पत्रिका का प्रकाशन अब तक हो रहा है और अब भी इसकी उपादेयता बनी हुई है। इस अकेली पत्रिका ने हिन्दी में जहाँ नाट्यालोचन को विकसित किया, वहीं नाट्य-साहित्य में सृजन को प्रोत्साहित किया। हिन्दी अंचल के प्रायः हर क्षेत्र की रंग-गतिविधि हो या कोई उत्तेजक बहस हो, नाट्यालोचन का कोई गम्भीर विमर्श हो या प्रयत्न कर प्रत्येक अंक में सम्पूर्ण नाटक प्रकाशित करने का ध्येय हो, इस पत्रिका ने महत्त्वपूर्ण कार्य तब सम्भव किया, जिस दौर में नाट्य को लेकर कोई भी गम्भीर पत्रिका न थी। इस अकेली पत्रिका ने अब तक सौ सम्पूर्ण हिन्दी नाटकों को प्रकाशित किया है और रंग तकनीक, भाषा, महत्त्वपूर्ण नाटककारों, महत्त्वपूर्ण रंग-विमर्शों आदि पर अंकों को केन्द्रित कर एक बड़े अभाव की पूर्ति की है। 'नटरंग' के प्रवेशांक के अपने सम्पादकीय में इसके संस्थापक-सम्पादक नेमिचन्द्र जैन ने लिखा—''हिन्दी में, बल्कि शायद देश की प्रत्येक भाषा में ही नाटक और रंगमंच के कार्य के समुचित मूल्यांकन का कोई साधन अभी तक नहीं है। हिन्दी के दैनिक पत्रों में प्रदर्शनों की समीक्षा प्रायः होती भी नहीं। और होती भी है तो सदा ही अत्यन्त हीन स्तर की। एकाध साप्ताहिक और मासिक पत्रों को छोड़कर रंगमंच पर कहीं ध्यान नहीं दिया जाता है।''[35]

इस प्रकार इस दौर की पत्रकारिता का अध्ययन करने के बाद यह स्पष्ट होता है कि स्वप्नभंग की प्रक्रिया और राष्ट्रनिर्माण के प्रति आशावाद के द्वन्द्व को पत्रकारिता ने हर स्तर पर अभिव्यक्त किया। चाहे महत्त्वपूर्ण पत्रिकाएँ हों या समाचार-पत्र, सबने देश की राजनीतिक स्थिति के बरक्स उभरी साहित्यिक-सांस्कृतिक प्रवृत्तियों का विश्लेषण किया और एक नये रूप में विचार-प्रसार की सम्भावना बनाई जिससे एक ऐसा समाज बन सके जिसमें अमीर-गरीब, सबके लिए जगह हो। इस दौर की

पत्रकारिता ने भी अपने ध्येयवाद को जिन्दा रखा। इस अवधि में अनेक महत्त्वपूर्ण पत्रिकाओं का प्रकाशन भी हुआ जिसने साहित्य तथा संस्कृति के क्षेत्र में महत्त्वपूर्ण भूमिका अदा की। पत्रकारिता का प्रस्थान इस दौर में भी सांस्कृतिक बना रहा और जन-जन के प्रति वह हर स्तर पर प्रतिबद्ध रही। इस अध्ययन में विमर्श के विषय को सर्वेक्षणों में उठाने से बचा गया है जिससे दोहराव न हो, एक व्यवस्थित विचार बोध का सामने आ सकना सम्भव हो सके।

राजनीतिक संक्रमण की स्थिति और संस्कृति के क्षेत्र में क्षोभ और विद्रोह की जमीन तो इसी दौर में तैयार हो चुकी थी; आगे वह अधिक उग्रता से सामने आयी। उग्रता का कारण यह भी था कि राजनैतिक स्तर पर तानाशाही का राज कायम हो चला था। अगले अध्याय 'राजनैतिक अस्थिरता के मध्य आपात्काल की अमानवीयता' के तहत हम बदली राजनीतिक परिस्थितियों के बीच साहित्यिक पत्रकारिता की भूमिका को देखेंगे।

सन्दर्भ

1. कर्मवीर, 25 अक्तूबर 1947, पृ. 4
2. कर्मवीर, 1 नवम्बर 1947, पृ. 19
3. कर्मवीर, 4 मार्च 1950
4. नवभारत टाइम्स, 18 जनवरी 1956, पृ. 4
5. साप्ताहिक हिन्दुस्तान, अंक-15, वर्ष-17, पृ. 51
6. नवभारत टाइम्स, 2 अप्रैल 1961, पृ. 5
7. साप्ताहिक हिन्दुस्तान, अंक-47, वर्ष-16, अगस्त 1966, पृ. 21
8. आलोचना, वर्ष-1, अंक-1, पृ. 3
9. आलोचना, वर्ष-1, अंक-1, पृ. 3
10. आलोचना, वर्ष-1, अंक-2, पृ. 7-8
11. आलोचना, जून 1965, पृ. 5
12. नवनीत, वर्ष-4, अंक-9, पृ. 26
13. नई कविता, अंक-7, पृ. 25-26
14. नई कविता, अंक-7, पृ. 42
15. नई कविता, अंक-7, पृ. 58
16. नई कविता, अंक-7, पृ. 70
17. प्रदीप, 6 अगस्त 1972, पृ. 4
18. अमृत पत्रिका, 12 दिसम्बर 1954, पृ. 2
19. अमृत पत्रिका, 12 दिसम्बर 1954, पृ. 2
20. आलोचना, अप्रैल-जून 1967, पृ. 38

21. वही, पृ. 34
22. आलोचना, अप्रैल-जून 1967, पृ. 45
23. धर्मयुग, अंक-3, 17 जनवरी 1965, पृ. 17
24. ज्ञानोदय, अक्तूबर 1968, पृ. 62
25. राष्ट्रवाणी, अगस्त 1969, पृ. 9
26. ज्ञानोदय, जून 1964, पृ. 92-93
27. कहानी, जनवरी 1963, पृ. 114-115
28. कर्मवीर, 9 फरवरी 1957, पृ. 2
29. साप्ताहिक हिन्दुस्तान, 26 जून 1966, पृ. 54
30. नवभारत टाइम्स, 2 मार्च 1961, पृ. 4
31. नयी कविता, अंक-8, पृ. 129
32. धर्मयुग, 10 जनवरी 1965, पृ. 13
33. धर्मयुग, 17 जनवरी 1965, पृ. 5
34. माध्यम, अंक-1, वर्ष-1, मई- 1964, पृ. 4-6
35. नटरंग, वर्ष-1, अंक-1, जनवरी 1965, पृ. 3

अध्याय-3

राजनीतिक अस्थिरता के मध्य आपात्काल की अमानवीयता

यह वह दौर है जब देश आजादी के बाद के सबसे बुरे दौर से गुजरा। आजादी के सपनों का टूटना जो पिछले दशक में शुरू हुआ था वह यहाँ तक आते पूरी तरह बिखर गया। सत्ता में पहली बार संविद सरकारों की राजनीति शुरू हुई तो शुद्ध स्वार्थों पर आधारित व्यवस्था का चलन शुरू हुआ। जो प्रवृत्तियाँ चोरी-छिपे चला करती थीं, वे अब प्रत्यक्ष हो गयीं। साहित्यिक-सांस्कृतिक हलकों में क्षोभ और विद्रोह का भाव और तेज हो गया था। साहित्य के विचार-जगत में जनपक्षधर साहित्य की बहस भी उफान पर थी। शहर और गाँव के द्वैत में उन प्रश्नों पर बहस ज्यादा तेज थी जिसमें यह माना जा रहा था कि जो साहित्यकार शहरी जीवन बोध को ही अपने लेखन का अभीष्ट बना लेता है, वह साहित्यिक परजीवी ही है। 'आलोचना' में डॉ. नामवर सिंह ने इस बहस की शुरुआत करते हुए अपने सम्पादकीय में लिखा—"साप्ताहिक 'मेनस्ट्रीम' में कुछ महीने पहले डॉ. पी. सी. जोशी का लेख सोशल पैरासाइटिसिज्म एण्ड इकॉनॉमिक डेवेलपमेण्ट (सामाजिक परजीवीपन और आर्थिक विकास) निकला था जिसमें स्वतन्त्र्योत्तर भारत की अर्थ-व्यवस्था के अन्दर विकसित सर्वग्रासी परजीवीपन का उद्घाटन करते हुए आह्वान किया गया है कि उत्पादनशील और परजीवी वर्गों के बीच राजनीतिक सामाजिक संघर्ष के साथ ही उत्पादनशील और परजीवी मूल्यों के बीच भी—सांस्कृतिक मुठभेड़ आवश्यक है। इस मुठभेड़ का सांस्कृतिक पक्ष डॉ. जोशी की दृष्टि में इतना महत्त्वपूर्ण है कि इसके बिना कोई भी सत्ता-संघर्ष सर्जनात्मक शक्ति के रूप में अपनी सार्थकता खो बैठेगा। एक अर्थशास्त्री के मुँह से ऐसा सांस्कृतिक आह्वान यों भी अप्रत्याशित है, इसलिए स्वयं भी संस्कृति के क्षेत्र में परजीवीपन के प्रतिफलित रूपों के उद्घाटन के लिए उनसे उम्मीद करना ज्यादती होगी; किन्तु इसमें कोई शक नहीं कि उन्होंने आज की संस्कृति और साहित्य के स्वरूप को समझने के लिए 'परजीवीपन' के रूप में एक महत्त्वपूर्ण अवधारणा प्रस्तुत की है।"[1]

इस बहस को आगे बढ़ाते हुए नामवर सिंह देश के राजनीतिकों, अफसरों और

उन सफेदपोशों के साथ उन संस्कृतिकर्मियों की भी खबर लेते हैं जो देश की जनता से जुड़े होने का अभिनय तो करते हैं, पर शुद्ध पराश्रित होकर अपनी हेकड़ी चलाते हैं। इस अवधारणा का व्यापकतम रूप यह है कि अधिक से अधिक लाभ, यश कमाना ही इस वर्ग की विशेषता है। इस पर चोट करते हुए उन्होंने संस्कृति के क्षेत्र में काम कर रहे ऐसे बौद्धिकों की भी खबर ली जिनकी प्रतिबद्धता व्यक्तिता में है, सार्वजनिकता से उनका कोई लेना-देना नहीं है। अपनी बहस को साहित्य की ओर ले आते हुए नामवर सिंह वाल्टर बेंजामिन को उद्धृत करते हैं (जिसमें वे कहते हैं कि 'वर्ग-संघर्ष' में बौद्धिक के स्थान का निर्धारण, या बेहतर है वरण, उत्पादन-प्रक्रिया में उसके स्थान के आधार पर ही हो सकता है।) और लिखते हैं कि—''वाल्टर बेंजामिन का यह कथन अब हमें आज के उस परजीवी साहित्य की ओर ले जाता है जो तेवर में परम 'क्रान्तिकारी' दिखाई देता है। इस प्रसंग में 'लुम्पेन सर्वहारा' नाम से कथित 'परजीवी वर्ग' की उग्रता, हिंसा, सर्वनाश-भावना, सनकीपन आदि को स्मरण में रखना आवश्यक है। विडम्बना यह है कि निषेधात्मक भावनाओं को वाणी देनेवाला यह विध्वंसक साहित्य परजीवी वर्ग के ऊपरी हिस्से को भी पसन्द है क्योंकि इससे उसका मनोरंजन होता है। इस साहित्य की स्पष्ट कमजोरी यह है कि इसका सम्बन्ध सर्वहारा के साथ 'उत्पादक के रूप में' नहीं है। यदि हिन्दी का उदाहरण लें तो आज के तथाकथित व्यवस्था-विरोधी साहित्य के नब्बे प्रतिशत का सम्बन्ध खेती के उत्पादन में लगी नब्बे प्रतिशत जनता से कतई नहीं है। गाँव से शहर में आए 'लुम्पेन सर्वहारा' की तरह इस साहित्य का मिजाज भी एकदम शहराती है, इसीलिए उसके समान यह भी अपनी जड़ों से कटा 'परजीवी' है।''[2]

इस लम्बे उद्धरण के जरिये हम इस बहस को एक आधार के रूप में समझना चाह रहे हैं जिसमें साहित्य के अन्तर्गत बयार की तरह आये आन्दोलनों को समझना आसान हो सके। व्यवस्था के प्रति क्षोभ का एक बुनियादी कारण था, इससे इनकार नहीं किया जा सकता; लेकिन जिस तरह 'फैशन' की शक्ल में निषेधात्मक रवैया अख्तियार कर लेखकों ने संड़ाँध की ढेर लगा दी, उसे उसकी सच्चाई के साथ समझना आवश्यक है। इस दौर की पत्रकारिता ने मानवीय चिन्ताओं की परवाह करते हुए ऐसी सर्जनात्मक जुगुप्सा का लगातार विरोध किया जिसमें सनकीपन, अशिष्टता तथा खीझभरी अकुलाहट के अलावा जीवन को एक चुनौती की तरह लेने की प्रवृत्ति का घोर अभाव था। साहित्य-संस्कृति के क्षेत्र में एक तरफ तो इस तरह की साहित्यिक फैशनपरस्ती के खिलाफ प्रतिरोध का वातावरण बन रहा था तो दूसरी तरफ नेहरूवादी समाजवाद के रंग-ढंग पर टीका-टिप्पणी चल रही थी। 'चार दिन की चाँदनी' शीर्षक लेख में कथाकार अमृतलाल नागर ने लिखा था—''नेहरूछाप समाजवाद की नपुंसकता स्वयं उसके आविष्कर्ता के जीवनकाल ही में जग-जाहिर हो चुकी थी। अन्य रंगारंग टोपियोंवाला समाजवाद अभी व्यावहारिकता की कसौटी पर कसा नहीं गया। इस

समय जो रंग हैं, उन्हें देखकर तो यही लगता है कि जनसंघ, स्वतन्त्र और द्रमुक लामुहाला बेनकाब होकर ही रहेंगे।''[3] इस वक्तव्य का यह आशय तो अवश्य है कि इस समय की राजनीतिक अराजकता को देखकर यह साफ हो चला था कि देश की व्यवस्था अपनी दिशा खो चुकी है। नये-नये दल, नये-नये लोग और उनकी अपनी स्वार्थपरताओं की वजह से बौद्धिक वर्ग सकते में था और पत्रकारिता लगातार अपने स्तर पर इन स्थितियों से जूझ रही थी। इसी समय भाषा का प्रश्न भी प्रमुखता से उठा। हिन्दी को कूड़े की तरह फेंक दिया गया। कहाँ तो 1965 तक उसे मुकम्मल राजभाषा बनाने का दायित्व पूरा करना था और कहाँ यह हाल हो गया कि उसे अनिश्चित कालीन योजना के पिटारे में बन्द कर दिया गया। इसको लेकर भी बौद्धिकों में कोप था और स्वयं पत्रकारिता सरकार के इस ढुलमुल रवैये से खिन्न थी। इस समय केन्द्रीय हिन्दी संस्थान, आगरा में सत्रान्त अभिभाषण देते हुए वरिष्ठ कवि सच्चिदानन्द हीरानन्द वात्स्यायन 'अज्ञेय' ने कहा था—''हिन्दी राष्ट्रभाषा हो या न हो, राष्ट्र के जीवन में संयोगकारक कड़ी का पद उसे कानूनन दिया जाए या न दिया जाए, वह सबसे पहले और अनिवार्यतया एक विकास-मान भाषा है। विकासमान है, इसलिए वह निरन्तर बदल भी रही है और साथ ही उसका एक स्थिर, मानक और प्रामाणिक रूप भी है। ऐसी ही भाषा राष्ट्रभाषा हो सकती है। ऐसी ही भाषा के बारे में यह विचार भी हो सकता है कि उसे यह पद मिले या कब और कैसे दिया जाए। हिन्दी जन-मानस की गहराई में से उपजी है, अंकुरित होकर पल्लवित, पुष्पित हुई है। एस्पेरान्तों की भाँति वह एक गढ़ी हुई चीज, एक निर्मिति नहीं है। वह 'देवानाँ पूरयोध्या' के सबसे भीतरी कक्ष में पनपनेवाला महावृक्ष है, चल-दल किन्तु बद्धमूल।''[4]

हिन्दी को लेकर यह बहस सरकार की भाषा-नीति को सामने रखकर भी चल रही थी। हिन्दी अंचल की जनता के लिए यह एक बड़ा आघात था, जो सरकार की कुटिलता का एक प्रमाण बनकर आया। 'दिनमान' इस बहस को आगे बढ़ा रहा था। अपने आलेख 'अनुवाद ढोये चलो' में रघुवीर सहाय ने सरकार के व्यवहार की निन्दा की और हिन्दी की स्थिति पर टिप्पणी करते हुए कहा, ''हिन्दी अनुवाद की भाषा ही रह गयी है। समस्या उलझती रहती है। एक ओर शक्तिशाली दबाव है कि हिन्दी अखिल भारत की भाषा इसलिए न बने कि वे, जिनकी वह मातृभाषा है, सरकारी नौकरियों में ज्यादा आसानी से नियुक्त हो सकेंगे। दूसरी ओर अन्य भारतीय भाषाओं को आपस में लड़ने दिया जाता है। इसका परिणाम यह है कि अच्छी अँग्रेजी जाननेवालों को ही ज्यादा सुविधाएँ मिलेंगी, या यह कहना उपयुक्त होगा कि बनी रहेंगी। राजकाज की भाषा बदल देने का मतलब तब अन्य भाषा-भाषियों के मुकाबले हिन्दी भाषा-भाषियों को सुविधाजनक स्थिति में रखना ही नहीं, बल्कि अँग्रेजी की शिक्षित पीढ़ी से सत्ता का एक अंश छीनना है, जो हिन्दी शिक्षितों के हाथ आ जाएगा।''[5]

इस समय की पत्रकारिता हिन्दी से जुड़ी इस संवेदनशील समस्या के प्रति बहुत

गम्भीर दिखाई देती है और हर तरह से व्यवस्था पर दबाव बनाती है कि वह राजनीतिक फायदे को किनारे रखकर हिन्दी के प्रति न्याय करे। 'धर्मयुग' हिन्दी को लेकर 'दिनमान' की अपेक्षा कड़ा रूख अख्तियार करता है और सरकार की नीतियों को खुली चुनौती देता है। 'क्रान्ति की पूर्व भूमिका—भाषा क्रान्ति यानी अँग्रेजी हटाओ' शीर्षक लेख में गणेश मन्त्री ने लिखा—"अंग्रेजी हटने के साथ ही देश की राजशक्ति, उद्योग-व्यापार, शिक्षा-अनुसंधान पर अमरबेल की तरह छाया हुआ आज का शासकवर्ग मुरझाएगा और उसकी जगह पर देश को सही दिशा में ले जा सकनेवाले नये समता-प्रेरित क्रान्तिकारी नेतृत्व, आन्दोलन और संगठनों का विकास होगा। गाँधीजी के बाद देश में नये सिरे से क्रान्तिकारी चेतना फूँकने का प्रयत्न करनेवाले राम मनोहर लोहिया ने ठीक ही कहा था कि हमारी राष्ट्रीय क्रान्ति मुट्ठी भर अँग्रेजी-परस्तों के कुचक्र में कैद हो गयी है, उसे मुक्त किए बिना, समाजवाद तो दूर, लोकतन्त्र को कारगर करना तक असम्भव है।"[6]

इन दिनों प्रायः सभी पत्र-पत्रिकाओं में हिन्दी की वर्तमान स्थिति को लेकर असन्तोष है और प्रायः सभी इसे लेकर बहस में उतरते हैं। इस बहस को राष्ट्रीय प्रश्न के रूप में लेते हुए पत्रकारिता ने सब तरफ से सरकार को घेरने की चेष्टा की, पर सरकार राजनीतिक फायदों को देखते हुए हिन्दी की यथावत् स्थिति को बहाल रखने में सफल रही। हिन्दी को लेकर तरह-तरह के प्रवाद सामने आये, कई भाषाओं के आयोग बने, जिन्होंने हिन्दी को राष्ट्रीय एकता के लिए खतरा बताया था। इन्हीं आयोगों में एक आयोग—'उर्दू समिति' थी जिसने हिन्दी के विकास को उर्दू के लिए खतरनाक बताया था। सन् 1967 में हुए चौथे आमचुनाव में अनेक राजनीतिक पार्टियों ने उर्दू भाषियों की माँगों का समर्थन किया था। कांग्रेस इस मसले पर चुप्पी साधे रही। वह चुनाव में पराजित हुई थी, पर उसकी पराजय का यह कारण हो, ऐसा नहीं था। पर उसके मानस में यह बात बुरी तरह बैठ गयी थी कि हो न हो हिन्दी को लेकर सरकार के मन में जो दुविधा है, उसके कारण दूसरे भाषा-भाषी; खासकर उर्दू भाषी सरकार से कन्नी काटने लगे हैं और कांग्रेस का पहले जैसा समर्थन नहीं करते। उत्तर प्रदेश के उर्दू-भाषियों और मुस्लिम अल्पसंख्यकों ने शिकायत की थी कि हर क्षेत्र में उनकी उपेक्षा हो रही है। जाँच-पड़ताल करने के बाद जो प्रस्ताव सामने आये, उसमें कहा गया कि जिन-जिन प्रदेशों में हिन्दी का बाहुल्य है, वहाँ उर्दू को दूसरी राजभाषा बनाया जाय। यह भी प्रस्ताव किया गया था कि दोनों भाषाओं के लिए एक ही लिपि (कुछ ने रोमन लिपि भी प्रस्तावित की थी) हो। उर्दू समिति बनाई गयी। उसकी स्थापना का उद्देश्य हिन्दी-उर्दू के विवाद को दूर करना नहीं वरन् उर्दू का प्रोत्साहन करना था—"दरअसल उर्दू समिति की स्थापना हिन्दी-उर्दू-विवाद को दूर करने के लिए नहीं, बल्कि उर्दू के प्रोत्साहन की समुचित व्यवस्था करने के लिए की गयी थी।"[7]

इस तरह हिन्दी को राजनीतिक लाभ के लिए भाषाई विवाद का जड़ बनाकर

उसे विकास की राह पर न ले जाकर ऐसे कुचक्र में फँसा देने की कोशिश की गयी कि वह अपने ही जाल में उलझकर दम तोड़ दे। इसके बावजूद हिन्दी का विकास निरन्तर होता गया और सरकारी उदासीनता के बावजूद उसमें कोई कमी नहीं आई। पत्रकारिता ने सरकारी पाखण्ड को हर स्तर पर उजागर करने की नीति बना रखी थी, इसलिए शायद ही कोई पत्र-पत्रिका रही हो जिसने व्यवस्था के इस छल को न उजागर किया हो। हिन्दी के प्रति सरकार की उपेक्षापूर्ण नीति का खुलासा इस दौर की पत्रकारिता का एक प्रमुख पक्ष रहा है जिसको देखा जाना एक अनिवार्य बहस से गुजरना है। 'राष्ट्रभाषा और राष्ट्रीयता एकता' शीर्षक लेख में आनन्द नारायण शर्मा ने लिखा था—"हिन्दी को राष्ट्रभाषा के पद पर प्रतिष्ठित करने का नारा हिन्दीभाषियों का दिया हुआ नहीं है। यह आवाज सबसे पहले बंगाल में उठाई गयी थी और इसको उठानेवाले मनीषी वे थे, जो देश में नवोत्थान के अग्रदूत और नवीन राष्ट्रीय भावना के जनक माने जाते हैं। इन मनीषियों की परम्परा राम मोहन राय से प्रारम्भ होती है।"[8] इन्होंने हिन्दी को देश में सफल जनतन्त्र के विकास की जरूरत बताते हुए आगे लिखा—"कुछ राजनीतिज्ञों को हिन्दी राष्ट्रीय एकता के मार्ग में बाधक दीख पड़ती है। और वे निस्संकोच उस भाषा की वकालत करते हैं, जिसके सर्वग्रासी प्रभाव से मुक्त होकर ही हम स्वतन्त्र चिन्तन के साथ अपने राष्ट्रीय चरित्र का विकास कर सकते हैं और देश में जनतन्त्र को सफल बना सकते हैं।"[9] इस समय की स्थितियों को देखकर पत्रकारिता ने जो भूमिका निभाई, उसका अपना ऐतिहासिक महत्त्व है जिसके अनेक स्तरों में एक भाषा-विवाद पर उसके पक्ष को हमने संक्षेप में देखा। इस बहस को राष्ट्रीय परिप्रेक्ष्य देकर पत्रकारिता ने सांस्कृतिक विमर्श का एक ऐसा मंच बनाया जिस पर आगे बहुत महत्त्वपूर्ण कार्य सम्भव हुए। अब हम उस प्रश्न की ओर लौटें जिस प्रश्न को उठाकर 'आलोचना' में नामवर सिंह ने एक बड़ी बहस को जन्म दिया था। 'साहित्यिक परजीवी' वर्ग को निशाने पर रखते हुए, उन रचनाकारों पर क्षुब्ध होते हुए उन्होंने जो आशंकाएँ व्यक्त कीं; उसका सिलसिला आगे तक चला। यह सच है कि अब आदर्श की कोई प्रतिमा न बची थी जिसके सहारे हम सुखद भविष्य की कल्पना करते। पर यह भी न था कि हम नकार और निषेध में सकारात्मक प्रत्ययों को भूल जाएँ और ऐसी कुत्सा फैलाएँ जो जनता की आस्थाओं को तो तोड़े ही, उसे अपने ही विरुद्ध खड़ा कर दे। इसे लेकर साहित्य में बहस बहुत दूर तक चली जिसके परिणामस्वरूप निषेधात्मक आन्दोलनों की बाढ़ रुकी और दोबारा जनता की आस्थाओं को दृढ़ करने की कोशिशें हुईं। कविता में नकारवाद को लेकर चली बहस में शामिल होते हुए डॉ. प्रेमशंकर ने लिखा—"नये काव्य की नव्यतम दिशा सम्भवत: विद्रोह की अपनी व्याख्या के कारण परम्परागत चिन्तन पर ही प्रश्न-चिह्न लगाती है। स्थापना के विरुद्ध उसका आक्रोश सर्वाधिक है। पर क्या यह सच नहीं है कि नगर-बोध में बँधे कुछ कवि बार-बार यौन-प्रतीकों के सहारे स्थिति को

निर्वसन करना चाहते हैं?''[10]

नये आन्दोलनों के नाम पर युवा रचनाकारों की अराजकता सबके निशाने पर थी। यह रचनाकार अपने कर्त्तव्य की इति-श्री इसी में समझते थे कि व्यवस्था की लानत-मलामत करके और त्याज्य शब्दावलियों का प्रयोग करके वे एक महान कार्य कर रहे हैं। इस पूरी प्रक्रिया में यह भी लक्षित किया गया था कि ऐसे रचनाकारों में कोई सुस्पष्ट समाज दर्शन नहीं है और न ही ऐसी कोई राजनीतिक आकांक्षा से प्रेरित अवधारणा ही है जिससे वे व्यवस्था के समानान्तर किसी कारगर विकल्प की प्रस्तावना कर सकें। उनमें जो मूढ़ भावुकता थी और जो एक क्षोभ भरा आक्रोश था, वह केवल खीझ के ही प्रतिरूप थे, क्योंकि उनके लिखे-गुने मंतव्यों और उनकी सृजनात्मकता में कोई पुष्ट वैचारिकता हो, ऐसा देखने में नहीं आया। इसी पर विचार करते हुए कुमारेन्द्र पारसनाथ सिंह ने लिखा था—''मुझे लगता है कि हमारे जमाने का कोई भी सार्थक और वयस्क लेखन राजनीति से बचकर नहीं हो सकता; क्योंकि जैसा कि टॉमस मान ने कहा था—'इस युग में मानव नियति अपने को राजनीतिक अर्थों में ही व्यक्त करती है', लेकिन राजनीति और लेखक का सम्बन्ध जैसा सीधा या प्रगतिवाद जैसा मोटा और स्पष्ट नहीं रह गया है। कविता भी उस 'सही वस्तु' का अधूरा साक्षात् ही है।''[11]

अपनी चिन्ता जाहिर करते हुए कुमारेन्द्र ठीक ही कहते हैं। युवा लेखन पर नन्दकिशोर तिवारी की राय भी लगभग ऐसी ही है, केवल उसमें थोड़ी-सी सहानुभूति की पाग है—''नई कविता में सन् 1965 से आक्रोश की प्रवृत्ति अधिक दिखाई देती है। वह (युवा) चाहता है कि ठहराव की स्थिति को तोड़े तथा गति दे। आक्रोश के भीतर युवा जनों की अपनी कुछ समस्याएँ भी हैं, जिनमें मूल रूप से उसके अन्धकारमय भविष्य को लिया जा सकता है।''[12] युवाओं का भविष्य अन्धकार में था तो पूरे देश का था। उम्मीदें सबकी टूटी थीं, सबके आदर्श खण्डित हुए थे; पर यह क्या कि युवा कविता बीमार मानसिकता के साथ इस तरह प्रक्षेपित होती है कि कवि के सनकी होने या मानने में कोई सन्देह ही नहीं होता—

''जरूर सिर फिरे होंगे पूर्वज
खुद फाँसी चढ़ गये
छोड़ गये यह ऊबड़-खाबड़ वसीयत उम्मीद से
क्या सोचते थे वे
इत्र निकालूँगा मैं लीद से?''[13]

—कैलाश वाजपेयी

यह है अपने पूर्वजों का सम्मान और उनकी दी हुई विरासत का गौरव-गान। देश में अन्धकार है और उम्मीद की सूरत नजर नहीं आती, तो इसमें पूर्वज करें तो क्या?

उनकी छोड़ दी गयी विरासत का आप जो चाहें सो करें, वे क्या कर सकते थे। यह अकवितावादी युवा कविता की जो छवि बनी उसने साहित्य को मजाक बना दिया। श्लीलता, मर्यादा, आस्था, श्रद्धा जैसे मूल्य इसके लिए हास्य का विषय हो गये थे। घिनौनी छवियों, फूहड़ बिम्बों और अर्थहीन प्रतीकों के जरिये यह कविता क्या कहती थी, यह समझना भी किसी पहेली से कम न था—

''स्तनों को प्यार करते हुए
मुझे कभी सुख नहीं मिला
वन-मानुष की तरह उन्हें
दाँतों से काटकर
अँधेरी सड़कों पर थूक दिया है।''[14]

—जगदीश चतुर्वेदी

पत्रकारिता ने ऐसे आन्दोलनों को बहस में ला खड़ा किया और उनकी अर्थहीनता को भी रेखांकित किया। इस दौर में पत्रों के साहित्यिक संस्करणों और पत्रिकाओं में इन आन्दोलनों पर पर्याप्त बहस हुई और इनके खिलाफ एक वातावरण भी बना। प्रश्न यह था कि इस निषेधात्मक और जुगुप्सावादी लेखन से क्या होनेवाला था? इससे न तो कविता में नई जमीन बननी थी, न इन कवियों की महानता बढ़नी थी। और न ही इससे उनके अन्धकारमय भविष्य में नई रोशनी के आने की सम्भावना ही थी। आत्म-श्लाघा, प्रचार और फूहड़ तरीकों से नाम कमाने की कोशिशों के अलावा ऐसे सर्जन से न तो कुछ होना था और न कुछ हो पाया।

यह संयोग ही कहना चाहिए कि इस दौर में साहित्य तथा दूसरी कलाओं में ऐसी बहस चलती देखी जा सकती है जिसमें किंचित असन्तोष का भाव प्रबल है। लगता है जैसी अपेक्षा है, उसके अनुरूप कुछ हो नहीं पा रहा। 'नाट्य रचना की स्थिति' पर देखिए शान्ति लाल जैन की क्या राय है—''हम दीर्घ काल से नाटकों की आलोचना और मूल्यांकन उसी घिसी-पिटी परिपाटी पर करते आ रहे हैं जो भरत मुनि के जमाने से शुरू हुई। ठीक है, मनोवेगों और भावनाओं में कोई परिवर्तन नहीं हो सकता, परन्तु विचारों और भावनाओं को प्रभावित करनेवाली परिस्थितियाँ तो बदल चुकी हैं। आज के आदमी के जीवन की जटिलताओं, विवशताओं, अवसादों, कुण्ठाओं और निराशाओं को जिन परिस्थितियों ने जन्म दिया है, उनसे अलग हटकर तो सर्जक, साहित्यकार और समीक्षक नहीं चल सकता।''[15] नाटक की रचना और प्रस्तुति—दोनों ही स्तरों पर इन दिनों यह प्रश्न प्रबलता से उठा कि नये प्रश्नों, विचारों और चिन्ताओं को नाट्य में जगह क्यों नहीं मिलती? हालाँकि इस अवधि में ऐसे नाटककार अवश्य थे जिन्होंने बदलते हुए समय में तेजी से परिवर्तित समाज और उसके मूल्यों को स्वर दे रहे थे। इस प्रसंग में यह अवश्य ध्यान दिया जाना चाहिए नाट्य में भी

साहित्य की निषेधवादी काव्यान्दोलनों की तरह एक धारा विद्यमान थी जो उन दिनों पश्चिमी मूल्यों को आयत्त कर नये समाज पर थोपने का कार्य कर रही थी जिसमें जीवन के संघर्षों की जगह स्त्री-पुरुष सम्बन्धों की चिन्ता अधिक थी। यह कहना निरापद न होगा कि सर्वथा वर्जित विषयों को आधार बनाकर नाटक लिखे गये और उनका वही हश्र हुआ जो साहित्य में निषेधवादी कुण्ठित विद्रोहियों का हुआ था। इसके समानान्तर हिन्दी में उन नाटकों का अनुवाद और उनकी प्रस्तुति खूब हो रही थी जिनमें अपने समय के तीखे बोध के साथ-साथ भविष्य को बेहतर बनाने की संकल्प-चेतना थी—''पिछले दिनों 'कला संगम' के रंगकर्मियों द्वारा 'बाकी इतिहास' को पटना के रवीन्द्र भवन के रंगमंच पर प्रस्तुत किया गया। बादल सरकार के 'बाकी इतिहास' के मूल बांग्ला नाटक का अनुवाद नेमिचन्द्र जैन ने हिन्दी में किया है। इसमें मध्यवर्गीय समाज में व्याप्त निराशा, कुण्ठा, घुटन के संत्रास को प्रतीकों के माध्यम से सामने रखा गया है।''[16]

इस दौर की पत्रकारिता भी संस्कृति की उतनी ही चिन्ता करती दिखाई देती है जितनी कि वह पहले करती रही है। कलाओं को उनके सही परिप्रेक्ष्य में समझने का प्रश्न हो या उनकी आलोचना के विकास के प्रतिमानों का निर्धारण हो—यह पत्रकारिता साफ और स्पष्ट शब्दों में सामने आती है। 'धर्मयुग' की चिन्ता नाटकों को लेकर क्या है, इसे देखें—''भारत में नाटक रूपों और कथ्यों के संकट से गुजर रहा है। उसके समाधान के लिए नाटककार या तो पश्चिम की ओर देखते हैं या जन नाटक के पुनर्मूल्यांकन की ओर, जो मराठी, गुजराती आदि कुछ भाषाओं में प्रचलित है, या फिर शिक्षित परम्परा की ओर। ग्रीक त्रासदी से लेकर आधुनिक नाटक तक पश्चिमी मंच कृतियों के अँग्रेजी या भारतीय भाषाओं में अनुवादों को छोड़कर, भारतीय नाटक को फिर सजीव करनेवाले रूपों और कथ्यों की रचना करनेवाले पश्चिम के प्रति भारतीय रवैया अनेक ढंगों में व्यक्त है। पश्चिम के यथार्थ नाटक जैसे परिस्थितियों से टकराव के रूपों को स्वीकार किया जा सकता है।''[17] अपने जाने 'धर्मयुग' नाट्य को रूप और कथ्य के स्तर पर समृद्ध करने की युक्ति देता है तो 'दिनमान' ब.व. कारन्त के हवाले से कहता है—''क्षेत्रीय नाटक सारे देश का नाटक हो सकता है, अपनी अनुभूति और अपनी भाव प्रवणता द्वारा लोक शैली से हम बहुत ताकत ले सकते हैं। सांस्कृतिक रूप से हम विपन्न नहीं हैं, पर शिक्षा के दोष के कारण हम अपनी सांस्कृतिक निधियों से, लोक शैलियों की आत्मा से, कट गए हैं। मेरा विश्वास है कि लोक शैली में निबद्ध सही नाटक आधुनिकतम नाटकों से अधिक शक्तिशाली हो सकता है।''[18]

'दिनमान' और 'धर्मयुग' जैसी पत्रिकाओं के माध्यम से आए इन मंतव्यों पर बाद में भी बहुत बहसें हुई हैं। यह बहस आज भी जारी है कि हिन्दी का वर्तमान रंगमंच क्या सचमुच देश का, या हिन्दी क्षेत्रों का प्रतिनिधि मंच है? यह बहस उन

दिनों भी थी और आज भी है; पर प्रश्न वहीं का वहीं है, इस दिशा में आज तक व्यावहारिक स्तर पर कार्य नहीं हुआ। यही कारण है कि हिन्दी का रंगमंच अनुवाद और रूपान्तरण का मंच होकर रह गया है तथा हिन्दी अंचल की बोलियों, भाषाओं के नाट्यरूपों से उसका कोई वास्ता नहीं रह गया है। जिस 'लोक शैली' की बात कारन्त करते हैं, उसे यदि सचमुच कार्यरूप दिया जाता तो हिन्दी का मंच एक राष्ट्रीय तथा प्रतिनिधि मंच बन पाता।

कला को लेकर भी इस दौर की पत्रकारिता पहले की ही तरह गम्भीर दिखती है। पत्र-पत्रिकाओं में कला पर सुनियोजित आलेख, प्रदर्शनियों की समीक्षाएँ तथा कलाकारों से साक्षात्कार नियमित रूप से प्रकाशित होते रहे। इन पत्रिकाओं और पत्रों में कला में भी समय की छवियों को देखने की दृष्टि मिलती है जिससे लगता है कि पत्रकारिता जनपक्षधरता का अपना दायित्व लगातार निभाने का यत्न करती है। 'प्रदीप' में 'लोक कलाओं में व्यक्त कृष्ण के रूप' पर दिनेश चन्द्रगुप्त ने लिखा था—"कहीं कृष्ण गायों को चरा रहे हैं, कहीं वंशी बजा रहे हैं, कहीं कृष्ण लेटे हैं तो कहीं घुटुरन चल रहे हैं—आदि न जाने कितनी ही मोहक छवियाँ इन मोटी-मोटी रेखाओं में अंकित कर निश्चय ही भारतीय भावनाओं को श्रेष्ठता प्रदान की जाती रही है जिनके प्रमाणस्वरूप लोक कलाओं में भित्ति पट्ट, लकड़ी के खिलौने, चौक पूरने की क्रिया आदि को ले सकते हैं।"[19]

कलाओं पर विचार करते हुए पत्रकारिता की दो धाराएँ एक साथ चलती हैं—एक में पारम्परिक कला को भारतीय संस्कृति के समानान्तर और कहीं उसी में विन्यस्त कर देखने की दृष्टि काम करती है तो दूसरी धारा में आधुनिक और समकालीन कला को तद्युगीन स्थितियों में देखने की दृष्टि काम करती है। 'धर्मयुग' को देखें तो उसके अधिकांश अंकों में कला की आधुनिक शैलियों का उपयोग है और उसमें अपने समय की चेतना में देखने की कोशिश भी है। 'धर्मयुग' के 1971 के कुछ अंकों को देखने पर स्पष्ट है कि इसमें महत्त्वपूर्ण कलाकारों की कृतियों का उपयोग पाकिस्तान की दमनात्मक नीतियों की भर्त्सना के लिए किया गया है। ज्ञातव्य है कि यह समय बांग्लादेश से युद्ध का है। 'बांग्लादेश के दर्द' शीर्षक चित्रों में एम. एफ. हुसेन की चित्र-शृंखला प्रकाशित है जिसमें तैरते शवों, झुलसते शरीरों को चित्रित करते हुए हुसेन क्षुब्ध कर देते हैं। इसी कड़ी में बांग्लादेश—चार भारतीय चित्रकार[20] में बांग्लादेश की पृष्ठभूमि पर लक्ष्मण पै, राय डेलगार्नो, जतीनदास के चित्र तथा अल्ताफ के कोलाज प्रकाशित हैं। प्रकाशित कृतियों के साथ टिप्पणी है—"बांग्लादेश की घटनाओं ने किसे नहीं हिला दिया है। फिर कलाकार की संवेदनाएँ तो और भी कोमल होती हैं।"[21]

'धर्मयुग' कला को समकालीन जीवन-सन्दर्भों में रख कर देखने का प्रयत्न कर कला को जन-सामान्य की रुचियों और आकांक्षाओं के निकट ले आने का यत्न करता है। कला पर विवेचन और विमर्श की जैसी आवश्यकता रही है, वैसी भले

इस पत्रिका में न दिखती हो, पर कला पत्रकारिता का एक अनिवार्य हिस्सा रही, इसमें सन्देह नहीं है। इस प्रसंग में इस पत्रिका की कला के प्रति गम्भीरता को क्यूबा के चित्रकार एल्फ्रेडो सासो ब्रेवो का चित्र 'उन्माद की दोपहरी' की प्रस्तुति और उस पर टिप्पणी को देखा जा सकता है—"जिन दिनों क्यूबा अमरीकी साम्राज्यशाही और डॉलर के सामने कठपुतली बना हुआ था, यह चित्र उस समय के जीवन को अत्यन्त प्रभावपूर्ण ढंग से मूर्तिमान करता है। रचनात्मक शक्ति का प्रतीक है सूर्य, जिसके केन्द्र में खोपड़ी और किरणों के रूप में हड्डियाँ क्यूबा के लोगों की चिरकालीन अराजकता से उद्धार की मृतप्राय आशा को व्यक्त करते हैं। बूँद-बूँद रिसता, बाजूकटा नग्न नारी शरीर डॉलर के शोषण की व्यंजना देता है।"[22]

इस दौर की दूसरी महत्त्वपूर्ण पत्रिका 'दिनमान' में भी कला को लेकर गम्भीरता दिखाई देती है। इसमें भारतीय कला की आधुनिकता को लेकर जो बहस चली, वह आज भी कला समीक्षा के प्रतिमानों को तय करने में महत्त्वपूर्ण भूमिका निभा सकती है। 'आधुनिक भारतीय कला का आत्मसंघर्ष' (12 अगस्त 1973, पृ. 29-34), 'एफ. एन. सूजा से बातचीत' (14 दिसम्बर 1975, पृ. 42-43), नवतन्त्र कला, जगदीश स्वामीनाथन की कला पर बहस, कृष्णा रेड्डी के ग्राफिक चित्रों पर लेख सहित कलाकारों और कला प्रवृत्तियों पर जो सामग्री उपलब्ध है, उससे सांस्कृतिक क्षेत्र में 'दिनमान' के महत्त्व का पता चलता है।

'दिनमान' में प्रकाशित अपने साक्षात्कार में फ्रांसिस न्यूटन सूजा ने कहा था, "अमृता शेरगिल की कला संकर लगती थी, चारित्रिक कारणों से भी और सौन्दर्यात्मक कारणों से भी। जॉर्ज कीट की कला का हाल भी यही था—वह पिकासो का अनुसरण कर रहे थे, जिस तरह कि अमृता शेरगिल गोगा का। कला सम्बन्धी अपने विचारों को मूर्त रूप देने में हमें ये दोनों ही अप्रासंगिक लगते थे। शान्ति निकेतन हमारे लिए अत्यन्त भावुक था और जामिनी राय की कला अपरिष्कृत।"[23]

कला की समझ रखनेवाले लोग सहज ही अनुमान लगा सकते हैं कि सूजा ने अपनी बातचीत में कितने महत्त्वपूर्ण तथ्यों का खुलासा किया है। आज भी ऐसे लोगों की कमी नहीं है जो अमृता शेरगिल को मौलिक प्रतिभा से सम्पन्न ऐसा कलाकार मानते हैं जिसने किसी की नकल न की, तो जॉर्ज कीट की भी सूजा ने चोरी पकड़ ली। शान्ति निकेतन को भारतीय कला का उत्स माननेवाले लोग इस बात से इनकार करते हैं कि अति भावुकता ने ही बंगाल शैली को नष्ट कर दिया था। पर यह सच है, इसीलिए बाद के अनेक बड़े कलाकार कला की जातीयता और उसकी सर्जनात्मकता की रक्षा करने की गरज से उन नये विषयों, प्रत्ययों और युक्तियों की खोज में मुब्तिला हुए जिससे आधुनिक भारतीय कला का कारगर और ठोस विकास हो सका।

अब पत्रकारिता के उस पक्ष की तरफ ध्यान केन्द्रित करें जो इस युग की पत्रकारिता का भी परीक्षण काल था। देश नाना तरह के संकटों से गुजर रहा था।

व्यवस्था की अमानवीयता उजागर हो चली थी और जब संक्रमण की स्थिति पैदा हुई तो सरकार ने आपात्स्थिति की घोषणा कर दी। पूरा देश व्यवस्था के समर्थन तथा विरोध के दो खेमों में बँट गया था। पत्रकारिता इस संकट की स्थिति में अपने दायित्व पर कायम रही। इस दौर में लेखकों की और संस्कृति कर्मियों की भूमिका पर बड़ा प्रश्न खड़ा हो गया। हिन्दीतर लेखकों ने हिन्दी के लेखकों पर व्यवस्था-समर्थन का आरोप लगाया तो 'संचेतना' ने टिप्पणी की—"यहाँ साहित्य और साहित्यकारों की थोड़ी चर्चा हो जाय। लेखकों, विशेषकर हिन्दी लेखकों की आपात्स्थिति में भूमिका कैसी रही? 'धर्मयुग' के किसी पिछले अंक में मराठी की सुप्रसिद्ध लेखिका और आपात्काल का मुखर विरोध कर दण्ड भोगनेवाली श्रीमती दुर्गा भागवत ने लिखा कि कुछ अपवादों को छोड़ दें तो हिन्दी के अधिकांश लेखक सरकार के चापलूस हो गये। उनकी यह धारणा कैसे बनी? उन्होंने अवश्य उन हिन्दी लेखकों की कार्यवाहियाँ देखी होंगी जो अनेक पत्र-पत्रिकाओं से सम्बद्ध होकर हिन्दी के प्रतिनिधित्व का नित्य ही दावा किया करते हैं।...या उन्होंने उन अनेक प्रगतिशील और समानान्तर लेखक सम्मेलनों की रिपोर्टें पढ़ी होंगी जिनमें खुलकर आपात्स्थिति और सेंसरशिप का समर्थन किया गया था।"[24]

जाहिर है, हिन्दी के लेखकों का एक बड़ा वर्ग, जो इन संगठनों से बाहर था, वह इसके प्रबल विरोध में था। 'संचेतना' जैसी अनेक पत्रिकाओं ने आपात् स्थिति का विरोध किया था और व्यवस्था की दमनात्मक नीतियों की भर्त्सना की थी। इसमें दो राय नहीं है कि इसे लेकर पत्रकारिता विभाजित लगती है, पर ज्यादातर पत्र-पत्रिकाओं का रुख जनता की आकांक्षाओं के साथ चलता है, इसलिए वे शासन की अनीतियों का खुलकर विरोध करती हैं। 'संचेतना' ने ही आगे लिखा—"मैं समझता हूँ कि उन्नीस महीने के उस काले दौर में जो कुछ भी हुआ और उसमें लेखकों ने जो भूमिका निभाई उस पर लीपा-पोती करने, उसे जस्टिफाई करने, उसके लिए बहाने तलाशने या अपने कपड़ों पर पड़े हुए काले धब्बों को छिपाने के लिए दूसरों के कपड़ों पर धब्बे तलाशने की कोशिश न हमें गलतफहमियों से कभी मुक्त होने देगी और न वास्तविकता का कभी साक्षात्कार करने देगी। आज की स्थिति निर्मम होकर आत्म-परीक्षण की है। यदि नागार्जुन आज भी यह अनुभव करते हैं कि आपात्काल से पहले जयप्रकाश जी के आन्दोलन में भाग लेना—'मैं वेश्या की गली में जाकर लौट आया—और तमाशा घुस के देखा' जैसा था तो उन्हें अपनी बात पर आज भी डटना चाहिए।...यदि कमलेश्वर यह मानते हैं कि सरकार का प्रेस सेंसरशिप को (किसी के भी विरुद्ध) आवश्यक अस्त्र के रूप में इस्तेमाल करने का अधिकार जायज है तो उन्हें आज भी इस बात को कहने से पीछे नहीं हटना चाहिए।"[25]

'संचेतना' के सम्पादकीय से यह स्पष्ट है कि हिन्दी के अनेक लेखक आपात्स्थिति को अमानवीय भले मानते हों, पर वे सरकार द्वारा लगा दिये गये प्रेस सेंसरशिप का

विरोध नहीं कर रहे थे। वामपन्थी लेखक खुलकर तो नहीं, पर गुपचुप सरकार के समर्थन में थे क्योंकि वामपन्थी पार्टियों का समर्थन सरकार को प्राप्त था। जयप्रकाश नारायण का देशव्यापी आन्दोलन भी इन अनेक बुद्धिजीवियों के मखौल का कारण बना; क्योंकि इसमें उनकी 'क्रान्ति' नहीं दिखाई दे रही थी, गोया 'क्रान्ति' कोई आसमानी चीज हो जो धरती से नहीं आसमान का सीना चीरकर निकलती हो। अपने नफा-नुकसान को सामने रखकर जो भूमिकाएँ की गयीं, उससे साहित्य की पोल-पट्टी भी खुली तो जनता के प्रति वफादारी की शपथ लेनेवालों की कलई भी खुली। 'पीर का पुराण' में अरुणेश नीरन ने ठीक ही लिखा—"इमरजेन्सी से चाहे बहुत सारे नुकसान हुए हों, एक फायदा भी हुआ है। इससे भारत के बुद्धिजीवी वर्ग की पोल खुल गयी है।"[26]

आपात्स्थिति ने देश की व्यवस्था को तहस-नहस कर दिया था। नागरिक अधिकार स्थगित थे। प्रेस पर सेंसर था। पुलिस दमनात्मक कार्रवाइयों से जनता को प्रताड़ित कर रही थी। जबरन परिवार नियोजन का ताण्डव जारी था और ऐसे में इन्दिरा गाँधी की बीस सूत्री योजना को ऐसे कार्यान्वित किया जा रहा था जैसे उसे लागू कर इस देश को रातों-रात अमेरिका बना दिया जाना हो।

इस समय स्थिति बड़ी विचित्र थी। आपात्काल के पहले का विद्रोह और विक्षोभ का स्वर इस तरह गायब हो गया था, जैसे गधे के सिर से सींग। अब क्रान्तिकारी साहित्यकारों का अता-पता न था। इन स्थितियों को मैनेजर पाण्डेय ने कुछ इस तरह से व्यक्त किया है—"आपात्काल के दौरान कुछ बुद्धिजीवी किराये के विचारों का प्रचार कर रहे थे तो कुछ हत्प्रभ होकर मौन की साधना कर रहे थे।...आपात्काल के पहले व्यवस्था विरोध की बाढ़ दिखाई देती थी, व्यवस्था की भयावहता के काल्पनिक रूप के चित्रण से रचनाएँ भरी रहती थीं, लेकिन आपात्काल आते ही ऐसी रचनाओं का स्रोत सूख गया।"[27] इस प्रवृत्ति के शिकार या कहें कि वाहक दोनों धड़ों के लोग थे, वे भी जो जन-पक्षधर थे यानी वामपन्थी, और वे भी जो गैर वामपन्थी थे। खतरा उठाना उनके वश की बात नहीं थी। वे जेल जाने और लाठियाँ खाने से डरते थे। व्यवस्था-विरोध का खतरा उठाकर उन्हें केवल तबाही मिलनी थी, इसलिए वे खामोश हो जाना ही बेहतर समझ रहे थे। ऐसे लोगों की कलई खोल रही पत्रकारिता उनकी वास्तविकता बता रही थी। बता रही थी कि कागजों पर बड़े-बड़े हर्फों में देश की जनता के लिए शहादत का दावा करनेवाले यह 'कलम के सिपाही' कितने कायर, डरपोक और गरजपरस्ती से भरे हुए तथा निकम्मे हैं।

अक्षय उपाध्याय ने 'पूर्वग्रह' में ऐसे कवियों पर एक कविता लिखी—

"और इससे अधिक हमसे उम्मीद
भी नहीं की जा सकती थी
हम सारे दिन व्यवस्था से छेड़खानी करके

रात के डिनर के पश्चात्
जन गणमन अधिनायक जय हे
कहकर आराम से गहरी नींद लें।''[28]

दूसरी तरफ वे लेखक भी थे जो लगातार विरोध कर सरकार को हर सम्भव तरीके से घेरने का प्रयत्न कर रहे थे। उन्हें यह मालूम था कि इसमें बड़ा खतरा है। 'दिनमान' में ऐसे ही कुछ लेखकों के प्रयत्नों पर एक रिपोर्ट प्रकाशित है जिसे दोनों ही स्तरों पर देखने की जरूरत है, एक—प्रेस की प्रतिबद्धता तथा दूसरा—लेखकों की जिम्मेदारी। रिपोर्ट में है—''हिन्दी पत्रिका 'अभिव्यंजना' ने बंगाल के मजदूर इलाके हावड़ा में एक सम्मेलन किया जिसमें कोई सत्तर लेखक इकट्ठे हुए। इनमें प्रमुख थे—कुमारेन्द्र पारसनाथ सिंह, डॉ. शम्भुनाथ, डॉ. नरेन्द्र मोहन, डॉ. शान्ति सुमन, मनमोहन, डॉ. सदाशिव द्विवेदी, कर्णसिंह चौहान, धीरेन्द्र अस्थाना, कुन्तल कुमार जैन तथा विष्णुकान्त शास्त्री। एक सर्वसम्मत प्रस्ताव द्वारा इन हिन्दी लेखकों ने निम्नलिखित माँगें कीं—

1. आपात्कालीन स्थिति समाप्त कर जनता के गणतान्त्रिक अधिकारों तथा नागरिक स्वतन्त्रता की पुनर्स्थापना की जाय।
2. आन्तरिक सुरक्षा कानून (आंसुका) तथा मीसा समाप्त किये जाएं। गिरफ्तार सभी लेखकों, पत्रकारों तथा राजबन्दियों की तुरन्त रिहाई की जाय।
3. प्रतिबन्धित प्रेस अधिनियम के द्वारा जनता की आशा, आकांक्षा तथा संघर्षों को अभिव्यक्ति करनेवाले लेखन पर आक्रमण खत्म किये जाएँ।''[29]

आपात्स्थिति के कारण देश की स्थितियों को देखते हुए संस्कृतिकर्मियों ने जगह-जगह विरोध किया, प्रदर्शनों का आयोजन किया, गिरफ्तारियाँ दीं। इन गतिविधियों को अपना समर्थन देकर पत्रकारिता ने न केवल अपनी सांस्कृतिक दृष्टि की परिपक्वता का परिचय दिया, बल्कि उसने जनतान्त्रिक व्यवस्था को टिकाए रखने की जरूरत पर जोर भी दिया। व्यवस्था विरोधी गतिविधियों, आलेखों, सांस्कृतिक विमर्शों आदि को जगह देकर इस दौर की पत्रकारिता प्रतिबन्धों के बावजूद अपनी भूमिका के निर्वाह से पीछे नहीं हटती। जनतान्त्रिकता की रक्षा करना उसका पहला ध्येय है और सांस्कृतिक चेतना से सम्पन्न समाज बनाने में अपने विवेक का कारगर इस्तेमाल करना उसका लक्ष्य। साहित्यिक पत्रकारिता ने आपात्स्थिति को उस राजनीति के परिप्रेक्ष्य में देखा था जो अपने फायदों के लिए एक बर्बर संस्कृति को जन्म देती है।

आपात्स्थिति के समर्थक अनेक लेखकों में ऐसे भी थे जिन्हें यह उम्मीद थी कि इससे जनता का भला होगा। वास्तविक स्थिति तो इन दिनों की यह थी ही कि पूरे देश में अराजक स्थिति थी। दफ्तरों में अनुशासनहीनता थी, पुलिस तन्त्र गैर जिम्मेदार था और जनकार्यों से जुड़े विभाग रिश्वतखोरी और भ्रष्टाचार में आकण्ठ डूबे हुए थे। आपात्स्थिति के लागू होने पर अचानक देश में कानून का शासन स्थापित हो गया था जिसको देखकर लोगों, खासकर गरीब तबकों में भरोसा जगा था। लेकिन

इन अच्छाइयों के बावजूद इस व्यवस्था की प्रशंसा करना अपने ही पैरों पर कुल्हाड़ी मारना था, क्योंकि इससे जनतन्त्र पुलिस तन्त्र में बदल गया था और संविधान स्थगित था। बावजूद इसके प्रगतिशील लेखकों ने इसका समर्थन किया। एक प्रश्न के उत्तर में अपने पक्ष को रखते हुए महत्त्वपूर्ण प्रगतिशील लेखक भीष्म साहनी ने कहा था—"उस समय हवा यह थी कि 20 सूत्रीय कार्यक्रम से जनता को फायदा होगा। गरीबों को कुछ राहत मिलेगी। इस विश्वास के साथ हमने उसका समर्थन किया था। पर किसी लेखक ने अपने लेखन में यह नहीं कहा कि समाजवाद आ गया है।... लेखन में हमारी दृष्टि उस समय भी जीवन की विसंगतियों तथा विडम्बनाओं के प्रति सचेत थी।"[30]

यह बात जितनी अर्थपूर्ण दिखाई देती है, उतनी नहीं है, क्योंकि तानाशाही अपने आप में किसी समस्या का समाधान नहीं है। आपात्स्थिति ने देश की मानसिकता को कुचल दिया, सपनों की रही-सही कसर भी पूरी हो गयी। सब तरफ निराशा, नाउम्मीदी और कुंठा थी, उस पर प्रगतिशील लेखकों की यह आस्था! पता नहीं तानाशाही के भीतर चलते विकास कार्यों के नाटक से जनता को कितना लाभ होता हो या नहीं, पर अपने यहाँ लोगों ने जरूर माना कि इस कुशासन के भीतर भी लोगों की खुशहाली का भगीरथ उद्यम हो सकता है। बहरहाल, हिन्दी की पत्रकारिता ने इस झूठ को सच नहीं माना और लगातार सत्ता के छल तथा उसके पाखण्ड का पर्दाफाश किया। इस विकट परिस्थिति को अनेक लोगों ने देखा और उसके भयावह रूप की व्याख्या की। इस प्रसंग में हरिशंकर परसाई ने लिखा—"एक संसदीय व्यवस्था को हमने 27 साल अपनाया तो उसकी रक्षा फासीवाद से ही करनी पड़ेगी। सवाल होगा—हम साहित्यकार क्या करें?...हमारा काम यह है कि लिखें तो सामाजिक परिवर्तन के लिए। वह परिवर्तन रसोई घर से लेकर संसद और सुप्रीम कोर्ट तक है।"[31] फासीवाद से रक्षा, तानाशाही से रक्षा है। हर तरफ लूट है, आतंक है, असुरक्षा है; ऐसे में हिन्दी के इस बड़े लेखक की चिन्ता का अपना महत्त्व है। कहना न होगा कि पत्रकारिता ने अपने दायित्व का निर्वाह करते हुए जिस बहस को नई जमीन दी, वह जमीन अपने पक्ष को पहचानने की ही थी। इन्हीं दिनों मंजुल उपाध्याय ने अपनी एक कविता के माध्यम से तत्कालीन स्थितियों का सजीव चित्रण किया था—

"दिन रात जन-कल्याण का
जाप सुनते-सुनते
आँखें आकाश की ओर
उठ जाती हैं
पच्चीस साल तिलचट्टों की तरह
भूख, पेट और पीउ में
न कोई फर्क है न कोई रहस्य

वीरान रीढ़ तक देती हुई कदम ताल...
फिर भी पसलियों को
नोच जाता है पंचवर्षीय अकाल,
सूखा, महामारी, चुनाव।'[32]

यही चित्र था उस भारतीय समाज का; जिस समाज ने आजादी की लड़ाई में अपना सर्वस्व न्योछावर कर दिया था। आँखों में बसे सपने अब आँसुओं के साथ बह गये थे। अब न जीने की चाह बची थी न कुछ पा सकने का कोई भरम ही; ऐसे में जनता की पक्षधरता की घोषणाओं से सिर्फ उसे ही आश्वस्ति मिल सकती थी जो सत्ता के फरेब को कोई नियामत मान बैठने की मूर्खता करता हो। 'देशबन्धु' में एक रिपोर्ट छपी थी जिसको किस संघर्ष में देखना चाहिए, यह एक बड़ा प्रश्न है; पर मुझे लगता है कि आपात्स्थिति को लेकर जिस तरह की राजनीति हो रही थी, उससे विचित्र स्थिति बन गयी थी। पता नहीं, व्यवस्था के छल और उसकी तानाशाही को कैसे लोगों ने एक सार्थक कदम के रूप में स्वीकृति दी थी। दलीय राजनीति से संचालित लेखन की सीमाएँ भी इससे उजागर होती हैं—''जबलपुर नगर के लगभग एक दर्जन प्रमुख शिक्षकों, साहित्यिकों और अन्य बुद्धिजीवियों ने भारत के राष्ट्रपति द्वारा घोषित की गयी आपात्कालीन स्थिति का स्वागत किया है और उसे समाजवादी समाज-रचना की ओर एक सार्थक एवं सही कदम निरूपित किया है। यह संयुक्त वक्तव्य सुप्रसिद्ध व्यंग्य लेखक हरिशंकर परसाई आदि द्वारा हस्ताक्षरित है।''[33]

प्रगतिशील रचनाकारों की इस प्रतिबद्धता को क्या कहा जाए, यह तो समझ में नहीं आता, पर इतना कहने को जी होता है कि जब वे जमीनी संघर्षों से उकता गये तो उन्हें लगा कि सत्ता की तानाशाही से ही शायद क्रान्ति आ जाएगी। यह विडम्बना ही है कि सत्ता के जनविरोधी कामों को लेखकों की ओर से इस तरह का समर्थन हासिल हो। जनता की पक्षधरता की दलीलें देनेवाले लोग इस तरह की बर्बरता का समर्थन करते हैं तो उनकी प्रगतिशीलता को सत्ता-समर्थक मानने में कोई हर्ज हो भी तो क्यों हो। आपात्स्थिति से पहले बड़े-बड़े जुमले उछालनेवाले प्रगतिशील मूल्यों के प्रति प्रतिबद्ध लेखक समाज-व्यवस्था को आमूल-चूल बदल डालने का देखिए किस प्रकार आह्वान करते हैं—''सामंती युग से लेकर अब तक कला और साहित्य के संबंध में जो मान्यताएँ विकसित हुई हैं उनमें अभिव्यक्ति के इन्हीं पक्षों पर—उसके सौन्दर्य और रस पर लगातार जोर दिया जाता रहा है और इन्हें लेकर अनेक विचार-केन्द्र, मठ और गढ़ भी विकसित होते रहे हैं। इसलिए अभिव्यक्ति के खतरे तब पैदा होते हैं जब इन मठों और गढ़ों को तोड़ने की कोशिश की जाती है अथवा इन मठों और गढ़ों के माध्यम से अपने वैचारिक ढाँचे की रक्षा करनेवाली समाजव्यवस्था पर चोट पहुँचती है।''[34]

सामन्ती ढाँचे की रक्षा करनेवाली समाज-व्यवस्था पर चोट करने की प्रतिबद्धता

का स्वयं तानाशाही की रक्षा में खड़ा हो जाना, इस युग की सांस्कृतिकता की सबसे बड़ी त्रासदी है। पत्रकारिता इस त्रासदी को सही शक्ल में सामने लाती है और स्पष्ट करती है कि जनता के प्रति वफादारी का अभिनय करने और जीने में सचमुच का फर्क है। आपात्स्थिति आई और गई, पर बौद्धिकों की भूमिका का प्रश्न आगे भी उठता रहेगा।

इस तानाशाही का एक और निर्मम रूप तब उजागर हुआ जब कागज की कीमत बढ़ा दी गयी और सट्टेबाजी की छूट दे दी गयी। इस पर प्रतिक्रिया करते हुए 'कथा' ने अपने सम्पादकीय में लिखा—"राष्ट्र की स्वतन्त्र चेतना और मानसिक रचना को विकसित करने का मुख्य साधन पुस्तकें अब कागज के अभाव में एक-चौथाई भी नहीं छप पाएँगी। इसलिए कि कागज के उत्पादकों से थोड़ा कागज अपने लिए निश्चित मूल्य पर सुरक्षित कराकर सरकार ने उन्हें पूरी सट्टेबाजी की छूट दे रखी है और चार सौ प्रतिशत मूल्यवृद्धि पर भी कागज खुले बाजार में उपलब्ध नहीं है। क्यों न इसे भी जन-भावनाओं को व्यक्त होने पर रुकावट की एक साजिश भरी कार्यवाही माना जाय?"[35]

यह था उस समय के कांग्रेसनित सरकार का असल चेहरा जिससे पूरा सांस्कृतिक जगत सकते में था। पत्रकारिता आतंक से ग्रसित थी, बौद्धिकों की जुबानें बन्द करने की साजिश चल रही थी, सब तरफ सन्नाटा और मायूसी थी। आजादी को लेकर पलनेवाले बड़े-बड़े ख्याल टूट चुके थे। ऐसे में 'जन' ने अपने सम्पादकीय में लिखा था—"देश का निरंकुश सामन्ती शासक वर्ग अब आत्मरक्षा की आखिरी लड़ाई लड़ रहा है। उसके पास आज भी भयंकर शक्ति है। उसके पास गोरी सभ्यता की महाशक्तियों अमेरिका और रूस का वरदहस्त है।...सच को नकारने और झूठ को फैलाने के विशाल साधन हैं। लेकिन जब किसी कौम की आत्मा जागती है जब किसी राष्ट्र का संकल्प निर्मित होता है तो ये सारे हथियार भोथरे हो जाते हैं।"[36]

हिन्दी पत्रकारिता का शुभ पक्ष यही है कि वह अपना चरित्र नहीं बदलती। जिस समय साहित्य व्यवस्था की कुटिलता की चालों को भाँपकर उसका विरोध कर रहा था, ठीक उसी समय पत्रकारिता उससे कदमताल करती हुई लोकतन्त्र के चौथे स्तंभ का अपना दायित्व निभा रही थी। साहित्य और इस पत्रकारिता की भाषा में कोई फर्क न था; क्योंकि पत्रकारिता का स्वर ही साहित्य था और साहित्य का स्वर सामाजिक दाय का था। आपात्स्थिति ने और देश की राजनीतिक अस्थिरता ने भले ही थोड़ी-बहुत फाँक पैदा कर दी थी, पर पत्रकारिता का प्रमुख स्वर इस युग में भी विरोध का ही बना रहा। आपात्स्थिति से पहले ही 'जन' ने भाँप लिया था कि इस सरकार का ढंग तानाशाही का होता जा रहा है—"फासिज्म हो या न हो, तानाशाही की प्रवृत्ति बढ़ रही है और तानाशाही का एक मतलब होता है, चाहे उसे 'कृपालु' कहा जाय या 'पूर्वी ढंग की', पर दीर्घकाल में उसके कुपरिणाम देश की जनता को

ही भोगने पड़ेंगे।"[37]

जनता को यह तानाशाही भुगतनी ही पड़ी थी। देश की सत्ता को निरंकुश बनाए रखने के खयाल से जो आपात्कालीन व्यवस्था अमल में आई, उसने जिस काले अध्याय की कथा लिखी, उसकी मिसाल अंग्रेजी शासन में ही खोजी जा सकती है। आपात्काल के 25 वर्ष पूरे होने पर प्रभाष जोशी ने अपने वक्तव्य में कहा था—"पच्चीस साल पहले आज की रात ही आपात्काल की घोषणा हुई थी। भारतीय लोकतन्त्र पर घिर आया वह स्वेच्छाचारी अँधेरा उन्नीस महीनों तक बना रहा। भारत में कांग्रेस के अखण्ड शासन से लोगों का मोहभंग उस वक्त तक अपने चरम पर पहुँचा हुआ था और गुजरात तथा बिहार से शुरू हुए छात्र आन्दोलन की लपटें दूसरे इलाकों और दूसरे जमातों को भी अपनी जद में लेने लगी थीं। ऐसे दौर में इंदिरा गाँधी ने आपात्काल की घोषणा की और देशव्यापी दमन का ऐसा सिलसिला शुरू हुआ जिसमें आन्दोलन से जुड़े राजनीतिकों, छात्रों, बुद्धिजीवियों सबको जेलों में ठूँसा जाने लगा। अखबारों और पत्रिकाओं का गला घोंटा जाने लगा। और नागरिकों के मौलिक अधिकार निरस्त कर दिए गये। मगर ये कातर हताशा और आत्म-समर्पण के दिन ही नहीं थे, आपात्काल के लौह शिकंजे को तोड़ डालने के लिए कृत संकल्प जनता के विराट संघर्ष के दिन भी थे। पच्चीस साल बाद इन सारी घटनाओं को याद करना सिर्फ इसलिए जरूरी नहीं है कि हम अपने इतिहास से परिचित हों, बल्कि इसलिए भी जरूरी है कि आज वे स्थितियाँ और भी बड़े रूप में मौजूद हैं जिनसे किसी आपात्काल की सिहरन पैदा होती है। भ्रष्टाचार, सांप्रदायिकता, संविधान के प्रति अविश्वास और छल, राजनीति का अपराधीकरण और अन्तर्राष्ट्रीय पूँजी के आगे आत्म-समर्पण ये सारी प्रवृत्तियाँ अन्ततः जनता के मौलिक अधिकारों के हनन की ओर ही ले जाती हैं।"[38]

इस अंक में निर्मल वर्मा की एक टिप्पणी के एक अंश को देखना प्रासंगिक है, जो आपात्काल में इसके उग्र विरोधी थे और जिन्होंने इसके क्रूर अनुभवों को लेकर 'रात का रिपोर्टर' नामक उपन्यास भी लिखा था। वे लिखते हैं—"जब हम पच्चीस वर्ष पूर्व आपात्काल के बारे में सोचते हैं तो यह एक बहुत ही अविश्वसनीय-सी घटना जान पड़ती है। स्वातन्त्र्योत्तर भारत में अंग्रेजों की गुलामी से छुटकारा पाने के बाद भी हमें अनेक कठिनाइयों और विपदाओं को झेलना पड़ा, पर निरंकुश शासन-सत्ता से वास्ता पहली बार पड़ा, जो हमारे लिए—हम भारतवासियों के लिए एक अनहोनी घटना थी। यह नहीं कि हमने अन्य देशों में लोकतन्त्र की हत्या होते नहीं देखा था। अनेक यूरोपीय, लातीन अमेरिकी और एशियाई देशों में किसी न किसी बहाने—कभी काल्पनिक ख़तरे का सामना करने के लिए, कभी किसी छद्म आदर्श की रक्षा करने की आड़ में—विपक्षी आवाजों को बन्द किया गया, अभिव्यक्ति की स्वतन्त्रता पर रोक लगाई गई, पत्र-पत्रिकाओं पर सेंसरशिप लागू हो गयी। जर्मनी में

हिटलर ने यही किया था। सोवियत संघ में साम्यवादी चेहरे के पीछे भयानक अमानवीय कारनामों से भी हम अपरिचित न थे। धर्म के नाम पर आततायी आतंक हम पाकिस्तान और ईरान में देख चुके थे। चीन ने किस बर्बरता से अपने देश के ही नहीं, तिब्बत के मानवाधिकारों को कुचला था, हम इसके साक्षी थे। किन्तु हमारे देश में ऐसा कुछ हो सकता है, इसकी हमने कल्पना कभी नहीं की थी।''[39]

आपात्काल पर अपनी प्रसिद्ध कविता में नागार्जुन लिखते हैं—

''सत्य को लकवा मार गया है
वह लम्बे काठ की तरह
पड़ा रहता है सारा दिन, सारी रात
वह फटी-फटी आँखों से टुकुर-टुकुर ताकता रहता है सारा दिन, सारी रात
कोई भी सामने से आए-जाए
सत्य की सूनी निगाहों में
जरा भी फर्क नहीं पड़ता पथराई नजरों से वह यों ही
देखता रहेगा सारा-सारा दि ा, सारी-सारी रात।''[40]

'सत्य' शीर्षक इस कविता में नागार्जुन आपात्काल की अमानवीयता को व्यक्त करते हैं और बताते हैं कि कैसे सत्य को लकवा मार गया है। इस दौर की अराजकता को अनेक स्तरों पर पत्रकारिता ने चित्रित किया और इसे मानवता के इतिहास में काला अध्याय बताया। कलम पर पहरा था, अभिव्यक्ति की आजादी खो गयी थी, पर जनता के संघर्षों और उसकी आस्थाओं का सम्मान करनेवाले लोग इस क्रूरता का खुलकर विरोध कर रहे थे। पत्रकारिता की साहित्योन्मुख यात्रा इस युग में भी अपनी गति से जारी थी। उसे संकटों से जूझने की पुरानी आदत थी जो इस समय भी उसके काम आ रही थी। इस दौर में साहित्य भी विचलन का शिकार था जिसमें अवमूल्यन का सर्वत्र बोलबाला था। इस पर अपनी टिप्पणी में नरेश चतुर्वेदी लिखते हैं—''अवमूल्यन इस युग का प्रमुख स्वर है। राजनीति हो या समाज, साहित्य हो या संस्कृति, विज्ञान हो या धर्म, लेखन हो या पत्रकारिता, अवमूल्यन का प्रश्न समान रूप से सबसे जुड़ा है।...हिन्दी साहित्य की अनुवाद वृत्ति के कारण हिन्दी से मुहावरा गया।...आलोचना भी व्यक्तिगत, गुटीय आग्रह-सिद्धि का अस्त्र बनने लगी है।''[41]

असल में इस दौर का ही परिणाम था कि साहित्य, संस्कृति के क्षेत्र में असमंजस का भाव था। यह समझ में नहीं आ रहा था कि व्यक्ति का रुख क्या हो और उसकी अपनी कौन-सी दिशा बने जो उसके तथा समाज के हित में कुछ सार्थक कर सके। समकालीन कथा-साहित्य का परीक्षण करते हुए उन्हीं दिनों नेमिचन्द्र जैन ने लिखा था—''पिछले दिनों का अधिकांश कथा-लेखन—चाहे उपन्यास, चाहे कहानियाँ; व्यक्ति

केन्द्रित रहा है। रचनाकार की दृष्टि समुदाय से हटकर अधिकाधिक व्यक्ति के ऊपर जमती गयी है। बल्कि कहना यह चाहिए कि अकेले आदमी पर, उसके अपने आपको समझने की कोशिशों पर, उसकी अपनी नियति, उलझन-भरी स्थिति पर ही ध्यान अधिक गया है।''[42]

इस उलझन-भरे वातावरण में ही कथा-साहित्य में नये परिवर्तन की संभावना बनी जिसने आगे के कथा-विन्यास को बखूबी प्रभावित किया। यही वह समय है जब हिन्दी कहानी में 'समान्तर कहानी' का आन्दोलन उभरा। इस कहानी आन्दोलन को विश्लेषित करते हुए कमलेश्वर ने 'सारिका' में लिखा—''आदमी को टुकड़े-टुकड़े में न देखकर सम्पूर्ण रूप में देखने और उसकी सम्यक् सम्पूर्ण लड़ाई को दिशा और रूप देने का कार्य उस साहित्य ने अपने हाथों में लिया है जो आज का समय-सापेक्ष समान्तर साहित्य है। ऐसा हमारे यहाँ शायद पहली बार हुआ है कि सम्पूर्ण आदमी की सम्पूर्ण तस्वीर हमें कहानियों में दिखाई देने लगी हैं।''[43] यानी 'समान्तर कहानी' वह है जिसमें आदमी को सम्पूर्ण रूप से देखने की कोशिश है। एक अन्य सम्पादकीय में कमलेश्वर लिखते हैं—''जहाँ आदमी और आदमी, आदमी और समाज, समाज और बाजार, जमीन और किसान, मशीन और मजदूर के रिश्ते पूरे जीवनगत सांस्कृतिक ढाँचे को चकनाचूर कर दें, वहाँ दान और प्रतिदान, कर्म और करुणा, त्याग और तपस्या, अपरिग्रह और सन्तोष; जन्म, जीवन और मृत्यु, बलिदान और उत्सर्ग, संयम और साधना, कार्य और फल, इहलोक और परलोक, भौतिक और आध्यात्मिक आदि सांस्कृतिक कुण्ठाओं की पहचान समय और मनुष्य के सन्दर्भ में की जानी चाहिए। सवाल आदमी को संस्कार विहीन कर देने का नहीं है, जो कि मनुष्य कभी होता भी नहीं; जरूरत है, संस्कारों के परिष्कार और पर्याय की। संस्कारगत वर्जनाओं और कुण्ठाओं से उपजनेवाले आत्मिक दंश और दोष-भावना की ग्रस्तता से आहत आज के मनुष्य की आत्मा को बेबाक बना देने की। सांस्कारिक निरीहता, लाचारी और निष्क्रियता से उबारकर उसकी आत्मा को यथा संभव और अधिकतम स्वतन्त्र कर देने की, ताकि वह सामने आए समय और समाज के नये रिश्ते सांस्कारिक पर्यायों की दृढ़ता लेकर सम्यक् परिवर्तन का वाहक बन सके।''[44]

'समान्तर कहानी' कमलेश्वर की अपेक्षाओं पर कितनी खरी उतरी और कितनी नहीं; यह विवाद का विषय नहीं है, क्योंकि नए दौर में कहानी जिस व्यक्तिवाद का शिकार होकर कुण्ठाग्रस्त हो गयी थी, उस स्थिति से सचमुच कमलेश्वर के प्रयासों से वह निकली तथा उसके माध्यम से एक नई संभावना के चरण दिखाई पड़े। यह गौर करने की बात है कि तब की अनेक पत्रिकाओं तथा समाचार-पत्रों ने 'समान्तर कहानी' की बहस को आगे बढ़ाया तथा साहित्य में आए इस नये आन्दोलन का सत्कार किया। इस आन्दोलन ने कहानी में सार्वजनिकता को जो ठोस वास्तविकता के रूप में स्वीकार करने की प्रेरणा दी उससे एक नये तरह के भावबोध से हिन्दी जगत का

साक्षात्कार हुआ जो अपने आप में एक महत्त्वपूर्ण प्रस्थान की तरह है।

इस युग में सांस्कृतिक विषयों को लेकर पत्रकारिता की दृष्टि सकारात्मक रही जो अनेक रूपों में सामने आई। अपने जमाने की मशहूर नृत्यांगना सितारा देवी के एक कार्यक्रम की रपट में 'देशबन्धु' लिखता है—''सितारा देवी ने गणेश वन्दना से कार्यक्रम का आरम्भ किया और किशन महाराज की अँगुलियों के जादू के साथ 'तोड़े' प्रस्तुत किये। इसके अलावा 'द्रौपदी चीरहरण' का भाव-नृत्य, कृष्ण की सखियों : राधा-ललिता की भाव-मुद्राओं के नृत्यों के साथ अन्त में तबले की जुगलबन्दी पर नृत्य ने कार्यक्रम को शीर्षता प्रदान की।''[45] इस पत्र ने फिल्म समीक्षा को अन्य पत्रों की तरह प्रमुखता दी थी। बासु भट्टाचार्य की फिल्म 'आविष्कार' पर पत्र की राय है—''फिल्म 'आविष्कार' में स्वप्न और यथार्थ के सम्बन्ध परिभाषित किए गये हैं। 'आविष्कार' इस बात का आश्वासन देता है कि पुरुष और उसकी प्रेमिका के सम्बन्ध अनन्त हैं। उनके समय की कोई सीमा नहीं है।''[46] फिल्म समीक्षा को गहरे सांस्कृतिक विमर्श में उतारकर इस दौर की पत्रकारिता ने एक बड़े सांस्कृतिक कर्त्तव्य का निर्वाह किया था। सिनेमा और समाज का गहरा रिश्ता है जिसे सार्थक सिनेमा के माध्यम से बासु भट्टाचार्य जैसे निर्देशकों ने गहराई से समझने-समझाने की चेष्टा की थी। संगीत भी इस युग की पत्रकारिता का एक पक्ष रहा। तानसेन के गाए पदों और उनके संगीत पर मनोहर विनायक राव भागवत ने लिखा—''तानसेन के पदों में जिस प्रकार गणेश, दुर्गा, पार्वती, शिव, सूर्य, चन्द्र आदि देवताओं का उल्लेख है, उसी प्रकार उसमें पीर-पैगम्बरों का भी उल्लेख मिलता है।''[47] 'नई दुनिया' अपनी सांस्कृतिक गम्भीरता बनाए रखकर साहित्य तथा अन्य कलाओं की मीमांसा पर बल देता रहा तथा अपनी गम्भीरता से दूसरे पत्रों को भी प्रभावित किया। साहित्यिक विषयों पर उसकी गम्भीरता के एक उदाहरण के रूप में पण्डित बनारसी दास चतुर्वेदी की 78वीं वर्षगाँठ पर प्रकाशित लेख को देखा जा सकता है—''वह (पण्डित बनारसी दास चतुर्वेदी) एक तरफ रेखाचित्रों में विश्व के महान साहित्यकारों और नेताओं के चरित्र का चित्रण करते हैं तो दूसरी तरफ गरीबी की जिन्दगी से दुःखी लोगों की हमदर्दी भरी तस्वीर खींचकर सामने रख देते हैं। उनके लेखन की शैली बड़ी जोरदार और प्रभावशाली है।''[48]

यह संयोग नहीं, वरन् एक आवश्यक युगधर्म का ही प्रतिफल था कि हिन्दी पत्रकारिता जनता के सृजनधर्मी संस्कारों, लोकाचारों और उसके मानस के राग-विराग की परवाह करती थी। नाना दबावों के बीच भी हिन्दी पत्रकारिता ने इस दौर में भी अपनी पहचान को जिलाए रखा और उस सत्य को वाणी दी जो जनमानस में रचा-बसा संस्काररूप में विद्यमान था। इसी अवधि में कथाकार-नाटककार मोहन राकेश की असामयिक मृत्यु हो गयी जिन पर केन्द्रित 'नटरंग' का अंक बेहद महत्त्वपूर्ण माना गया था। राकेश पर लिखे अपने विस्तृत निबन्ध के अन्त में नेमिचन्द्र जैन ने लिखा था—''देश के अपने अधिकांश समकालीन नाटककारों से भिन्न, राकेश ने कम

ही लिखा है। उनके तीनों नाटकों के बीच लम्बे अन्तराल हैं। यह कहना कठिन है कि यह सर्जनात्मक कल्पनाशीलता की अल्पप्राणता के कारण है या एक सुचिन्तित संयम का स्वाभाविक परिणाम। पर इतना निश्चित है कि उनकी सर्जनात्मक क्षमता अभी तक चुकी न थी। पिछले दिनों जिस तरह के नाटक लिखने की ओर वह बढ़ रहे थे उनसे आगे और भी सार्थक रचना होने की सम्भावना बनी हुई थी। जिस प्रकार एक पूर्णाकार नाटक पर वह छह-सात साल से काम कर रहे थे, वह उसे बहुत-कुछ इस कारण भी पूरा नहीं कर सके थे कि जो नाटकीय औजार उनके पास थे, उन्हें अपनी बात कहने के लिए उनको नाकाफी लग रहे थे। नियति का यह बड़ा ही क्रूर कारनामा है कि उसने एक ऐसी प्रतिभा की आवाज बन्द कर दी जो अभी भविष्य पर नजर गड़ाए थी।''[49]

इस दौर में 'नटरंग' ने एक महत्त्वपूर्ण पत्रिका का स्थान ग्रहण कर लिया था जिसने भारतीय सहित हिन्दी रंगमंच पर सार्थक बहस की शुरुआत की। इस युग की अन्य साहित्येतर पत्रिकाओं में ऐसी गम्भीरता का अभाव था। 'पूर्वग्रह' इस दौर की ऐसी महत्त्वपूर्ण पत्रिकाओं में शामिल है जिसने साहित्य के अलावा कलाओं को भी गम्भीरता से लिया तथा उसे साहित्य के समान ही बहस का धरातल दिया। सिनेमा, नाटक, कला, नृत्य तथा संगीत के विभिन्न पक्षों पर सामग्री देकर इस पत्रिका ने साहित्यिक पत्रकारिता की गौरवमयी परम्परा को आगे बढ़ाने का महत्त्वपूर्ण कार्य किया। इसका 16वाँ अंक शास्त्रीय गायक कुमार गन्धर्व पर केन्द्रित था जिसका सम्पादकीय 'शब्द, स्मृति और संगीत' कई दृष्टियों से महत्त्वपूर्ण है। इसके सम्पादकीय में अशोक वाजपेयी ने लिखा था—''आधुनिकतावाद से ग्रस्त रहने और अतीत से सम्पूर्ण संबंध-विच्छेद के बावजूद अगर समकालीन साहित्य-जगत में कुमार गन्धर्व जैसे शास्त्रीय संगीतकार की कला के प्रति प्रबल आकर्षण है तो यह बात किसी हद तक अचरज की होते हुए भी समझ में आनेवाली है : दूसरे संगीतकारों के मुकाबले कुमार गन्धर्व ने निश्चय ही संगीत-संस्कृति को प्रासंगिकता दी है और परम्परा का ऐसा अनोखा पुनराविष्कार अपने यहाँ किया है कि शास्त्रीयता और समकालीनता का वह द्वैत जो समकालीन साहित्य-रचना का लगभग स्थायी-भाव है, गायब हो जाता है और हम पहचान पाते हैं कि हमारी परम्परा में रचनात्मक जिज्ञासा, बौद्धिक खुलेपन, विचारशीलता और क्रान्तिकारी पहल के लिए पूरी गुंजायश है।''[50]

इस प्रकार हम पाते हैं कि राजनीतिक अस्थिरता के मध्य आपात्काल की अमानवीयता को देश के सामने रखते हुए हिन्दी की पत्रकारिता को देश के सामने रखते हुए हिन्दी की पत्रकारिता ने समग्रता के साथ अपने साहित्यिक-सांस्कृतिक संकल्पों का निर्वाह किया। इस दौर की पत्रकारिता के लिए राजनीति एक खल पात्रा सिद्ध हुई थी, पर उसके मुकाबले के लिए उसने साहित्य-संस्कृति के विशद् क्षेत्र को चुना तथा उसके माध्यम से देश के जनतान्त्रिक स्वरूप की रक्षा में अपना अहम्

योगदान किया। इस समय तक राजनीति ऐसी सच्चाई हो चुकी थी जिसको दरकिनार कर न साहित्य रचा जा सकता था, न कलाएँ अपना अर्थ ग्रहण कर सकती थीं और न सामाजिक जिम्मेवारियों का निर्वाह सम्भव था। पत्रकारिता ने विशुद्ध साहित्यिकता के साथ भी राजनीति की चालों का परीक्षण कर एक ऐसी भूमि बनाने में सफलता पाने का प्रयत्न किया जिस पर आगे की रचनाशीलता अपना प्रभावी रूप ले सके। कहना न होगा कि हिन्दी की साहित्यिक पत्रकारिता को इसमें भरपूर सफलता मिली। चूँकि इसका लक्ष्य समाज की विकसनशीलता और उसके हितों की रक्षा करनी थी, इसलिए इसे प्रोत्साहन तो मिला ही, सबका प्यार भी मिला जिससे इसने सफलता के कीर्तिमान भी बनाए। यह अपने आप में विलक्षण घटना है कि साहित्य और संस्कृति के प्रश्नों, प्रक्रियाओं, बहसों और समग्रता में सामाजिक विमर्शों की साक्षी पत्रकारिता बनी रही। संस्कृति में नये परिवर्तनों का संज्ञान लेना हो या साहित्य में किसी नये आन्दोलन, बहस या विवाद का जन्म हो रहा हो; बिना साहित्यिक पत्रकारिता के उसका प्रकाश में आना भी सम्भव नहीं था। इस परम्परा का निर्वाह पत्रों के अलावा उन साहित्यिक पत्रिकाओं ने किया जिनके पीछे कोई मजबूत आर्थिक आधार न था। यह सचमुच आश्चर्यजनक है कि हिन्दी की लघु पत्रिकाओं ने साहित्य और संस्कृति के क्षेत्र में तथा विचार-जगत में भी जितनी महत्त्वपूर्ण भूमिका अदा की है, उतनी भारी-भरकम पुस्तकों ने भी नहीं की है। नए रचनाकार के आगमन, स्वीकार के साथ-साथ कलाओं में गहरी अर्थवत्ता की खोज और सामाजिक-वैचारिक संघर्षों और बहसों को संभव करनेवाली यह पत्रकारिता हिन्दी के जीवित और जागरूक बौद्धिक संस्कृति तथा बिरादरी का ऐसा दस्तावेज है, जिसकी मिसाल भारतीय भाषाओं में तो नहीं ही खोजी जा सकती, विदेशी भाषाओं; मसलन—अंग्रेजी, फ्रेंच आदि में भी नहीं खोजी जा सकती।

इस दौर की पत्रकारिता के मूल प्रश्नों और उसके विवेच्य प्रसंगों पर ही नजर डालें तो स्पष्ट होगा कि शायद ही राष्ट्रीय महत्त्व का कोई मसला हो जो इसके दायरे में न आया हो! उसमें भी साहित्यिक और सांस्कृतिक प्रक्रियाओं के भीतर ही उसे देखने का यत्न भी हुआ। अपने समय का कोई भी महत्त्वपूर्ण लेखक इन पत्र-पत्रिकाओं में जगह बनाए बिना अपने को स्थापित नहीं कर पाता और न ही उसकी लोक स्वीकृति ही बन पाती है। इसके पीछे एक बड़ा तथ्य यह है कि उसे अपनी वैचारिकता और पक्ष को भी इन्हीं से मिले मंचों पर जाहिर करना होता है। पुस्तकों में वे छुप सकते हैं, पर पत्र-पत्रिकाओं के पृष्ठों पर उनसे अपना सच छुपाए नहीं छुपता, वे सामने आते हैं और पाठक पहचान लेता है कि उनकी भूमि क्या है। उथल-पुथल भरे इस दशक की पत्रकारिता से गुजरने के बाद अगले अध्याय में हम 'बदलते प्रयोगों के भीतर उपेक्षित जन' को देखेंगे।

इस अध्याय के बाद चौथे अध्याय यानी 'बदलते प्रयोगों के भीतर उपेक्षित जन'

के तहत हम देखेंगे कि साहित्यिक-पत्रकारिता में किस तरह के परिवर्तन आए। इस दौर की पत्रकारिता का अहम मोड़ यह है कि पत्रों का ध्येयवादी रुख बदलता है और उनमें एक तरह की व्यावसायिकता आती है। लघु पत्रिकाओं की भूमिका में भी परिवर्तन होता है और वे अब अधिक तीक्ष्णता से सामने आती हैं।

सन्दर्भ

1. आलोचना, अक्तू-दिसम्बर 1973, पृ. 1
2. आलोचना, अक्तू-दिसम्बर 1973, पृ. 4
3. आलोचना, अप्रैल-जून 1967, पृ. 35
4. दिनमान, 14 अप्रैल 1968, पृ. 40
5. दिनमान, 7 अक्तूबर 1973, पृ. 15-16
6. धर्मयुग, 15 सितम्बर 1971, पृ. 21
7. दिनमान, 7 अक्तूबर 1973, पृ. 18-19
8. आर्यावर्त्त, साप्ताहिक परिशिष्ट, 16 फरवरी 1969, पृ. 9
9. वही, पृ. 10
10. राष्ट्रवाणी, सितम्बर-अक्तूबर 1968, पृ. 42
11. वातायन, नवं-दिसम्बर 1967, पृ. 56
12. वही, मई 1968, पृ. 41
13. वही, मई 1968, पृ. 47
14. वातायन, मई 1968, पृ. 47
15. वातायन, मई 1968, पृ. 51
16. आर्यावर्त्त, साप्ताहिक परिशिष्ट, 6 जुलाई 1969, पृ. 10
17. धर्मयुग, 3 जनवरी 1971, पृ. 47
18. दिनमान, 16 सितम्बर 1973, पृ. 41-42
19. प्रदीप, 23 अगस्त 1970, पृ. 1
20. धर्मयुग, 20 जून 1971, पृ. 32-33
21. वही, 25 जुलाई 1971, पृ. 16
22. धर्मयुग, 16 जनवरी 1922, पृ. 24
23. दिनमान, 14 दिसम्बर 1975, पृ. 42-43
24. संचेतना, मार्च 1977, पृ. 6
25. संचेतना, मार्च 1977, पृ. 7
26. दस्तावेज, अंक-1, वर्ष 1, पृ. 31
27. आलोचना, नवांक 44, वर्ष-26, पृ. 85
28. पूर्वग्रह, अंक-14-15, पृ. 21

29. दिनमान, 6-12 मार्च 1977, पृ. 10
30. सारिका, 1-15 नवम्बर 1978, पृ.16
31. पूर्वग्रह, अंक-10, पृ. 6
32. पूर्वग्रह, अंक-14-15, पृ. 20
33. देशबन्धु, 2 जुलाई 1975, पृ. 1
34. वाम, अंक-2, जुलाई 1972, पृ.7
35. कथा, संपादकीय, अगस्त 1974
36. जन, अंक-4, वर्ष-7, मई 1970, पृ. 4
37. वही, अंक-3, वर्ष-8, मई 1971, पृ. 34
38. जनसत्ता, रविवारी संस्करण, 25 जून 2000, पृ. 1
39. जनसत्ता, रविवारी संस्करण, 25 जून 2000, पृ. 1
40. वही, पृ.2
41. निरन्तर, अंक-1, वर्ष-1, जुलाई-सितम्बर 1972, पृ. 2
42. वही, पृ. 7
43. सारिका, दिसम्बर 1974, पृ. 9
44. सारिका, दिसम्बर 1975, पृ. 9
45. देशबन्धु, 24 मई 1976, पृ. 1
46. वही, 8 मई 1979 पृ.4
47. नई दुनिया, 21 दिसम्बर 1970
48. वही, 21 दिसम्बर 1970
49. नटरंग, अक्तूबर-दिसम्बर 1972, पृ. 41
50. पूर्वग्रह, सितम्बर-अक्तूबर 1976, पृ. 4

अध्याय-4

बदलते प्रयोगों के भीतर उपेक्षित जन

आपात्काल समाप्त हुआ, लोकनायक जयप्रकाश नारायण के नेतृत्व में हुए देशव्यापी व्यवस्था विरोधी आन्दोलन ने सरकार पर चुनाव कराने की जिम्मेवारी बढ़ा दी। आम चुनाव हुआ और जनता ने कांग्रेसी अधिनायकवाद को धूल चटा दी। नई सरकार अस्तित्त्व में आई; हालाँकि इस सरकार में वही लोग थे जो पहले कांग्रेस में थे। कुछ जनसंघ के लोग थे और कुछ वे जो स्वतन्त्र रहकर वर्षों से राजनीति कर रहे थे। सरकार बदली तो नई समस्याएँ भी पैदा हुईं। लोगों की बढ़ती अपेक्षाओं से सरकार त्रस्त थी। चारों तरफ समस्याएँ ही समस्याएँ थीं। पर ऐसी स्थिति एक दिन में तो आई नहीं थी, इसकी एक पूरी प्रक्रिया थी जो पिछले तीस वर्ष से चल रही थी। लेकिन लोकतन्त्र की सेहत के लिए यह चुनाव एक संजीवनी बनकर आया और निरंकुश अधिकनायकवाद को परास्त कर जनता ने जतला दिया कि इस देश में किसी की तानाशाही नहीं चलेगी।

1977 के आम चुनाव पर रघुवीर सहाय ने 'दिनमान' के अपने सम्पादकीय में टिप्पणी की—

"आज का आम चुनाव औरों से भिन्न इसलिए है कि राजनीति के केन्द्रीयकरण को चरम सीमा पर पहुँचा देने के दुष्परिणाम न केवल सरिहन सामने आ गये हैं बल्कि समाज के सभी वर्गों ने जता दिया है कि ये उनको अलग-अलग ढंग से सही पर समान तीक्ष्णता से सालते हैं और बर्दाश्त नहीं किए जाएँगे।"[1]

जनता ने वही किया जो अनुमानित था, कांग्रेस बुरी तरह पराजित हुई; पर जर्जर आर्थिक हालत ने सरकार की नींद हराम कर दी थी। 'दिनमान' ने इसी समय आर्थिक असमानता का प्रश्न उठाकर निम्नवर्गीय जनों को समान अवसर देने की माँग की और लिखा—"नई सरकार को विरासत में भयंकर आर्थिक असमानता से जर्जर समाज मिला है। सदियों से अवसरविहीन रहते-रहते पिछड़े वर्ग संविधान के अन्तर्गत समान अवसर मिलने पर भी अपने भीतर छिपी प्रतिभा को प्रकाशित नहीं कर पाते हैं।...इस चुनाव ने एक बार फिर स्थापित कर दिया है कि कुछ धनी मानी व्यक्तियों का उद्देश्य फटेहाल जनता की गरीबी हटाते रहना नहीं है, बल्कि उनके और अपने बीच गैर

बराबरी बढ़ाते जाना है।''[2]

अब स्पष्ट दिखाई देने लगा था कि बड़े-बड़े आदर्शों की दुहाई देने से काम नहीं चलेगा, सरकार और जन भागीदारी के मिले-जुले प्रयासों से प्रतिबद्ध होकर काम हो ताकि गरीबी दूर हो। आम चुनाव के पहले भी गरीबी दूर करने की हवाई कोशिश की गयी थी, पर इस सरकार से उम्मीद थी कि वह ईमानदारी से काम करेगी। इस अपेक्षा का खास कारण यह था कि आजादी के बाद देश की सामान्य जनता को सबसे अधिक उपेक्षित होना पड़ा था और वह लगातार विपन्न होती गयी थी। पर वर्षों की विपन्नता का समाधान एक दिन में तो होना नहीं था; उसके लिए दृढ़ इच्छाशक्ति की दरकार थी जिसे पूरी ईमानदारी से क्रियान्वित किया जाना था। यद्यपि इस सरकार का आना जिन कारणों से सम्भव हुआ था; उसमें यह तो था ही कि जनता की भागीदारी से ऐसे व्यापक कार्यक्रम चलाए जाएँ जिससे देश का उत्तरोत्तर विकास हो सके। पर यह एक स्वप्न ही साबित होना था और उसकी प्रक्रिया शुरू भी हो गयी जब पदों और अधिकारों की लिप्सा के कारण लोकनायक कहे गये जयप्रकाश नारायण के जीतेजी उनके ही सपने ध्वस्त किए गये। अन्त्योदय जैसे कार्यक्रमों को शुरू कर जनता सरकार ने यह उम्मीद जगाई थी कि वह पहले की सरकार से अलग होगी, पर जब तक उसके कामकाज से यह जाहिर होता, आपसी खींचतान से यह पहली गैर कांग्रेसी सरकार भी पटरी से उतरी और अपने ही कारणों-अन्तर्विरोधों से चल भी बसी। भारतीय प्रजातान्त्रिकता का यह मजाक ही था कि उसमें जन की भागीदारी और उसकी शहादत से पाई गयी आजादी में उसे कोई हिस्सेदारी नसीब न हुई। वह जैसा तब उपेक्षित था, वैसा अब भी पड़ा रहा। तरह-तरह के प्रयोग, बड़े-बड़े सपने, पर अन्त में रह गयी सिर्फ बेपनाह गरीबी, जिसमें दम मारता यह देश अपने अस्तित्त्व की दुहाई दे रहा था। गरीबी, बदहाली और दरिद्रता के कारण जो मुश्किलें थीं, वह तो थी हीं, पर यह क्या कि इस देश से अब तक छुआछूत तक न जा सकी। मनुष्य और मनुष्य में फर्क को गहरा करती यह अस्पृश्यता मानवता पर कलंक है, जो उन दिनों भी जारी थी; गाँधी के देश में भी जारी थी जिसकी प्रतिक्रिया में हीरा डोम की एक कविता 'अछूत की शिकायत' 'आलोचना' में छपी थी और रामविलास शर्मा ने उस पर टिप्पणी लिखी थी। कविता की कुछ पंक्तियों को देखें—

''हमनी के राति-दिन दुखवा भोगत बानी,
हमनी के साहेब से मिनती सुनाइबि
हमनी के दुःख भगवनओ ना देख ताजे
हमनी के कबले कलेसवा उठाइबि
पदरी साहिब के कचहरी में जाइबिजा
बेधरम होके रंगरेज बनिजाइबि।''[13]

यह कविता भोजपुरी में है जिसे हीरा डोम नामक एक अछूत ने लिखी है।

'आलोचना' में कविता छापी गयी और इस पर बहस शुरू हुई तो पूरे हिन्दी समाज में भूचाल आ गया। एक अछूत की यह मर्मान्तक पीड़ा किसे न रुला देगी और कौन इस दुःख से दुःखी न होगा।

हीरा स्पष्ट कहते हैं कि वे अपनी अस्पृश्यता के खिलाफ साहब से प्रार्थना करेंगे। उनका दुःख वह भगवान भी नहीं देखता जो समदर्शी कहलाता है। कविता में वे अधर्मी होकर धर्म-परिवर्तन करने की बात भी कहते हैं। इस पर विचार करते हुए रामविलास शर्मा ने टिप्पणी की थी—''पिछले दिनों शोषित जनों को लेकर बहुत कुछ लिखा गया है और मराठी में विद्रोही अछूत कवियों ने अपना क्षोभ व्यक्ति करते हुए कविताएँ लिखी हैं। हीरा डोम की उक्त कविता में जो प्रतिरोध का स्वर है, शोषणचक्र के भीतरी तन्त्र की जो पहचान है... और व्यंग्य के साथ-साथ आत्म-सम्मान की जो भावना है, वह सब हिन्दी कविता में अभी दूसरी जगह व्यक्त नहीं हुआ है।''[4]

यह भारतीय स्वराज की असल तस्वीर थी जिसमें आदमी और आदमी में सदियों से चल रहा फर्क अब भी कायम था। राजनीति सिर्फ उनके मतों को पाने के षड्यन्त्र में लगी रहती थी और समाज को बराबरी का दर्जा दिलानेवाले लोग महज दिखावा कर रहे थे। जनता हाशिये पर थी, सब तरफ छलावा था; ऐसे में बौद्धिक वर्ग की जवाबदेहियाँ बढ़ गयी थीं और पत्रकारिता का दायित्व भी विस्तृत हो गया था। पर प्रश्न अपनी जगह कायम था और वह सांस्कृतिक स्तर पर निरन्तर क्षोभ पैदा कर रहा था जो साहित्य और कलाओं में तो व्यक्त हो रहा था, लेकिन सार्वजनिक जीवन-व्यवहार में उसका वह प्रभाव नहीं दिख रहा था जो दिखना चाहिए था। साहित्य में कविता के स्तर पर युवा कवियों का प्रतिरोध भी अब नरम पड़ चुका था जिसको लेकर तरह-तरह की बहसें चल रही थीं। इसी पर हरदयाल ने विचार करते हुए लिखा था—''सातवाँ दशक, जिसमें हिन्दी की युवा कविता जन्मी और बढ़ी है, बड़ी आपाधापी का दशक रहा है। इस दशक में तीन दर्जन से अधिक काव्यान्दोलन या तो बाकायदा चले या सिर्फ प्रस्तावित होकर रह गये।...इस संसार के (युवा कविता के) तीन चरण हैं—

1. शोषण की, क्रूरता की जकड़न
2. पीड़ा और छटपटाहट तथा
3. विवशता, दयनीयता।

युवा कविता पढ़कर लगता है जैसे नरक की यातना भोगता हुआ एक पूरा जन समुदाय पीड़ा में आपादमस्तक मरोड़े खा रहा हो और पीड़क अपनी मूँछों पर ताव देकर एक ओर खिलखिला रहे हों। इस कविता में जो तीखापन है वह पीड़ा भोग का तीखापन है। किसी स्पष्ट दृष्टि के कारण क्रान्ति-उत्साह का नहीं। निश्चित स्वार्थों ने गलत नारों का उद्घोष करके युवा पीढ़ी को भ्रान्त किया है।''[5]

पत्रकारिता केवल नारों को आधार बनाकर अपनी यश-कामना में लगे कवियों-लेखकों को तो लक्ष्य करती ही है, वह उन स्थितियों पर भी पैनी नजर रखती है जिनके कारण देश की हालत बद से बदतर होती जा रही है। शिक्षण-संस्थाओं में पढ़नेवाले युवा दिशाहीन हो रहे थे। उनका न कोई आदर्श था और न किसी आदर्श के लिए वे जी ही रहे थे। ऐसे में अराजकता फैलाना ही उनका ध्येय हो सकता था और वे यही कर रहे थे। प्रभाकर माचवे ने इस स्थिति पर विचार व्यक्त करते हुए लिखा—

''ये (शिक्षण संस्थान) बेकारी पैदा करने के यन्त्र मात्र हैं। डिग्रियाँ रेवड़ियों की तरह बाँटी जा रही हैं। दिशा-हारा युवक या तो काली चड्डी पहनकर लाठी भाँज रहे हैं या देसी बम बनाना सीख रहे हैं। राजनीतिक पार्टियाँ अपने-अपने युवामंच और 'यूथ फ्रण्ट' खोल बैठी हैं।' 'श्वा, युवा, मधवा' सब समान हैं।''[6]

असल में बेकारी की समस्या के कारण सचमुच युवाओं की स्थिति दयनीय हो गयी थीं जिनको अपने-अपने 'युवा फ्रण्टों' में शामिल कर राजनीतिक दलों ने अधिक ही अराजक बना दिया था। कांग्रेस के पहले के शासन-काल में अस्तित्त्व में आयी 'युवा मोर्चा' की अवधारणा एक बीमारी बनकर जो आई, वह और भी बड़ी नासूर बनती गयी। कांग्रेस के युवा ब्रिगेड, यानी अपने समय के 'संजय ब्रिगेड' ने मूल्यों-मर्यादाओं की जो फजीहत की थी और जिस तरह धन कमाने की हड़बड़ी में सब कुछ को ताक पर रखकर जीने की एक पद्धति विकसित की थी, बाद में वही पद्धति एक संकल्पना बनकर उभरी जो युवाओं को पथभ्रष्ट बनाती चली गयी। आज जो राजनीति देश को नियन्त्रित कर रही है, उसका बहुत कुछ उत्स उसी दौर की युवा राजनीति से जुड़ता है, जिसे आदर्श मानकर गैर कांग्रेसी युवाओं ने भी पथभ्रष्ट होने के सारे कीर्तिमानों को ध्वस्त किया। याद कीजिए; लोकनायक जयप्रकाश नारायण के छात्र आन्दोलन को और पहचानिए कि समाज में आमूलचूल परिवर्तनों के लिए हुए आन्दोलनों की कोख से जो युवा जन्मे, वे भारतीय राजनीति को किस कदर भ्रष्ट और कुत्सित करने के जिम्मेदार हैं। सारे आदर्श, आस्थाएँ, और जनाकांक्षाओं को कुचलकर इन्हीं युवाओं ने राज्यों की सत्ताओं को अपनी जागीर समझ ली, दलों को अपना परिवार बना लिया तथा विकास-कार्यों पर खर्च होनेवाली राशियों को डकार कर अपनी तिजोरियाँ भर लीं। यही युवावर्ग था, जिसमें कभी हमारे नेताओं ने एक विकसित देश का सपना देखा था। राही मासूम रजा ने इन्हीं स्थितियों पर टिप्पणी की थी—''इस देश में रुपये के सिवा कोई मूल्य नहीं रह गया है, सारे आदर्श उसी के चारों तरफ नाच रहे हैं।''[7]

यही वह दौर है जब साहित्यिक पत्रकारिता में समाज में सदियों से उपेक्षित, पीड़ित दलित जनता की यातनाओं और संघर्षों को वाणी देने की बहस भी शुरू भी हुई। 'विचार और प्रचार की द्वन्द्व कथा' शीर्षक लेख में मस्तराम कपूर ने लिखा—''हिन्दी का साहित्य कुछ कारणों से काफी छोटी सीमा में रह रहा है। एक कारण तो

यह कि लेखक समाज के एक ही वर्ग से निकलते रहे हैं। हमारे यहाँ दलित वर्गों की व्यथा को वाणी नहीं मिली है। उच्च वर्गों ने दलित वर्गों के बारे में जो कुछ लिखा है, वह सतही है। इसी तरह ग्रामीण क्षेत्रों का साहित्य भी हमारे यहाँ बहुत कम है।"[8]

हिन्दी में वंचितों को अभिव्यक्त करने की इस बहस में विपुल मराठी साहित्य सहायक हो रहा था जिसमें व्यवस्था विरोध का बड़ा आक्रामक चेहरा उभरा था। इन्हीं दिनों दया पवार के मराठी उपन्यास चर्चा में थे जिसमें उन्होंने दलित जीवन के संघर्षों को चित्रित किया था। हिन्दी में दलित लेखन की शुरुआत हो चुकी थी जिसमें कलापक्ष के गायब होने की चर्चा सुर्खियों में रहती थी। हिन्दी पत्रकारिता ने इस प्रश्न को भी सार्वजनिक बहस का विषय बनाया था और यह रेखांकित करने की कोशिश की गयी थी कि दलित साहित्यकार भावों की अभिव्यक्ति के साथ-साथ यदि कलापक्ष पर ध्यान देंगे तो उनकी सृजनात्मकता की उपेक्षा सम्भव नहीं होगी।

पत्रकारिता चूँकि कलाओं के आपसी सम्बन्धों की समर्थक रही; इसलिए भी यह दिखाई देता है कि विभिन्न पत्र-पत्रिकाओं में इनके आपसी समन्वय को लेकर बहसें चलती रही हैं। 'साहित्यकार और फिल्मकार' शीर्षक लेख में लच्छीराम चौधरी का कथन है—"साहित्य और सिनेमा के सम्बन्ध के बारे में बासु चटर्जी का कथन है—'वर्तमान परिस्थितियों में फिल्म को अच्छा आधार देने के लिए यह जरूरी-सा है कि हम साहित्यिक कृतियों पर फिल्में बनाएँ, लेकिन फिल्म पूर्णता तक तब पहुँचेगी जब वह साहित्य से अलग हटकर बनाई जाए।' ऐसा कहकर बासु चटर्जी यह बात गम्भीरता के साथ सम्प्रेषित करते हैं कि तभी उसके 'आर्टफॉर्म' को परिपक्वता मिलेगी। हमें फिल्म को एक स्वतन्त्र भाषा के रूप में मानना होगा।"[9]

कलाओं में आपसी सहकार हो और वे एक दूसरे के अस्तित्त्व की रक्षा करते हुए, एक-दूसरे से प्रेरित होकर अपना विकास कर सकें, इस दिशा में गम्भीर पहल पत्रकारिता की ओर से लगातार हुई जिसके लिए भी हिन्दी की पत्रकारिता याद रखी जाएगी। रायबां की कला प्रदर्शनी पर 'रविवार' की टिप्पणी है—"आकृतिमूलक चित्रों की तुलना में फिर भी उनके दृश्यमूलक चित्र ही अधिक अच्छे हैं। उनमें अजब-सी रहस्यमयता है जो दिलकश लगती है। अतीत सपना तो हो ही चुका होता है, रायबां ने इन चित्रों में उस स्वप्नदेश को सजीव अभिव्यक्ति देने की सफल चेष्टा की है।" 'बंबई का किला', 'तूफान में नाव' जैसी कृतियाँ पसन्द आने लायक हैं।"[10]

ज्ञातव्य है कि इस दौर की पत्रकारिता में 'रविवार' का प्रकाशन एक महत्त्वपूर्ण प्रस्थान का सूचक माना गया। राजनीतिक समाचार पत्रिका होने के बावजूद इस पत्रिका ने साहित्य तथा कलाओं को पर्याप्त महत्त्व दिया तथा अपने गम्भीर सामाजिक विमर्शों में भी उसकी प्रेरणा महसूस की। रायबाँ की कला पर चर्चा की ही कड़ी में विख्यात कलाकार कृष्णाजी आरा के इस साक्षात्कार को देखा जा सकता है जिसमें वे अमूर्तकला पर अपनी प्रतिक्रिया में कहते हैं—"एब्स्ट्रैक्ट आर्ट (अमूर्त कला) हमारे मन के

विरुद्ध है। इसलिए आम जनता में उसे मान्यता नहीं मिल पायी है। वह एब्स्ट्रैक्ट उनका अपना है, उनकी जिन्दगी नहीं है। जो अगली पीढ़ी आ रही है, वह काम के लिहाज से बिल्कुल बेकार की पीढ़ी है।''[11]

आरा की यह टिप्पणी उन कलाकारों पर है जो कला को जनता के जीवन से नहीं जोड़ पा रहे हैं और अमूर्त कला के नाम पर जो कुछ परोस रहे हैं, उसमें जनता की कोई रुचि नहीं है। वे नये कलाकारों पर नाराजगी दिखा रहे हैं तो इसका खास कारण यही है कि नई पीढ़ी विचार, श्रम और संघर्षों से बचते हुए जो काम कर रही है, उसमें यश और पैसे का लोभ प्रबल है; कोई ऐसी चिन्ता प्रबल नहीं जो कला को समाज के अपने दायित्व से जोड़ पाये। आरा की इस चिन्ता को युवाकवियों और राजनीतिक नेतृत्व के युवाओं से भी जोड़कर देखा जाना चाहिए जिसमें युवा कलाकार भी शामिल होने को अभिशप्त रहे हैं। 'रविवार' की पत्रकारिता का एक अहम पक्ष हिन्दी सिनेमा पर बहस को सम्भव बनाना भी है। सार्थक सिनेमा की बहस को चुने हुए निर्देशकों के हवाले से उठाते हुए 'रविवार' हिन्दी की सांस्कृतिक-पत्रकारिता में एक महत्त्वपूर्ण योगदान करता है। कला-फिल्मों के जानेमाने निर्देशक मृणाल सेन एक साक्षात्कार में कहते हैं—''हमारी सभी फिल्में एक ही स्पष्ट सत्य का प्रतिपादन करती हैं—हमारे समाज का संचालन करनेवाली व्यवस्था में आमूल परिवर्तन। इस तरह का परिवर्तन तभी सम्भव हो सकता है जब हम श्रमिक वर्ग और किसान मजदूर वर्ग को सैन्य स्तर पर एकजुट बनाएँ।''[12]

इस दौर की साहित्यिक पत्रकारिता का यह अहम पक्ष है जो हर तरह की बहस में उभरता है और वह है जन की उपेक्षा की चिन्ता। साहित्य और कलाओं की सर्जना में जनता की उपेक्षा की चिन्ता का सबसे प्रमुख कारण यह रहा कि आजादी की लड़ाई में पाले गये सभी स्वप्न चकनाचूर हो गये और हर तरफ भूख, गरीबी तथा दरिद्रता ही काबिज रह गयी। पत्रकारिता इस बहस को आगे बढ़ाती हुई यह अपेक्षा करती है अब भी एकजुटता कायम हो सके तो अतीत में देखे गये सपने पूरे हो सकते हैं। वंचितों की ही जमात में 'स्त्री' भारत में सदा से उपेक्षिता रही है। स्त्रियों को लेकर भी इस दौर में बहुत-कुछ लिखा गया तथा साहित्य सहित दूसरी कलाओं में भी उसे पर्याप्त जगह मिली। विजय तेन्दुलकर के मराठी नाटक 'कमला' का जब हिन्दी रूपान्तरण हुआ और उसकी प्रस्तुति हुई तो सर्वत्र उस नाटक की मूल संवेदना की प्रशंसा हुई। इस नाटक की समीक्षा के बहाने स्त्रियों की दशा पर 'नई दुनिया' ने टिप्पणी की ''तेन्दुलकर का यह नाटक, उनके यौन और हिंसा पर आधारित फार्मूलों वाले नाटकों की बनिस्बत ज्यादा संजीदा और सार्थक है। कमला की कहानी के जरिए जैसे वे हमारे समाज में नारी की स्थिति को रेखांकित करने की कोशिश करते हैं।''[13]

कलाओं में भी जन-सरोकारों के वहन को दिखाती पत्रकारिता विचार जगत में आकर किन-किन विमर्शों को जगह देती है, अब उन पर विचार किया जाना अपेक्षित

है। साहित्य को इस विचार-मंथन का केन्द्र मानें तो कहेंगे कि यह दौर हर तरह से अपने को लेकर चिन्तन करने का है। साहित्य में इस बात को लेकर लगातार बहस चलती है कि लेखक अपने पर लागू दायित्वों से विमुख होता जा रहा है। 'गंगा' में प्रकाशित संपादकीय को देखें तो स्पष्ट होगा कि लेखक की भूमिका को देखने की कैसी चिन्ता दृश्य में व्याप्त है—"आज, यदि हिन्दी की ही बात करें तो लेखक बहुत हद तक सुरक्षित है पर उसका लेखन एकदम लावारिस हो चुका है। न तो वह अपनी महान रचनात्मक विरासत से जुड़ा हुआ है और न कोई उसका वारिस बनना चाहता है।"[14]

ऐसा क्यों है कि पत्रकारिता को लेखकों की भूमिका संदिग्ध लगती है? क्यों वह अपने को सुरक्षित कर साहित्य को अनुत्तरदायी बनाने पर तुला हुआ है? इन प्रश्नों का जवाब न तो इतना सहज है और न ऐसा है कि इस पर कोई तात्कालिक टिप्पणी की जा सकती है। पर स्थितियों को देखते हुए यह सहजता से कहा जा सकता है कि तत्कालीन परिस्थितियों में व्याप्त वैचारिक अराजकता को लक्ष्य कर साहित्यिक पत्रकारिता ने इसे बहस का रूप दिया। जीवन के सारे आदर्श खण्डित हो गये, देश में आतंकवाद सिर उठाने लगा। चारों तरफ अफरा-तफरी का आलम था, पर लेखकों को अपनी भूमिका का पता भी न था। यह वह दौर भी है जिसमें किसी आन्दोलन की कोई गूँज नहीं है और न छाया ही है जिसे लेकर किसी बड़े विमर्श की भूमिका बनाई जाती। सब तरफ आत्ममुग्धता का माहौल है। इस पर विचार व्यक्त करते हुए मुद्रा राक्षस लिखते हैं—"पिछले कुछ वर्षों में साहित्य में एक अजीब चीज की बाढ़ आई है। लम्बी बातचीत और भेंटवार्ताएँ जितनी इधर छपी हैं, उतनी पहले कभी नहीं छपीं।...इधर जितनी ज्यादा छटपटाहट 'बहस' और 'संवाद' को लेकर महसूस की गई, उतनी ही ज्यादा 'बातचीत' की सस्ती परम्परा का प्रचलन हुआ है।"[15]

बहस और संवाद नदारद, पर मुग्धता ऐसी कि कोई क्रान्ति अब हुई कि तब हुई। ऐसी मुद्राएँ बनाए लेखक अपनी भूमिका भूल रहे थे तो पत्रकारिता अपना दायित्व क्यों भूलती? वह स्पष्ट शब्दों में साहित्यकारों की संदिग्ध भूमिका को कठघरे में खड़ा करती है और उनसे माँग करती है कि वे निद्रा त्यागकर समाज के दायित्वों के प्रति अपना पक्ष स्पष्ट करें। यह संयोग नहीं है कि इन्हीं दिनों सर्वेश्वरदयाल सक्सेना ने एक तीखी कविता लिखी जो साहित्यकारों की भूमिका पर ही प्रश्न खड़े करती है—

"सुनो
ढोल की लय धीमी होती जा रही है
धीरे-धीरे
एक क्रान्तियात्रा
शवयात्रा में बदल रही है
सड़ाँध फैल रही है।"[16]

कहाँ तो साहित्य क्रान्ति कर समाज में आमूलचूल परिवर्तन का दम भर रहा था और कहाँ यह हाल हुआ कि वह लेखकों की सुविधाओं और समझौतों की भेंट चढ़ गया। इस बहस को एक बड़ी चिन्ता के रूप में ध्यान में रखते हुए आपातस्थिति के दौरान लेखकों की भूमिकाओं को भी याद रखना होगा, तभी इस बहस को उसकी वास्तविकताओं के साथ समझना सम्भव हो सकेगा। सर्वेश्वर हिन्दी की महान साहित्यिक परम्परा की इस परिणति पर आहत होकर ड़ी चोट करते हैं।

एक तरफ साहित्य पर हमला, दो दूसरी तरफ उसका बचाव। इन दोनों ही स्थितियों में साहित्य विभ्रम में था। उससे क्रान्ति करने का मंसूबा रखनेवाले भी भ्रम में थे तो वे भी जो नहीं मानते कि साहित्य से कोई क्रान्ति भी होती है। 'साक्षात्कार' ने अपने सम्पादकीय में लिखा—"शायद यह सच है कि साहित्य से दुनिया बहुत दूर तक नहीं बदलती। लेकिन उससे भी बड़ा सच यह है कि आदमी बुनियादी तौर पर स्वप्नदर्शी और जिद्दी होता है और हर तरह की निरर्थकता के अहसास के बावजूद वह बेहतर जिन्दगी के सपने देखना नहीं छोड़ता।"[17]

साहित्य क्रान्ति ही कर सकता है, यह मानने का तो सचमुच कोई कारण नहीं है, पर लेखक की अपनी एक तय भूमिका होती है जिसकी अपेक्षा रहती आई है। जब-जब देश में संकट आता है या कोई समाज आपदाओं में पड़ता है, तब-तब उम्मीद की जाती है कि बड़े-बड़े दर्शनों से समाज में वैभव का स्वप्न पालने वाले लेखक आगे आएँगे और अपनी कथनी तथा करनी को एक करके दिखाकर समाज को एक रास्ता देंगे। उनसे यह अपेक्षा कोई नहीं करता कि वे भी अन्य लोगों की तरह सुविधाओं को पाने या छोटे-मोटे स्वार्थों के लिए समझौते कर साहित्य की सामाजिकता का उपहास करें।

इस दौर की पत्रकारिता में वह पिछली बहस भी जारी दिखती है जो आपातकाल में लेखकों की भूमिकाओं को लेकर थी। 'याद रहेगा सन् सतहत्तर' शीर्षक से आयोजित एक परिचर्या में राजेन्द्र यादव ने कहा—"इसमें सबसे दयनीय और हास्यास्पद रोल पत्रकारों, लेखकों और बुद्धिजीवियों का रहा। इस वर्ष की सबसे महत्त्वपूर्ण किताब मेरी टाइटल की 'भारतीय जेलों में पाँच साल' मानता हूँ। बाकी जो भी लिखा गया—इमर्जेन्सी सम्बन्धी बड़ी किताबें; वे बेशर्मी का इजहार हैं। यह किताबें लिखनेवालों को ज्यादा उजागर करती हैं। विचित्र है कि जिन्होंने सत्ता-केन्द्रों की ज्यादा सेवा की, वे ही अब सबसे अधिक सार्वजनिक प्रायश्चित् करने में लगे हैं।"[18]

जो हो, आपात्काल में लेखकों की संदिग्ध भूमिकाएँ आसानी से पीछा नहीं छोड़ रही थीं। इस दौर की पत्रकारिता इस बहस को आगे ले जाती है; क्योंकि इसी में वह रहस्य भी छुपा है जो राजनीति, साहित्य और समूची सांस्कृतिक प्रक्रिया में उपेक्षित पड़ी जनता के दु:ख-दर्द को देखने की नियति का खुलासा करता है। असल सवाल तो यह है कि लेखक या किसी भी कला के रचनाकार के लिए यह आवश्यक

ही नहीं होना चाहिए कि वह सत्तातन्त्र से इस कदर जुड़ जाए कि अपनी रचनात्मक स्वतन्त्रता ही खो दे। अज्ञेय एक साक्षात्कार में कहते हैं—"ओह! एक तो लेखक की स्वाधीनता की परिभाषा से ही यह बात जुड़ी हुई है। लेखक की स्वाधीनता के लिए यह जरूरी है कि सरकारी तन्त्र से वह इस तरह न जुड़े कि उसकी जो कर्म की या निर्णय की या विचार की स्वतन्त्रता है, वह किसी तरह परिसीमित हो जाए या अवरुद्ध हो जाए। दूसरे, ऐतिहासिक दृष्टि यह है कि बीसेक वर्ष पहले एक से अधिक जगह लेखकों ने मिलकर निर्णय किया था कि हम सरकारी तन्त्र के साथ सहयोग नहीं करेंगे और इस निर्णय में मैं भी शामिल था। यह दूसरी बात है कि बहुत से लोग जो उस निर्णय में शामिल थे, वह उसके विरुद्ध आचरण कर रहे हैं और कुछ भूल भी गये हैं कि ऐसा निश्चय उन्होंने भी किया था।"[19]

लेखकीय स्वतन्त्रता का प्रश्न अपनी जगह था जो उन लोगों को अवश्य ही विचलित कर रहा था जिनकी दृष्टि में लेखकीय स्वत्व की रक्षा महत्त्वपूर्ण है न कि सत्तातन्त्र की ठकुरसुहाती। पत्रकारिता की वह बहस बहुत आगे तक चलती है और इस तरह वह एक ऐसा वातावरण बनाती है जिससे लेखकों में अपनी भूमिका को लेकर चिन्ता पैदा होती है। यह तो लेखकीय स्वाधीनता का प्रश्न है, पर इसका क्या करें जो रचनाओं में बनावटी अनुभूतियों की शक्ल में लेखक अपने समय तथा समाज को गलत-सलत अभिव्यक्त करने से बाज नहीं आता। आठवें दशक की हिन्दी कहानी पर विचार करते हुए उदय प्रकाश ने लिखा था—"समाज के विशाल यन्त्र से एक फालतू पुर्जे की तरह अलग दूर जा पड़ने के अहसास ने, यानी इस 'अलगाव' ने इस मध्यवर्गीय लेखक को अपने असमर्थताबोध से भी पीड़ित किया। समाज में 'एडजस्ट' न हो पाने और अपनी अस्मिता की संगत सार्थकता न खोज पाने की मन:स्थिति को भी इन कहानीकारों ने वर्गीय सचेतनता के अभाव में बिल्कुल 'यूरोपियन' रूप में आँका।"[20]

यानी आठवें दशक की हिन्दी कहानी में युवा कहे जानेवाले कहानीकारों ने वर्गीय सचेतनता, अस्मिता की संगत सार्थकता तथा अपने को विलगाव की स्थिति में रखकर कहानी को यूरोपीय व्यवस्था में फिट करके व्यक्त किया। यह विचित्रता इस कदर बढ़ी कि सृजन में वह जन तथा संस्कृति ही परायी हो चली जो स्वयं लेखकों की अपनी भूमि थी। मनोभूमि का रचनाभूमि से इस तरह का अपसरण सचमुच बड़ा हास्यास्पद था जिसे उस दौर की पत्रकारिता ने बखूबी लक्षित किया।

लेखक की जागरूकता और प्रतिबद्धता पर बहुत पहले से विचार होता रहा है। यह मानते हुए भी कि साहित्यकार को किसी विचारधारा का दास नहीं होना चाहिए, यह कहा जाता है कि लेखक को अपने समय तथा समाज के प्रति उत्तरदायी होना चाहिए। एक परिचर्चा में भाग लेते हुए भवानी प्रसाद मिश्र कहते हैं—"लेखक का समाज की हित-दृष्टि से जागरूक रहना जरूरी है। समाज का हित किस बात

में है, यह उसे अपने विवेक और बुद्धि से तय करना चाहिए, किसी प्रवाह में पड़कर नहीं।''[21] इसी प्रश्न पर केदारनाथ अग्रवाल ने लिखा—''लेखक के लिए सामाजिक प्रतिबद्धता जरूरी है ताकि वह अपनी विशिष्ट इकाई से दूसरों की इकाई को प्रभावित कर सके। और उन्हें मंगलमय भविष्य के निर्माण के लिए बल और वेग दे सके।''[22] प्रतिबद्धता चाहे उतनी जरूरी न भी मानी जाए, पर यह तो जरूरी ही है कि लेखक को दायित्वों से भाग खड़े होने की छूट नहीं है। छूट वह लेता हो और लेकर समाज-विरोधी कार्यों को अंजाम देता हो—यह तो एक अपराध है जिसकी सजा उसे समय तो देता ही है, वह स्वयं अपने आपको सदा ही सजायाफ्ता समझने को अभिशप्त होता है।

यही समय है जब हिन्दी की साहित्यिक पत्रकारिता में तीन नये प्रकाशनों ने अपनी उपस्थिति दर्ज कराई और पत्रकारिता सहित साहित्य तथा कलाओं के विकास में भी अपनी भूमिका निभाई। हिन्दी में 'जनसत्ता' हिन्दी दैनिक का प्रकाशन समाचार-पत्रों के इतिहास में सर्वथा एक नया प्रयोग था। इस पत्र ने साहित्य तथा कलाओं के विकास को अपना मुख्य लक्ष्य माना तथा पीत पत्रकारिता के खिलाफ भी मुहिम चलाई। सामाजिक-सांस्कृतिक तथा राजनीतिक विषयों पर लेख हों या टिप्पणियाँ, विमर्शात्मक निबन्ध हों या विचारपरक आकलन हों; इस समाचार-पत्र ने हिन्दी समाचार-पत्रों में अपनी विशिष्ट पहचान बनाने में सफलता पाई। उसकी सफलता में विवेकसम्पन्न दृष्टि तो थी ही, उसकी भाषा का भी बहुत हाथ था। साफ सुथरी दृष्टि के साथ खनकती और मर्म पर चोट करती 'जनसत्ता' की भाषा ने जल्दी ही पत्रकारिता की आदर्श भाषा की जगह पा ली। 'सबको खबर दे, सबकी खबर ले' के आदर्श वाक्य पर चलते हुए इस अखबार ने हिन्दी में विचारपरक पत्रकारिता की भूला-बिसरा दी गयी परम्परा को पुनर्जीवित किया। खबर और उसके विश्लेषण के साथ-साथ विचार की पत्रकारिता में संस्कृति 'जनसत्ता' की सबसे विश्वसनीय संगिनी बनी जिसका निर्वाह उसने बड़ी गम्भीरता के साथ किया है। राष्ट्रीय-अन्तर्राष्ट्रीय प्रश्नों, राजनीतिक बहसों तथा ज्वलंत मुद्दों पर सम्पादकीय टिप्पणियों के अलावे इस पत्र ने साहित्य, संस्कृति तथा कलाओं को पूरी जगह दी तथा उन पर गम्भीर विमर्शों को सामने रखने का प्रशंसनीय उद्यम किया। जब हिन्दी के अधिकांश पत्र अपनी दिशा बदलकर नया व्यावसायिक मार्ग ग्रहण करने लगे थे, तब प्रकाश में आकर इस पत्र ने ध्येयवादी पत्रकारिता की स्मृति ताजा कर दी।

नवें दशक की हिन्दी पत्रकारिता में 'जनसत्ता' अकेला समाचार-पत्र रहा जिसने कलाओं पर एक पूरा पृष्ठ निकाला। आरम्भ से लेकर कुछ वर्ष पहले तक प्रत्येक बुधवार को यह पृष्ठ छपता था जिसे लेकर हिन्दी समाज में गहरी रुचि देखी जाती थी। अब वह पृष्ठ नहीं रहा, पर साहित्य को लेकर इस पत्र की गम्भीरता में कोई कमी नहीं आई है। पुस्तकों पर केन्द्रित समीक्षाओं का पन्ना अब भी प्रत्येक रविवार को आता है और उसका रविवारी परिशिष्ट अब भी पहले की ही तरह किसी सामयिक

मुद्दे पर केन्द्रित होता है। कहानी, कविता सहित विभिन्न स्तंभों के तहत इस पत्र ने साहित्य तथा संस्कृति के विकास तथा उसमें चलनेवाली बहस को गति दी है। आज भी कला तथा संगीत पर स्तम्भों के जरिए हिन्दी का यही एक पत्र है जो सामग्री देता है। सारांश यह कि 'जनसत्ता' हिन्दी पत्रकारिता का वह नूतन मील स्तम्भ है जिससे गुजरे बिना साहित्यिक पत्रकारिता को सम्पूर्णता से नहीं जान सकते।

इसी दौर में 'पहल' का प्रकाशन भी शुरू हुआ। 'इस महादेश के वैज्ञानिक विकास के लिए प्रस्तुत' घोषणा के साथ 'पहल' का प्रकाशन हिन्दी की साहित्यिक पत्रकारिता के क्षेत्र में मील का पत्थर साबित हुआ। प्रगतिशील विचारों का संवहन करते हुए इस पत्रिका ने प्राय: उन सभी साहित्यिक-सांस्कृतिक विमर्शों की वैचरिक पड़ताल करने की पहल की जो समकालीन समाज तथा जीवन से जुड़े थे। इस अकेली पत्रिका ने साहित्य में नये रचनाकारों की जितनी बड़ी जमात दी, उतनी दूसरी अन्य पत्रिका ने नहीं दी। नई रचनाओं के स्वागत का प्रश्न हो या उन पर बहस का, समकालीन सामयिक प्रश्नों की मानीखेज पड़ताल हो या परम्परा से टकराकर आधुनिक सन्दर्भों में नये मूल्यों की खोज का प्रयत्न हो; 'पहल' ने सर्वथा नये ढंग से विचार किया और इस तरह पत्रकारिता की साहित्यिक परम्परा में एक नूतन अध्याय का तब श्रीगणेश किया, जब इस क्षेत्र में वैचारिक अकाल का माहौल व्याप्त हो चला था। उदाहरण के लिए 'रचनाकार पर बढ़ते व्यावसायिक दबाव' विषय पर कथाकार मार्कण्डेय के विचारों को देखा जा सकता है जो दृश्य-माध्यमों के आने पर 'पहल' ने प्रकाशित किया था—"जिस तरह का विकास इस देश में हो रहा है, जिस तरह का विकास लाने की कोशिश की जा रही है, उसका परिणाम होगा कि साहित्य दिन पर दिन गम्भीरता से हटता जाएगा। रचनाएँ कमजोर होती चली जाएँगी। उदाहरण के लिए आज टेलीविजन पर प्रसारित करने के लिए ढेरों रचनाएँ लिखी जा रही हैं और उन्हें घर-घर पहुँचाया जा रहा है। लेकिन वह साहित्य कभी नहीं बनेगा।"[23]

यही नहीं कि 'पहल' साहित्यिक विषयों पर संवाद करके अपनी इतिश्री समझ लेती हो। वह सभी कलाओं पर अपने को एकाग्र करती है, उन पर खासतौर पर उसका ध्यान रहता है जो समाज से सीधा वास्ता रखती हैं। फिल्मकार सईद अख्तर मिर्जा देखिए क्या कहते हैं—"फिल्में अब गरीबी की बात करती हैं, रोटी, कपड़ा और मकान की समस्या से जूझती हैं। इतना ही नहीं, वह बुरे जमींदार तथा भ्रष्ट पूँजीपतियों पर प्रहार भी करती हैं। सभी कुछ समायोजित और तटस्थ बना डाला गया है। विकसित पूँजीवादी देशों की तरह ही क्रान्ति को भी चड्डी-बनियान की तरह एक जोरदार बिकाऊ माल बनाकर उसका अवमूल्यन कर दिया गया है जो इस बात पर निर्भर है कि किस तरह के माल की जरूरत है।"[24] 'पहल' के इन उद्धरणों से यह स्पष्ट हो गया होगा कि जन-पक्षधर साहित्यिक पत्रकारिता के क्षेत्र में इस पत्रिका का कितना महत्त्व है।

इन्हीं वर्षों में मूलत: कथा केन्द्रित पत्रिका 'हंस' का भी प्रकाशन शुरू हुआ। यह वही 'हंस' है जिसकी शुरुआत प्रेमचन्द ने की थी और उनकी मृत्यु के पश्चात् अमृत राय ने उसे बहुत बाद तक निकाला। 'हंस' के संपादक राजेन्द्र यादव ने इस पत्रिका को उसी पुराने 'हंस' का नया संस्करण कहा था जो प्रगतिशीलता का ध्येय लेकर रचना और विचार-जगत में सार्थक भूमिका अदा करती है। मूलत: कथा केन्द्रित पत्रिका होने के बावजूद 'हंस' रचना और विचार जगत को बहुत प्रभावित करती रही है। राष्ट्रीय-अन्तर्राष्ट्रीय प्रश्नों से लेकर अधुनातन सामाजिक विमर्शों का शायद ही कोई पक्ष हो जिसे 'हंस' नहीं उठाती। इस पत्रिका ने कहानी के क्षेत्र में तो एक बड़ी भूमिका निभायी ही है, विचार-जगत में अपनी उपस्थिति से हलचल भी पैदा की है। साहित्यिक-सांस्कृतिक तथा सामाजिक प्रश्नों पर 'हंस' का संपादकीय तो साहित्य-जगत में एक विमर्श का आधार माना जाता रहा है। अपने विचारों की तल्खी, प्रगतिशीलता और नये सवालों से रूबरू होकर बहस करने की प्रवृत्ति के कारण राजेन्द्र यादव ने साहित्यिक पत्रकारिता में लेखक के साथ-साथ एक महत्त्वपूर्ण संपादक की भी जगह बनाई है।

'अश्लीलता' के प्रसंग पर एक लेखक ने 'हंस' में लिखा—"अगर यौन सन्दर्भ ही अश्लील मान लिए जाएँ तो किशोर किसी भी उपन्यास को पढ़ने की स्थिति में नहीं रहेंगे और उन्हें विशुद्ध धार्मिक साहित्य ही पढ़ने पड़ेंगे।"[25] ज्ञातव्य है कि 1972 में बांग्ला की लोकप्रिय, प्रतिष्ठित पत्रिका 'सर्वोदय देश' के पूजा विशेषांक में 'प्रजापति' नामक उपन्यास पहली बार प्रकाशित हुआ था। लेखक थे समरेश बसु। इस पर काफी विवाद हुआ और मामला सर्वोच्च न्यायालय तक आ गया। इसी न्यायालय ने 21 सितम्बर, 1985 को इस उपन्यास को अश्लीलता के आरोप से बरी कर दिया था। अब राजेन्द्र यादव के एक सम्पादकीय को देखना प्रासंगिक होगा। 'मेरी तेरी उसकी बात' शीर्षक संपादकीय के एक अंक में वे कहते हैं—"अगर भारत कालमुक्त नहीं है और उसका कोई इतिहास रहा है तो वहाँ भी कुछ राज्य, कुछ वंश, कुछ शक्तियाँ उठती गिरती भी जरूर रही होंगी और इन परिवर्तनों के कुछ भौतिक कारण भी रहे होंगे। क्या उस सबको हम सिर्फ यह कह कर स्वीकार कर लें कि 'जिसने जैसा किया, वैसा भुगता' या ईश्वरीय नियमों में हस्तक्षेप का परिणाम इसमें सिवा और हो भी क्या सकता था?" और ईश्वरीय नियम सिर्फ वे ही हैं जो मन्त्रद्रष्टा ऋषि ने बताए हैं, हाँ, आज उसके अर्थ वह हैं जो हम बता रहे हैं, वही पथ है और प्रकाश है। इस प्रकाश का मूल स्तोत हमारे भीतर का 'आत्म' है और 'आत्म' का 'पावर हाउस' है कहीं कोई सुदूर अतीत...आइए उन्हीं हिमानी ऊँच्चाइयों में यात्रा करें, क्योंकि वही स्वर्ग है, वही मोक्ष है।"[26]

इस दौर की पत्रकारिता का सबसे अहम पक्ष यह है कि वह उन तमाम प्रश्नों पर विचार करती है जो प्रश्न तत्कालीन जीवन-जगत को प्रभावित करते हैं। पत्रकारिता

की प्राथमिकताएँ जरूर बदली दीखती हैं, पर इन प्राथमिकताओं में मनुष्य-मात्र की चिन्ता पूरी तरह से व्यक्त होती है। चाहे साहित्य हो या दूसरी कलाएँ; जनपक्षधरता ही उनकी कसौटी होती है, क्योंकि यह पत्रकारिता मानती है कि ज़नता की पक्षधरता को छोड़कर कलाओं का कोई दूसरा मार्ग ग्रहण करना हितकर नहीं है। 'हंस' के एक अंक में अमृत राय का कथन है—

"जहाँ पर साठ प्रतिशत हिन्दुस्तानी गरीबी रेखा के नीचे जीवन गुजार रहा है, या कि पच्चीस लाख लोग फुटपाथों पर सो रहे हैं...और वे अगर आपके साहित्य का सजीव अंग नहीं बन रहे हैं तो व्यर्थ है आपका लिखना।"[27]

अनेक तरह से संकटग्रस्त भारतीय सामाजिक जीवन में यह समय राष्ट्रीय एकता के विखंडन का भी है। धार्मिक कट्टरता और सांप्रदायिक ध्रुवीकरण के कारण देश का जन-मानस उद्वेलित दिखाई देता है। प्रत्येक विचारशील लेखक इस समस्या पर परेशान है और चाहता है कि ऐसी स्थिति पर लेखकों को एकजुट होकर काम करना चाहिए। इन्हीं प्रश्नों पर कान्तिमोहन ने लिखा—"वर्ग-समाज में जीवित और क्रियाशील साहित्यकार वर्गीय सच्चाई को अपनी आँखों से ओझल नहीं होने देता। राष्ट्रीय एकता का सवाल जनता के व्यापक तबकों के हितों की दृष्टि से भारत के समग्र देशवासियों की एकता का सवाल है और इसलिए इसका महत्त्व सबसे अधिक है।...इसलिए जनता से प्रतिबद्ध साहित्यकार के लिए लाजिमी है कि वह देश की एकता और अखण्डता के सवाल पर दो-टूक और सिद्धान्तनिष्ठ रवैया अपनाए और शासक दल की ढुलमुल नीति और मौकापरस्ती को जनता के बीच बेनकाब करे।"[28]

यह वे प्रश्न थे जो उन दिनों प्रायः सबको परेशान कर रहे थे और लेखक तथा संस्कृतिकर्मी अपने स्तरों पर इनसे जूझने की कोशिश भी कर रहे थे। पर स्थितियाँ धीरे-धीरे हद से ज्यादा बढ़ रही थीं जिन्हें सँभाल पाना आसान न था। इसी बीच जगह-जगह दंगे भी हुए जिससे देश की एकता और खण्डित हुई। मेरठ में हुए साम्प्रदायिक दंगे पर असगर अली इंजीनियर ने लिखा—"सच है कि इन दंगों का कोई एक कारण नहीं है, फिर भी इनके पीछे छिपे विविध कारणों की पड़ताल जरूरी है। यह स्पष्ट रूप से कहा जा सकता है कि इन दंगों की जड़ में मूलतः राजनीतिक -आर्थिक कारण हैं।"[29]

इन दिनों की वैश्विक परिस्थितियों को भी हिन्दी पत्रकारिता अपने विमर्श का आधार बनाती है और उन अनेक प्रश्नों पर विचार करती है जो प्रश्न सीधे-सीधे जनता के जीवन को प्रभावित करते हैं। प्रगतिशील लेखक संघ के राष्ट्रीय अधिवेशन में अप्रैल 1986 में अभिषाषण देते हुए नामवर सिंह ने कहा था—"आज 1986 में भी इसी तरह का विश्वव्यापी संकट है और इस विश्वव्यापी संकट में भी साम्राज्यवाद, नव-उपनिवेशवाद का बहुत खतरा, उससे बड़ा खतरा है जो हमारे संस्कारों को, भाषा को, क्षेत्र को, मजहब को, इन तमाम चीजों को इस्तेमाल कर रहा है, जिसका असर हम देख रहे हैं, पूरे मुल्क पर। इस तरह हिन्दुस्तान की जनता इस समय विश्व-

साम्राज्यवाद के षड्यन्त्रों के विरुद्ध एकता की माँग कर रही है। और इस एकता को जहाँ से भी टूट पैदा हो रही हो, चाहे मजहब की ओर से, चाहे क्षेत्रीयता-प्रान्तीयता की ओर से, चाहे जुबान का सवाल उठाकर किया जा रहा हो। प्रगतिशील लेखक अगर इस चुनौती के सामने खड़े न होंगे और खुद आपस में भाषा के सवाल पर लड़ेंगे तो आनेवाली पीढ़ियाँ और भविष्य हमें माफ नहीं करेगा।''[30]

इस युग की पत्रकारिता चाहे साहित्य की बात करे, नाटक-रंगमंच की बात करे या कलाओं की; यह साफ दिखाई देता है कि वह जनोन्मुखी है और तन्त्र द्वारा जनता की उपेक्षा से पूरी तरह खिन्न तथा उत्तेजित है। सर्जकों से लोक की उम्मीदों की रक्षा की माँग करते विचारक स्वयं इन कलाओं की स्वाभाविक प्रवृत्ति की भी बात उठाते हैं। 'भारत की जन-नाट्यशाला' पर बात करते हुए शिवदान सिंह चौहान कहते हैं—''हमारी कला को भारतवर्ष के तीस-पैंतीस करोड़ किसान-मजदूर और निम्न-मध्यवर्ग से प्राण-सम्बन्धित होना चाहिए। इसलिए कि समाज का यह वर्ग ही आज ऐतिहासिक दृष्टि से समाज की असंगतियों पर विजय प्राप्त कर एक नये समाज का निर्माण करने की क्षमता रखता है।''[31] नाट्यकला में आधुनिक समस्याओं को उठाने के दबाव के कारण हास्य और शृंगार के तत्त्व खो-से गये जिनकी वजह से वे नाटक समस्यामूलकता के बावजूद दर्शकों के चित्त में अपनी जगह नहीं बना पाते। यह सचमुच विचित्र स्थिति बनी जब प्रदर्शनधर्मी कलाओं में रंजनकारी तत्त्वों को खारिज कर समस्यामूलकता को नाट्य का एक धर्म तो बना दिया गया, पर जिन तत्त्वों से इस कलारूप को अधिक ग्राह्य बनाया जाता रहा, उसे ही खारिज कर दिया गया। इस पर विचार करते हुए गिरीश कर्नाड ने लिखा—''नाट्यशास्त्र के हिसाब से एक आधारभूत चीज है, वह यह कि हास्य और शृंगार साथ-साथ चलने चाहिए। वही चीज हमारे नाटक में खो गयी है।''[32]

नाट्य के क्षेत्र में इस बीच एक अन्य महत्त्वपूर्ण प्रश्न पर गम्भीर बहस छिड़ी दिखती है और वह है रंगमंच में अभिनेता नामक संस्था की समाप्ति का। मालूम हो कि नाट्य में तीन महत्त्वपूर्ण कारक माने जाते रहे हैं—''निर्देशक, नाटककार तथा अभिनेता। अलग-अलग समयों में इनमें से कोई न कोई कारक मंच पर प्रभावी हो जाता है, पर आदर्श स्थिति यही होती है कि इन तीनों का समन्वय हो। इसके विपरीत इस दौर में हुआ यह कि पश्चिमी नाट्य चिन्तक ग्रोटोवस्की के सिद्धान्तों का अनुकरण कर हिन्दी रंगमंच से अभिनेता को लगभग अस्तित्त्वहीन कर दिया गया और निर्देशक ने केन्द्रीयता प्राप्त कर ली। रंगमंच का इतिहास गवाह है कि जहाँ भी अभिनेता हाशिये पर फेंका गया है, वहाँ नाट्य का विकास नहीं हुआ है। आज भी बांग्ला या मराठी रंगमंच विकासमान हैं तो इसका प्रमुख कारण यही है कि इन मंचों पर अभिनेता को केन्द्रीयता हासिल है। दुर्भाग्य से हिन्दी में ऐसा नहीं हुआ। इस प्रश्न पर जयदेव तनेजा लिखते हैं—''मैं प्रतिबद्ध रंगमंच और उसकी सोद्देश्य और सार्थक गतिविधियों को

कम करके नहीं देखता। फिर भी यह सच है कि अभिनेता को समाप्त करने में ग्रोटोवस्की के कच्चे-पक्के प्रभाव और बादल सरकार के तीसरे रंगमंच की अवधारणा ने भी खासी महत्त्वपूर्ण भूमिका निबाही है।''[33]

इसके विपरीत कई ऐसे लोग हैं जिन्हें हिन्दी रंगमंच ही किसी ठोस धरातल पर खड़ा नहीं दिखाई देता। 'रोशनी की तलाश में हिन्दी रंगमंच' शीर्षक निबन्ध में चन्द्रमोहन ने लिखा था—''वास्तविकता तो यह है कि आज का हिन्दी रंगमंच किसी ठोस धरातल पर नहीं टिका है। उसने अभी तक इतनी उछल-कूद मचाकर भी, अपनी कोई खास पहचान नहीं बनाई है। थोड़ा-बहुत पश्चिम और अन्य प्रान्तीय भाषाओं के रंगमंच से, और अपनी कुछ प्राचीन रंगमंच परम्परा (भरतमुनि के 'नाट्यशास्त्र') से लेकर अपने को खड़ा करने की कोशिश की है।...हबीब तनवीर एक रंगकर्मी के तकनीकी दायित्व को तो निभा रहे हैं, लेकिन सामाजिक जिम्मेदारी को नहीं। वह 'चरनदास चोर' में उस वर्ग को दिखाते हैं जो स्वयं 'रानी' के वर्ग का है। यह एक प्रगतिशील कलाकार नहीं करता।''[34]

इस तथ्य में ज्यादा नहीं, पर थोड़ी सच्चाई है कि हिन्दी का रंगमंच अपने ठोस धरातल पर नहीं खड़ा है। खड़ा है, पर अभी उतनी प्रौढ़ता नहीं आ पाई है। चन्द्रमोहन की राय में प्रतिक्रिया का नकारवादी तत्त्व अधिक है, इसलिए इसी झोंक में वे हबीब तनवीर के रंगकर्म पर सवाल करने लगते हैं। वैचारिक प्रतिबद्धता का यही अतिवाद कला के लिए सबसे बड़ा खतरा है जिस तरफ लोग बहुत कम ध्यान देते हैं। प्रमोद त्रिवेदी की चिन्ता कुछ अलग ही है। वे 'संरक्षित नाट्य परम्परा और मुक्त रंग प्रयोग' विषय पर विचार करते हुए कहते हैं—''दरअसल नाटक के माध्यम से दर्शक का उन्हीं या उनके आसपास की प्रामाणिक जीवन्त स्थितियों से साक्षात्कार करवा देना परम्परागत नाटकों का प्रयोजन कभी नहीं रहा। तयशुदा स्थितियों की झलक दिखा देना ही नाटक के लिए आवश्यक मान लिया गया।''[35]

असल बात यह है कि ज्यादातर लोगों में नाटकों को लेकर जो समझ दिखती है, वह शुद्ध भाववादी और अध्यापकीय है। ये वे लोग हैं जो नाटकों को या तो किताबों के माध्यम से जानते हैं या सुनी-गुनी गई बातों में अपनी समझ की चासनी लगाकर व्यक्त करते हैं। इनका मंच-प्रस्तुतियों से कोई लेना-देना नहीं होता और न ही ये व्यावहारिक रंगमंच से परिचित होते हैं। यही कारण है कि बेसिर-पैर की बातें कर अपनी कलाओं की समझ को इस भाव से रखते हैं गोया वे कितनी बड़ी बात कह रहे हों। देखिए कि चन्द्रमोहन और प्रमोद त्रिवेदी से सर्वथा अलग ढंग से विचार करते हुए नाट्यालोचक सत्येन्द्र तनेजा की राय क्या है—''हिन्दी रंगमंच अब धीरे-धीरे समृद्ध और स्वतन्त्र हो रहा है। इस दशक में उसके सामने प्रमुख स्थान व्यावसायिक प्रतिष्ठा का है। व्यावसायिकता की अपने अपेक्षाएँ हैं, वह उन्हीं को सुलझाने में प्रयत्नशील है। और इस तरह वह उत्तरोत्तर प्रगति कर रहा है।''[36]

साहित्यिक पत्रकारिता ने कलाओं को लेकर जो एक दृष्टि बनाई थी, यह दृष्टि तो इस दौर में भी दिखाई देती है, पर वैसे लोग अब नहीं दिखाई देते जो कलाओं के क्षेत्र में अच्छी समझ रखते हों। यह पत्रकारिता धीरे-धीरे साहित्य-केन्द्रित होती जा रही थी। सब कुछ को साहित्य में ही समझना और साहित्य के औजारों से ही कलाओं को देखने का परिणाम है कि ऐसी अर्थहीन मान्यताएँ कलाओं को लेकर आती हैं कि लगता है कि कला पर सामग्री एक भर्ती का मसला भले हो, वह सम्पादकीय योजना का हिस्सा नहीं है। यह प्रवृत्ति धीरे-धीरे बढ़ती ही गयी और यह आकस्मिक नहीं है कि लोगों ने कलाओं के लिए अलग पत्रिकाएँ निकालनी शुरू कीं। बेशक कुछ पत्रिकाओं में अब तक कलाओं को लेकर गम्भीरता का भाव था, पर इस दौर में ही उसकी प्राथमिकता में गिरावट आने लगी थी। 'हंस' भी इस दौर तक कलाओं के प्रति गम्भीर दिखाई दे रही थी। एक अंक में के. के. हेब्बार की कला पर एक टिप्पणी में हरिप्रकाश त्यागी ने लिखा था—"हेब्बार दिखावटी परम्परा के बन्धनों से मुक्त हैं। वे अयथार्थवादी आकृतियों के प्रशंसक हैं लेकिन अमूर्तवादी बिल्कुल नहीं।"[37] के. के. हेब्बार की कला पर त्यागी की यह टिप्पणी अनेक दृष्टियों से महत्त्वपूर्ण है। हेब्बार ने भारतीय कला को स्वदेशी चेतना से जोड़ा था और कला को जातीय पहचान दी थी। उनकी कृतियों—*स्पेस, अन्न कूटते हुए, मुर्गा-युद्ध, सुनहरे गुलाब* तथा *दुःख* पर लिखते हुए त्यागी ठीक ही उन्हें मूर्तवादी कलाकार कहते हैं।

ठीक इसी समय केन्द्रीय ललित कला अकादेमी ने 'समकालीन कला' नामक कला पत्रिका का प्रकाशन आरम्भ किया। इस पत्रिका ने समकालीन भारतीय कला को आधुनिक सन्दर्भ देते हुए उसका परीक्षण किया और कला समीक्षा को भी स्थिर करने में अपनी महत्त्वपूर्ण भूमिका निभाई। 1982 से शुरू हुई यह कला पत्रिका अनेक मानकों पर खरी उतरी और कला को अनेक स्तरों पर नया सन्दर्भ देकर उसे प्रतिष्ठित करने का कार्य किया। 'समकालीन कला' ने भाषा के मानक पर कला को परखते हुए कला-समीक्षा को एक स्तर दिया और आज जो थोड़े-बहुत कला समीक्षक दृश्य में हैं, उन्हें दृश्य में लाने का कार्य इसी पत्रिका ने किया। बहरहाल, कला पर लेखन की कड़ी को आगे बढ़ाते हुए 'हंस' में हरिप्रकाश त्यागी की अमरनाथ सहगल पर लिखी टिप्पणी को देखें—"यूँ अमरनाथ सहगल ने घनवादी, प्रभाववादी, अति यथार्थवादी और अमूर्तवादी मूर्तिशिल्पों में भरपूर सफलता पाई है। पर कभी-कभी अपनी सोच को काफी आगे ले जाकर अमूर्त बनाने में भी सफल हुए।"[38]

हिन्दी पत्रकारिता ने इसी दौर में नये माध्यम टेलीविजन पर भी लेखन की शुरुआत की। यह वह दौर है जब केबल संस्कृति नहीं आई थी। इस माध्यम पर छिटपुट कार्यक्रम आते थे और धारावाहिकों का नया-नया प्रसारण शुरू हुआ था। इस पर विचार करते हुए सुधीश पचौरी ने एक सीरियल नीति प्रस्तावित की थी। उन्होंने लिखा था—"पिछले दो-ढाई साल के अरसे में हमारे बीच एक नई सीरियल संस्कृति

ने व्यापक हस्तक्षेप किया है। विज्ञापन जगत के लिए दरवाजा खोलने के पश्चात्...दूरदर्शन ने जो हमें एक सीरियल संस्कृति दी है, वह 'मास कल्चर' के पश्चिमी संस्करणों का विस्तार है।''[39] हिन्दी की साहित्यिक पत्रकारिता संस्कृति के उन सभी तत्त्वों का परीक्षण करते हुए इस बात को सुनिश्चित करना आवश्यक समझती है कि उसके प्रति एक ऐसी दृष्टि विकसित करनी होगी जो मानवीय आस्थाओं और मूल्यों को अपसरित न करे। इस दौर में ही जन की उपेक्षा का एक कारण सूचना के रूप में प्रकट हुआ जो धीरे-धीरे एक सर्वग्रासी तन्त्र का रूप ले चुका है। प्रत्रकारिता ने यदि अपनी जनोन्मुखता से कन्नी काट ली है, तो इसका एक बड़ा कारण सूचना-संस्कृति से जुड़ा है जिसके लिए व्यक्ति उपभोक्ता हो चला है तथा उसकी नागरिकता खो-सी गयी है। हिन्दी पत्रकारिता ने इस संस्कृति की आमद को पहचानकर ही उससे सचेत रहने की हिदायत दी थी और उसके लिए एक सीरियल नीति बनाने की माँग भी की थी।

इस युग में पत्रकारिता फिल्म की समीक्षा को भी स्थिर करने की कोशिश करती है और उसे देखने की नई विधियों का परीक्षण भी करती है। 'धर्मयुग' में 'श्याम बेनेगल के गाँव' पर जुगनू शारदेय ने लिखा था—'' 'अंकुर' और 'निशान्त' की अपेक्षा 'मंथन' के गाँव का परिदृश्य भिन्न है। समस्या भी भिन्न है। यह समस्या नये विकास और शोषण-मुक्ति की योजनाओं से शुरू होती है। श्याम बेनेगल बताते हैं कि गुजरात में एक ओर तो पटेल हैं, जिनके पास खेती है और दूसरी ओर परमार हैं जिनके पास मवेशी हैं। खेती और मवेशी की ताकत इतनी ज्यादा है कि जो दलित और शोषित हैं, वह विवश हैं। गाँव सड़क से जुड़ा है, पर वहाँ न डॉक्टर की सुविधा है और न ही किसी और प्रकार की सुविधा है।''[40]

यह श्याम बेनेगल की फिल्मों में आए गाँवों का सच है। जिसकी चर्चा कर जुगनू शारदेय बताते हैं कि कैसे बेनेगल ने इनकी हालत का अंकन किया है। इलेक्ट्रॉनिक माध्यमों की आमद और उसमें धड़ाधड़ धार्मिक धारावाहिकों का प्रसारण भी पत्रकारिता में विवाद का विषय बनता है। इस पर विचार करते हुए सुधीश पचौरी सरकार को घेरते हुए कहते हैं—''संचार माध्यमों के ऐसे सीधे धार्मिक उपयोग यही बताते हैं कि एक सेक्यूलर कही जानेवाली सरकार किसी सेक्यूलर संचार नीति में विश्वास नहीं करती।''[41] इसी कड़ी में समाजशास्त्री पी.सी. जोशी की राय है—''आज टी. वी. देखने पर लगता है कि शायद धनी वर्ग या उच्च वर्ग ही भारत है। असली भारत तो किसान-मजदूर-कर्मचारियों का है, अधिकतर जनता तो झुग्गी-झोंपड़ियों में रह रही है। असली बात तो यह है कि राष्ट्रीय कार्यक्रमों में हमें जीवन की यथार्थता नहीं दिखाई पड़ती है।''[42]

तथ्य यह है कि हिन्दी पत्रकारिता अपने मूल उत्स में जनोन्मुख है, इसलिए उसे ऐसे प्रश्नों पर बहस करने में दिलचस्पी होती है कि वह विमर्श के जरिए जनता

की भागीदारी को सम्भव कर सके। दुर्भाग्य से इसी दौर में जो जनता हाशिये पर जाना शुरू हुई तो जाती ही रही; उसे केन्द्र में आने ही नहीं दिया गया। संचार संस्कृति ने तो उसे एक बड़े हास्य में बदल दिया है। जहाँ वह सिर्फ हँसोड़ या विकृत चरित्र के रूप में ही आने को अभिशप्त है। अब एक नजर संगीत को लेकर इस पत्रकारिता की दृष्टि को देखें। संगीत पत्रकारिता के लिए भले ही अधिक महत्व की कला न दिखाई देती हो, पर यह लक्षित होता है कि वह हमेशा उसकी अनुषंगी रही है। शायद ही कोई सांगीतिक आयोजन हो या संगीत की कोई महत्त्वपूर्ण शख्सियत हो; इस पत्रकारिता ने जिन्हें दृश्य पर लाने की सफल कोशिश नहीं की है। 'दैनिक भास्कर' संगीतकार नौशाद की बातचीत प्रकाशित कर उनके विचारों को कुछ इस तरह रखता है—''संगीत खुदा की इबादत है। भगवान शिव की रचना है। हमारे छह राग–दीपक, मेघ, हिण्डोल, भैरव, और मालकौंस (यह राग पार्वती का भी है) यह छह राग और छत्तीस रागिनियाँ भगवान की भक्ति का मार्ग हैं। यह वो जुबान है जिसे ईश्वर समझता है।''[43]

साहित्यिक पत्रकारिता में कलाओं को लेकर जो दृष्टि दिखाई देती है, वह एक ध्येय की है; खालिस पाठकों की सन्तुष्टि के लिए नहीं। पर इस ध्येय में भी एक स्पष्ट भाव यह है कि जो जन है, वही उसका भावक है। जन से इतर, साहित्य, कला या राजनीति का उसके लिए अधिक महत्त्व नहीं है। इस युग की पत्रकारिता में जन के प्रति आस्था में विचलन दीखता है, वह कई स्तरों पर बदलते मानस और बदलती मान्यताओं के कारण है। साहित्यिक पत्रकारिता का अपना ध्येय इस दौर में भी जनोन्मुख है, पर धीरे–धीरे समाचार–पत्र अपना चरित्र इसी युग में बदलते हैं और वे उतने जनोन्मुख नहीं रहते जितने कि वे पहले थे। अखबारों की बदलती मानसिकता पर कीर्ति राणा ने लिखा—''आज की पत्रकारिता में और तीन–चार दशक पूर्व की पत्रकारिता में जमीन–आसमान का फर्क आ गया है। पहले अखबार किसी मिशन से जुड़े होते थे, पर अब अखबार बिजनेस बचाने के लिए निकाले जाते हैं। जहाँ तक संपादक की योग्यता का सवाल है, तो अब अखबार के सम्पादक के लिए जरूरी है कि वह जन सम्पर्क अधिकारी का कार्य बेहतर तरीके से कर सके।''[44]

इस तरह हम देखते हैं कि इस दौर की साहित्यिक पत्रकारिता बदलते प्रयोगों के भीतर उपेक्षित जन की चिन्ता करती है और साहित्य, नाटक तथा दूसरी कलाओं में इन वंचित जनों की सुधि लेने की ताकीद करती है। यह पूरा दौर सांस्कृतिक-राजनीतिक संक्रमण का है जिसे अभिव्यक्त करती साहित्यिक पत्रकारिता उस नये संचार माध्यम की भूमिका को भी लक्षित करती है जिससे आगे की पत्रकारिता को प्रभावित होना है। जन की व्यापक चिन्ता से प्रेरित यह पत्रकारिता विराट् सांस्कृतिक विमर्शों की पीठिका बनती है जिस पर साहित्य का निर्धारण तो होता ही है, नया समाज भी बनता है। हर स्तर पर उपेक्षित जनता का हाल यह है कि वह हाशिये

पर जाने को विवश है। साहित्य में वह अपनी बुनियाद से खिसक गयी है। सांस्कृतिक विमर्शों में वह अपनी सही जगह नहीं पाती। व्यवस्था ने तो उसे हाशिये पर धकेल ही दिया है। सर्वत्र हाहाकार है, देश में धर्म का उन्माद सर चढ़कर बोल रहा है। जाति के झगड़े भी शुरू हो गये हैं। प्रान्तीयता उफान पर है। ऐसे में साहित्यकारों का एक वर्ग पश्चिमी अनुभव को रचनाओं में लाकर एक थोथा प्रयोग करता है जिसे साहित्यिक पत्रकारिता बख्शती नहीं। बदलाव का यह दौर नये स्तर पर पत्रकारिता के लिए चुनौती बनता है जिसे पत्र-पत्रिकाओं के माध्यम से समझने की कोशिश की गयी है।

अगले अध्याय 'सूचना क्रान्ति के विस्फोट और आर्थिक उदारीकरण का दुष्प्रभाव' में हम देखेंगे कि कैसे केबल संस्कृति और संचार तन्त्र के मायाजाल ने भारत की सामाजिक व्यवस्था को हिलाकर रख दिया तथा कैसे सर्वग्रासी आर्थिक उदारीकरण ने पत्रकारिता सहित सांस्कृतिक निर्मितियों को एक उत्पाद में बदलने की कोशिश की।

सन्दर्भ

1. दिनमान, 13-19 मार्च 1977, पृ. 15
2. वही, 27 मार्च-2 अप्रैल 1977, पृ. 17
3. आलोचना, अप्रैल-जून 1977, पृ. 21
4. आलोचना, अप्रैल-जून 1977, पृ. 21
5. तटस्थ, अगस्त-अक्तूबर 1976-77, पृ. 43
6. शिखर, मार्च 1983, पृ. 45
7. गंगा, सितम्बर 1986, पृ. 12
8. वही, जुलाई 1985, पृ. 47
9. रविवार, 18-24 सितम्बर 1977, पृ. 22
10. रविवार, 4-7 सितम्बर 1977, पृ. 47
11. वही, सितम्बर-अक्तूबर 1977, पृ. 50
12. रविवार, 18-24 सितम्बर 1977, पृ. 50
13. नई दुनिया, 13 जनवरी 1985, पृ. 6
14. गंगा, जून 1986, पृ. 8
15. गंगा, जून 1986, पृ. 12
16. गंगा, जुलाई 1985, पृ. 49
17. साक्षात्कार, मार्च-मई 1977, पृ. 10
18. रविवार, 1-7 जनवरी, 1978, पृ. 14
19. अभिरुचि, फरवरी 1981, पृ. 14
20. आलोचना, जुलाई-सितम्बर 1976, पृ. 81

21. अभिरुचि, फरवरी 1981, पृ. 30
22. वही, पृ. 33
23. पहल, जुलाई 1986, पृ. 22
24. वही, जनवरी 1987, पृ. 103
25. हंस, अगस्त 1986, पृ. 64
26. हंस, अप्रैल 1992, पृ. 8
27. हंस, अगस्त 1986, पृ. 13
28. उत्तरार्द्ध, जनवरी 1986, पृ. 15
29. प्रयोजन, जुलाई-सितम्बर 1987, पृ. 21
30. प्रयोजन, अप्रैल-जून 1987, पृ. 10
31. रंगकृति, अंक-1, पृ. 4
32. रंगकर्म, दिसम्बर 1986, पृ. 5
33. रंगमंच, 1982, पृ. 20
34. आलोचना, अप्रैल-70-76, पृ. 7
35. जमीन, अंक-1, पृ. 23
36. दीर्घा, फरवरी-जून 1981, पृ. 21
37. हंस, अगस्त 1986, पृ. 22
38. हंस, सितम्बर 1986, पृ. 21
39. हंस, सितम्बर 1986, पृ. 91
40. धर्मयुग, 6 जनवरी 1980, पृ. 44
41. उद्भावना, अप्रैल-जून 1987, पृ. 13
42. वही, पृ. 37
43. दैनिक भास्कर, 21 अप्रैल 1985
44. दैनिक भास्कर, रविवारी, 6 दिसम्बर 1987, पृ. 2

अध्याय-5

सूचना क्रान्ति का विस्फोट और आर्थिक उदारीकरण का दुष्प्रभाव

इस युग का पूरा सामाजिक जीवन बदलाव और नैतिकता की नई निर्मितियों का साक्षी है, क्योंकि सूचना क्रान्ति ने भारतीय सामाजिक संरचना को पूरी तरह से विखण्डित कर दिया। अनेक समाजशास्त्रियों की राय है कि जो भारत सदियों से आक्रान्ताओं का शिकार होकर न बदला, लम्बी दासता ने भी जिस व्यवस्था को बदलने में सफलता नहीं पाई, उस व्यवस्था को सूचना क्रान्ति ने छिन्न-भिन्न कर दिया। यहाँ का समाज पश्चिम से आयी आधुनिकता और ज्ञान-विज्ञान की नई विचार-प्रक्रियाओं से भी बदला था। उसकी संरचना भी प्रभावित हुई थी, पर इतना नहीं बदला था कि उसका मजबूत ढाँचा ही ध्वस्त हो गया हो। पर नवें दशक के मध्य से प्रभाव में आयी सूचना तकनीक के प्रसार का परिणाम यह हुआ कि भारतीय समाज-व्यवस्था ने अपने परम्परागत मानवीय मूल्यों को तो दरकिनार किया ही, ऐसी अनेक दुष्प्रवृत्तियों का शिकार भी हुई जो एक जीवित संस्कृति के लिए घातक थी। इस दौर में पश्चिम-प्रेरित भोगवादी वृत्ति इतनी तीव्रता से फैली कि सम्बन्धों तक की जड़ें हिल गईं। परिवार के मजबूत पाये भी हिलने लगे और क्षण को जी लेने की ऐसी आतुरता सवार हुई कि स्मृतिवंचित संस्कृति में जीने का खतरा पैदा हो गया। टेलीविजन के माध्यम से घर-घर धारावाहिकों और सनसनीखेज कार्यक्रमों का असर यह हुआ कि शब्द-संस्कृति ही खतरे में पड़ गयी। पठनीयता बुरी तरह प्रभावित हुई, साहित्य और कलाओं का सृजन भी बुरी तरह प्रभावित हुआ और जो समाज बनने की प्रक्रिया में था उसे देखकर किसी बड़े परिवर्तन की उम्मीद पाले उन लोगों को हत्प्रभ होना पड़ा जो आशा कर रहे थे कि वे अपने प्रयत्नों से देश को अपने आदर्शों का रूप देंगे।

इन स्थितियों का असर साहित्य, कला, संस्कृति और विचार-जगत के साथ-साथ पत्रकारिता पर भी पड़ना स्वाभाविक था और वह हुआ। साहित्य को अचानक लगने लगा कि टी.वी. संस्कृति के असर से उसका पाठक छिटकने लगा है। कलाओं की निर्मितियों में नई रंजनकारी युक्तियाँ आ जुड़ीं जिनमें नाटक-रंगमंच भी शामिल

है और मुद्रित माध्यमों में (समाचार-पत्रों में) व्यावसायिक चिन्ताओं का ऐसा असर हुआ कि वे अपने ध्येय को रातों-रात बदल देने को विवश हो गये। यहाँ तक आते-आते हम पाते हैं कि पत्रकारिता के बड़े-बड़े आदर्श धूल-धूसरित हो गये। अब सामने नागरिक न थे, वे 'उपभोक्ता' थे जिनके लिए समाचार-पत्र को 'वस्तु' बन जाना था। समाज बड़ी आसानी से 'बाजार' में तब्दील हो गया था। 'समकालीन परिदृश्य और सांस्कृतिक संकट' विषय पर विचार करते हुए कर्मेन्दु शिशिर ने ठीक ही लिखा था—"इस संस्कृति का एक जरूरी हिस्सा—उपभोक्तावाद भी है। विचारक मानते रहे हैं कि समाज में तकनीक और प्रौद्योगिकी का विकास तब होता है जब समाज को उसकी जरूरत होती है। हमारे यहाँ माल पहले आता है—फिर जरूरत अपने आप बन जाती है।...ये ताकतें उपभोक्ता की नस टटोलती हैं और तय करती हैं। फिर वे निर्दोष तथा एकांगी माल कभी नहीं भेजते। उसके साथ, सोच, संस्कार, भाषा और संस्कृति का लाव-लश्कर आता है।"[1]

सूचना तकनीक के बेपनाह विस्तार ने भारतीय समाज को समय ही नहीं दिया कि वह सँभलने की कोई तरकीब खोज सके। उस पर यह चौतरफा आक्रमण के रूप में आयी और देखते-देखते यहाँ की व्यवस्था को छिन्न-भिन्न कर दिया। विचार-जगत संचार के मायावी संजाल से आक्रान्त ही नहीं, परेशान था; क्योंकि मुद्रित साहित्य खतरे में था। जब उसके पाठक ही न रहे तो इस शब्द-संस्कृति का होगा क्या। पर फिर भी एक उम्मीद की डोर थामे बुद्धिजीवी अनुमान लगा रहे थे कि संकट के बावजूद शायद कुछ अच्छा हो। रामस्वरूप चतुर्वेदी 'संचार साधन और साहित्य' शीर्षक लेख में लिखते हैं—"बहुत कुछ स्थिर और आराम से चलनेवाला नहीं है। उसकी गतिशीलता देखकर लग सकता है कि सम्भवतः कोई नया गणितीय सूत्र आविष्कृत हो, जिनके अनुसार एक बिन्दु पर पहुँच जाने के बाद गति अपना ईंधन स्वयं बन जाती है। आधुनिक तकनीकी और पुराने देव-दानवों के बीच विलक्षण क्षमता जैसे आ गयी है। तब साहित्य 'इंटरनेट' के जाल से कुछ वैसे बच सकता है, जैसे हनुमान ने अपने को सुरसा के विस्तार से बचाया था।"[2]

ऐसे में सचमुच यह तय करना कठिन था कि आगे क्या होगा और यह भी कि सांस्कृतिक प्रक्रियाओं के भीतर आ रहे विचलन का सामना कैसे किया जाय। व्यवस्था अब पूरी तरह पाला बदल चुकी थी। उसने विकास की यह मूर्खतापूर्ण युक्ति निकाली थी कि भले ही देश में तकनीक के संचालन और उपयोग की योग्यता न हो, उसे वह हर स्तर पर बढ़ाएगी। देश में आर्थिक सुधारों और विदेशी मुद्रा भंडार के लोभ में सरकार का रवैया दिन-ब-दिन जनविरोधी होता जा रहा था। अब साफ लगने लगा था कि भारत की अर्थव्यवस्था को हमारी सरकार नहीं अमेरिका चला रहा है। सोवियत संघ के विघटन के बाद अमेरिका की वर्चस्ववादी नीति आक्रामक हो गयी थी। विश्व व्यापार संगठन, अन्तर्राष्ट्रीय मुद्रा कोष, समूह-आठ और विश्व

बैंक के मार्फत ऋण योजनाओं में भागीदार बनाकर तथा विकास के सुनहरे सपनों को दिखाकर अमेरिका ने भारत को चौतरफा घेर रखा था जिसे भारत सरकार अपना सौभाग्य मान इतरा रही थी। भारत विदेशी निवेश के चक्कर में स्वदेशी उद्योग-धन्धों को नष्ट कर खुश हो रहा था और इस बात पर शर्म करने की जगह गर्व कर रहा था कि वह दुनिया का सबसे बड़ा उपभोक्ता बाजार है। जब बाजार ही उसे बनना था, तो जाहिर है, उसकी हर चीज़ बिकाऊ ही होनी थी। वही हुआ। उसकी संस्कृति, उसके मूल्य, उसके परिवार, उसकी परम्परागत व्यवस्थायें आदि सब के सब दाँव पर लगीं और देखते-देखते जो साहित्य अचानक सब कुछ बदल देने की मुहिम में शामिल था, वह अब अपनी अस्तित्त्व-रक्षा में जुट जाने को अभिशप्त हो उठा। साहित्यिक पत्रकारिता समाचार-पत्रों से लगभग गायब हो गयी। इस पर टिप्पणी करते अवधेश बजाज ने लिखा—

"आजकल साहित्यिक पत्रकारिता के सामने अनेक खतरे और चुनौतियाँ हैं। सबसे बड़ा खतरा तो बाजार की माँग और सस्ती लोकप्रियता के सामने घुटने टेक कर व्यावसायिकता का शिकार होने का है।"[3]

सूचना क्रान्ति के बेपनाह विस्तार और आर्थिक उदारीकरण के परिणामस्वरूप स्थिति इतनी बदल गयी कि देखते-देखते पूरा परिदृश्य धुँधला हो गया। इस दौर में सबसे बड़ी चुनौती साहित्यिक पत्रकारिता के जीवित रहने की ही थी; क्योंकि समय के अनुकूल न तो उसके पास साधन थे और न ऐसी मुकम्मल सांस्कृतिक दृष्टि का विकल्प ही कारगर रह गया था जो इस संघर्ष में उसका सहायक बनता तथा उसे बचाये रखने की कोई अर्थपूर्ण युक्ति ही दे पाता। 'टी.वी. पर रखा है गेंदे का फूल' शीर्षक अपनी टिप्पणी में अनवर जमाल टेलीविजन संस्कृति के साथ-साथ विज्ञापन की नई दुनिया को लक्ष्य कर लिखते हैं—"हमारी सारी प्रगतिशील और नैतिक आदर्शों सम्बन्धी चेतना को वांछित दिशा में मोड़ा या घुमाया जा रहा है। यानी हम बुर्जुआ व्यवस्था में उसके उद्देश्यों के अनुरूप खास तरीकों से इस्तेमाल हो रहे हैं—एक बहुत लुभावनी तर्ज़ पर जहाँ हमारे सांस्कृतिक मूल्यों की कसौटी के दो हिस्से हैं। एक हिस्से में साबुन है, क्रीम है, फ्रिज है और पेय पदार्थ हैं तो दूसरे हिस्से में गाँव है, चौपाल है, टी.वी. है और पूजा के बाद रखा गेंदे का फूल है।"[4]

सूचना के इस मायावी तन्त्र ने बहुत जल्दी ही भारतीय जनों की धार्मिक आस्था को भुनाना शुरू कर दिया और बदले में पाया कि नियतिवाद और प्रभु-कृपा पर चलनेवाला मूढ़ मति-मन्द हिन्दी-हिन्दू समाज टेलीविजन पर प्रसारित धार्मिक धारावाहिकों को देखकर धन्य हो रहा है। वह अपने उन आराध्यों को छोटे पर्दे पर देखकर अपना जन्म सफल कर रहा है जिनकी एक झलक पाने भर को वह वर्षों से तड़पता रहा है। ऐसी मानसिकता से ग्रस्त समाज में टेलीविजन देवतुल्य वस्तु बन गया जिसकी पूजा होने लगी तथा जिसके द्वारा विज्ञापित उत्पाद घर-घर में जगह पाने

लगे। यह सचमुच एक बड़ा खतरनाक षड्यन्त्र था जिसे भेदना आसान काम न था। सूचना के इस हमले से पहले विचारकों को लगता था कि उससे एक सकारात्मक प्रभाव पड़ेगा और एक वास्तविक आधुनिकतावाद का जन्म होगा—"विज्ञान टेक्नोलॉजी और औद्योगिकीकरण के सामंजस्य से वह सामाजिक स्थिति उत्पन्न होती है जिसमें नये सामाजिक सम्बन्धों और नये सामाजिक मूल्यों का विकास होता है और उन्हें वास्तविक अर्थ मिलता है।...आधुनिकीकरण की यह सामाजिक प्रक्रिया ही वास्तविक आधुनिकतावाद को जन्म देती है।"[5]

लेकिन वास्तविक आधुनिकतावाद का ही पता ही नहीं चला कि वह यहाँ आ भी सकता है; उसकी सारी स्वाभाविक बुराइयाँ (संचार तन्त्र की) इस तरह आईं जैसे सब्जियों के उगते ही कीड़े आते हैं और उसे नष्ट कर डालते हैं। अपने यहाँ तो विज्ञान, तकनीक और उद्योग का वह आपसी सामंजस्य बनता दिखाई ही नहीं दिया जिससे एक नई सामाजिक प्रक्रिया बनती है। ऐसा उन समाजों में होता है जहाँ कोई भी चीज लादी नहीं जाती। समाज पहले उसके लिए तैयार होता है, तब उसके अनुकूल यह बनता भी है। अपने यहाँ वह चूँकि अवांछित की तरह आकर परम पवित्र बन गया और जनास्था उस पर न्योछावर हो गयी; इसलिए उसके सामंजस्य और प्रतिरोध से बननेवाले समीकरण की गुंजाइश ही नहीं बनी।

बावजूद इसके कि हर तरफ उम्मीद की धुँधली रेखा भी नहीं बची थी, लघु पत्रिकाओं ने सांस्कृतिक प्रतिरोध की आग को जिन्दा रखा। इन्हीं दिनों 'संवेद' नामक एक पत्रिका का प्रकाशन भी शुरू हुआ जिसके संपादकीय में किशन कालजयी ने तत्कालीन परिस्थितियों की भयावहता के बरक्स इस पत्रिका को एक प्रतिरोध की तरह प्रस्तुत किया था—"मौजूदा हिन्दी पत्रकारिता से विचार और साहित्य लगभग अनुपस्थित हो गये हैं, जबकि समाज को विचार और साहित्य की सबसे ज्यादा जरूरत आज ही थी। दरअसल ऐसे साहित्य के समाज में पहुँचने और समझने के रास्ते लगातार बन्द हो रहे हैं। जो सिर्फ मनोरंजन के लिए नहीं, जागरण और परिवर्तन के लिए भी लिखे जा रहे हैं। आज के साहित्य का संकट और समाज का संकट एक ही है और वह यह है कि संचार साधनों के बढ़ते हुए दबाव ने अधिकांश पाठकों को अपने कब्जे में कर लिया है। जो पत्रिकाएँ (वितरण और व्यवस्था में सम्पन्न) इन प्रतिकूल परिस्थितियों में भी टिक सकती थीं, उन्होंने घुटने टेक दिये हैं। वस्तुतः साहित्य और विचार की पत्रिकाओं से आर्थिक लाभ की बड़ी उम्मीद की ही नहीं जानी चाहिए, इसीलिए यह अकारण नहीं कि बड़ी पूँजी से जितनी भी साहित्यिक पत्रिकाएँ निकलीं, वे आज बन्द हो चुकी हैं।...'संवेद' की यही कोशिश होगी कि स्वस्थ, स्वाभाविक और सुसंस्कृत आलोचना की नई जमीन तैयार करने की प्रवृत्ति को शक्ति और सम्मान दे।"[6]

कहना न होगा कि प्रतिरोध की इस आग को 'संवेद' लगातार जिलाए रखने

में सफल हुई है और तब से आगे के प्रायः सभी अंकों में यह पत्रिका हिन्दी समाज की वैचारिकता को पुष्ट करती रही है। अपने वैचारिक लेखों, विश्लेषणात्मक टिप्पणियों, सांस्कृतिक विमर्शों तथा साहित्येतर कलाओं पर एक सार्थक दृष्टि के कारण 'संवेद' हिन्दी समाज की सांस्कृतिक अस्मिता की प्रतिनिधि बनकर उभरी है। कहना न होगा कि ऐसी ही पत्रिकाओं के बल पर हिन्दी में सांस्कृतिक विमर्श की परम्परा जीवित है और जब तक ऐसी पत्रिकाएँ जिन्दा हैं, तब तक संकट का भूत चाहे जितना आक्रान्त करे, वह कुछ कर सकने की स्थिति में नहीं होगा। अधिकाधिक मुनाफा कमाने की भेंट चढ़ चुकीं बड़े घरानों की पत्रिकाओं की अकाल मौत ने जो शून्य पैदा कर दिया था, उसे लघु पत्रिकाओं ने भरा और यह घोषणा की कि घराने चाहे मुनाफाखोरी को अपना ध्येय बनाकर राष्ट्रहित की बलि दे रहे हों; वे अपने ध्येय पर अटल रहेंगी और एक समानान्तर सुखद संसार की कल्पना उनके भीतर हरदम जिन्दा रहेगी।

इस दौर में घटते पाठकों की चिन्ता एक अहम पक्ष है जिस पर अपने-अपने ढंग से प्रायः हर तरफ विचार होता दिखाई देता है। 'इंडिया टुडे' की साहित्य-वार्षिकी; जो साहित्य-संस्कृति के क्षेत्र में अपने सार्थक आयोजन के लिए लगातार चर्चा में रही, एक परिचर्चा के जरिये इस महत्त्वपूर्ण प्रश्न पर लोगों की राय सामने लाती है। पाठकों के गायब होने पर राजेन्द्र यादव ने कहा था—"बीच की जो केन्द्रीय पत्रिकाएँ पहले हुआ करती थीं, उनका गायब हो जाना, और जो बाकी बची हैं उनसे साहित्य का निष्कासित हो जाना—इन कारणों से हमें पाठकों का पता नहीं लगता। मेरा कहना यह है कि पाठक गायब नहीं हुआ है, सिर्फ उसको हम एक सूत्र में बाँध नहीं पा रहे हैं।"[7]

इस पर मतान्तर दिखाते हुए विद्यानिवास मिश्र ने कहा था—"आज से पच्चीस वर्ष पहले हिन्दी का पाठक जितना सजग था, आज उतना नहीं है। सामाजिक, राजनीतिक परिस्थितियाँ इसके लिए बहुत हद तक जिम्मेदार हैं।"[8] दो लेखकों के एक ही प्रश्न पर दिये गये विचारों को देखें तो उसके भी दो परिप्रेक्ष्य सामने आते हैं। एक यह कि पाठक हैं, पर उन्हें एकसूत्रता देने का प्रयत्न करना होगा तथा दूसरा यह कि अब वैसी बौद्धिक सजगता, उदग्रता नहीं रही जो पहले थी। जाहिर है, इन वर्षों में आयी वैचारिक गिरावट और तकनीकी तन्त्र के प्रसार के कारण हिन्दी में पाठकों की संख्या घटी तथा स्पष्ट रूप से कह सकते हैं कि यही वजह है कि तमाम बड़ी-बड़ी चिन्ताओं पर बड़ी-बड़ी बहसों के बावजूद लोगों में कोई सार्थक प्रतिक्रिया नहीं दिखाई देती। इस अवधि में 'वागर्थ' का प्रकाशन भी शुरू हुआ जो अपनी प्रखर वैचारिकता तथा रचनात्मकता के कारण पहचानी गयी। इसमें विचारपक्ष को हमेशा जगह दी गयी और ज्वलन्त प्रश्नों को सार्वजनिक बहस में बदलने की कोशिश भी हुई। एक सम्पादकीय में प्रभाकर श्रोत्रिय ने पश्चिम-प्रेरित घोषणाओं पर टिप्पणी करते हुए कहा—

"नई सभ्यता ने ऐसे तार्किकों को पैदा कर दिया है जिन्होंने साहित्य के क्षेत्र में लाशें बिछा दी हैं—कविता, कहानी, उपन्यास—यहाँ तक कि विचार की एक-एक कर मृत्यु की घोषणाएँ कर दी हैं।"[9]

यह सचमुच हैरतअंगेज है कि जिस सभ्यता ने तकनीकों और अपनी क्षुद्र स्वार्थों से प्रेरित वासनाओं के कारण हमारी सामाजिक-वैचारिक तथा सांस्कृतिक परम्परा को उपभोक्तावाद में बदलने का षड्यन्त्र किया, वही सभ्यता हर चीज को मरा हुआ घोषित कर रही है गोया उसके यहाँ जब सब कुछ खत्म हो गया तो हमारे यहाँ भला इसका क्या काम हो सकता है। सुखद है कि सांस्कृतिक स्तर पर आयी इस वैचारिक अराजकता को साहित्यिक पत्रकारिता ने ही लक्ष्य किया और उसपर व्यापक बहस की माँग की—"इस दौर की सबसे बड़ी दुर्घटना है—'विचारधारा' का केन्द्र से स्खलित हो जाना, 'आइडियोलॉजी' की जगह 'टेक्नोलॉजी' का वर्चस्व कायम होना। कम्प्यूटर, इलेक्ट्रॉनिक मीडिया, इन्फॉर्मेशन टेक्नोलॉजी ने चिन्तन और सृजन के आयामों की जो नई दुनिया रच दी है, उसमें मुद्रित माध्यम संकट में आ गया है। बात अब उसके क्रमशः अदृश्य होने और दृश्य-श्रव्य प्रस्तुतियों के लोकप्रिय होने की है।...सम्भावना व्यक्त की जा रही है कि सदी का अन्त होते-होते, कहानी-उपन्यास सिल्योलाइड पर लिखे जायेंगे, बस देखने-सुनने के लिए, पढ़ने के लिए नहीं।"[10]

'उत्तर-आधुनिकतावाद और आलोचना के संकट' पर विचार करते हुए निर्मला जैन की उक्त चिन्ताओं का परिप्रेक्ष्य बड़ा है। तन्त्रयुग ने विचारधारा को बहिष्कृत कर जो सांस्कृतिक संकट की स्थिति पैदा की थी, उसमें गम्भीर साहित्यकर्म और कलासृजन, दोनों के लिए मुश्किलें थीं, जाहिर है, मुश्किलों में यह प्रबुद्ध वर्ग भी था जो एक संकल्प के फलीभूत होने का सपना अब भी देख रहा था जब उम्मीद की कोई सूरत भी नजर नहीं आ रही थी। शम्भुनाथ की चिन्ता देखिए कितनी मार्मिक है, जो इस दौर में परिस्थिति की भयावहता को इस रूप में देखते हैं—"मैं एक ऐसा विश्वग्राम देख रहा हूँ जिसमें 'होरी' की गोशाला की जगह सुपर-सोनित विमान कनकर्ड खड़ा है। चौपाल पर डॉलर की दुकान है, जहाँ पान-सिगरेट भी उपलब्ध है। विश्व बैंक में झिंगुरी सिंह बैठा है। दुलारी सहुआइन ने सुपर बाजार खोल रहा है, जिसमें सब कुछ बिकता है। दो-तीन हजार कि. मी. की दूरी तक हिन्दी की कोई पाठशाला नहीं है और विश्वविद्यालय विश्व व्यापार संगठन के क्लब में बदल गये हैं।"[11]

ऐसे वक्त में साहित्यिक पत्रकारिता कई स्तरों पर जूझती दिखाई देती है। एक स्तर विचार का है, तो दूसरा साहित्य-सर्जन की चुनौतियों का है। तीसरा स्तर कलाओं की निर्मितियों को एक परिप्रेक्ष्य देने का है तो एक अन्य स्तर वह है जिसमें साहित्यिक पत्रकारिता अपने समय की सुविधाभोगी राजनीति से टकराकर एक स्वस्थ सांस्कृतिक जगत की स्थापना पर बल देती है। परम्परा-पोषित पत्रकारिता के स्वधर्म में बहुत

गिरावट के बावजूद साहित्यिक पत्रकारिता की यात्रा ऐसे कई पड़ावों से गुजरती है जिसे देखकर सन्तोष होता है कि ध्येयवाद का सुनहला दौर भले विलुप्त हो गया हो, लघु पत्रिकाओं के होते हुए एक उम्मीद हमेशा बनेगी, रह सकेगी और वह बनी भी हुई है।

इसे विचित्र संयोग ही कहना चाहिए कि इस समय समाचार-पत्रों ने अपनी सांस्कृतिक दृष्टि को व्यावसायिक जामा पहना दिया। उसकी कोई ऐसी भूमिका अब नहीं रह गयी जो विचार-विमर्श के लिए प्रेरित कर सके। पर इस बीच उसमें 'पीत-पत्रकारिता' की कुत्सित प्रवृत्ति भी विकसित हुई जो पत्रकारिता खासकर हिन्दी पत्रकारिता के लिए कलंक साबित हुई। 'देशबन्धु' में प्रकाशित हरिशंकर परसाई का यह पत्र इस प्रवृत्ति पर स्वयं एक प्रहार है—" 'पीत पत्रकारिता' हमारे देश में बहुत चलती है। कई अखबार और पत्रकार ब्लैकमेल करते हैं। झूठी रिपोर्टें छपती हैं। चाहे जिसकी, बदनामी कर दी जाती है। सत्य के प्रति कोई आग्रह नहीं होता। अफवाहें उड़ाई जाती हैं। सिद्धान्त और नैतिकता के प्रति कोई आग्रह नहीं होता। सब अखबार और पत्रकार ऐसा नहीं करते, मगर बहुत सारे ऐसा करते हैं।"[12]

अब ऐसी पत्रकारिता से उम्मीद ही क्या थी कि कोई संस्कृति-विमर्श की अपेक्षा करे। अधिकाधिक जनप्रियता अर्जित हो। समाज में एक वस्तु की तरह अखबार को लिया जाय, इसके लिए दीन-ईमान और नैतिकता को ताक पर रखकर झूठी और चटपटी चीजें परोसना तथा गम्भीरता से तोबा करना ही ज्यादातर समाचार-पत्रों का गुण-धर्म बन गया, इसीलिए इस बहस का सूत्र अखबारी पत्रकारिता से इसी दौर में बाहर हो जाता है और इसकी बाजाप्ता एक परम्परा बन जाती है जो शुद्ध व्यवसाय वृत्ति के द्वारा अपने-अपने घरानों के मालिकान को मुनाफा और सन्तोष दोनों देती है।

ठीक इसी दौर में सिनेमा जगत में थोड़े समय के लिए 'गुरिल्ला सिनेमा' प्रकाश में आया। इस पर विचार करते हुए आनन्द पटवर्द्धन ने लिखा—"प्रभुता सम्पन्न वर्ग ने जिस सिनेमा को जन्म दिया है, वह मौज-मस्ती और पलायन का सिनेमा है। 'गुरिल्ला' फिल्म निर्माता की जिम्मेदारी यह है कि वह यथार्थ और परिवर्तन के सिनेमा का सृजन करे।"[13] साहित्यिक पत्रकारिता सिनेमा के नये परिवर्तनों को दिखाते हुए इस बात को लक्ष्य करती है कि आज का सिनेमा अपने रास्ते से भटककर सिर्फ प्रभुवर्ग की मौज-मस्ती का माध्यम बन गया है। यह एक तरह से पलायन का मार्ग है जिसमें समाज के यथार्थ का अंकन करने तथा सामाजिक संघर्ष को बल देने वाली दृष्टि का सर्वथा लोप हो गया है। असल बात यह है कि आठवें दशक के आरम्भ से ही हर स्तर पर गिरावट आयी, जिसमें साहित्य के साथ-साथ कलाओं में भी क्षरण हुआ। इस दौर में हिन्दी सिनेमा सबसे अधिक पथभ्रष्ट हुआ। उसके पथभ्रष्ट होने का एक कारण साहित्य से उसकी बढ़ती दूरी भी था। अब सिनेमा के लिए किसी अच्छी कहानी की दरकार न रह गयी। तरह-तरह की भड़कीली युक्तियों—जिसमें

मार-धाड़, उत्तेजक नृत्य, सनसनीखेज अर्थहीन कहानी की प्रधानता होती थी, मसाला फिल्में कही गईं। सिनेमा का गम्भीर दौर बीत चुका। ऐसे ही एक प्रश्न के जवाब में गुलजार ने कहा था—"फिल्म निर्माण के बड़े खर्चे को देखते हुए शुद्ध साहित्य पर शुद्ध साहित्यिक फिल्म बनाना बहुत मुश्किल काम है।"[14]

बड़े खर्चे की फिल्मों की लागत का मुनाफा भी बड़ा चाहिए जो सार्थक सिनेमा बनाने से नहीं मिल सकता, इसलिए सिनेमा निरन्तर ऐसे तन्त्र का शिकार होता गया जिसकी लागत में काले धन की भरमार हो गयी और उसका मिशन भाव नष्टप्राय हो गया। 'जन संचार माध्यमों का दबाव और हमारी चिन्ता' विषय पर जबरीमल पारख ने ठीक ही कहा था—

"जन संचार माध्यमों के इस दैत्याकार रूप के कारण शासक वर्ग की शक्ति में निश्चय ही वृद्धि हुई है। जनता को भुलावे में रखने, उन्हें शोषण, उत्पीड़न, अज्ञान और पिछड़ेपन के अन्धकार के गर्त में रखने की कोशिशों की तुलना में जन-जागृति और जन-असन्तोष को आन्दोलनात्मक दिशा देने वाले प्रयत्नों की आवाज बहुत धीमी और दबी हुई है।"[15]

संचार क्रान्ति के विस्फोट से रंगमंचीय चिन्ताओं में भी बढ़ोतरी हुई। इसके प्रभाव से नये बने उपभोक्ता-समाजों और उसकी संस्कृति ने तात्कालिकता की जिस मनोवृत्ति को जन्म दिया, उस पर विचार करते हुए नेमिचन्द्र जैन ने लिखा था—"तात्कालिक राजनीतिक मुद्दों और संचार क्रान्ति तथा उससे जुड़ी हुई उपभोक्तावादी संस्कृति के दबावों में बड़ी समानता है। दोनों ही हमारा ध्यान गहरी मानवीय संवेदनाओं से, आपसी रिश्तों की गहरी पड़ताल से, राजनीतिक और सामाजिक विडम्बनाओं के मूलभूत और नियामक अन्तर्विरोधों से, हटाकर चालू तात्कालिक मुद्दों तक सीमित कर देते हैं।"[16] आशय यह कि संचार क्रान्ति ने संस्कृति के हर क्षेत्र में घुसपैठ की और उसकी गम्भीर मानवीय दृष्टि को क्षतिग्रस्त किया। इसकी चिन्ता साहित्य तथा अन्य कलाओं के विचारकों में समान भाव से मौजूद है जिसे साहित्यिक पत्रकारिता बड़ी स्पष्टता के साथ सामने लाकर एक बड़ी बहस को जन्म देती है। इस दौर में पत्रकारिता ने लोकोन्मुखता की अपनी पुरानी परम्परा को जीवित करने की चेष्टा भी कि तथा उसके मूलगामी आशयों को समझने की कोशिश भी की। साहित्य में लोकजीवन और हिन्दी जाति पर विचार करते हुए जीवन सिंह ने लिखा था—"हमारा यह लोक कभी सुख-सुविधाओं से सम्पन्न नहीं रहा। उसका जीवन सदैव अभावमय और कष्टकर रहा। इसके बावजूद उसने कभी निराशा और कुंठा की बातें नहीं कीं। वह जीवन के प्रति सदैव आशान्वित रहा। उसने मनुष्य के जन्म से लगाकर मृत्यु तक के गीत गाये। उसने जीवन के किसी भी अवसर को हाथ से नहीं जाने दिया कि जिस पर वह नाचा न हो और जिस पर यह गाया न हो।"[17]

यह तो लोक के उस पक्ष की बात हुई जो उसमें सदा विद्यमान रहता आया

है और जिसकी वजह से उसमें गहरी जिजीविषा बनी हुई है, पर इसका दूसरा पक्ष यह है कि तात्कालिकता की यान्त्रिकता ने उसके जीवन-रस को सोखकर उसकी श्रद्धा को नष्ट कर दिया है। श्यामसुन्दर दुबे ठीक ही कहते हैं—"इस 20वीं शताब्दी के सूर्योदय से ही ग्रामीण जीवन में परिवर्तन की लहर आयी।...लोक के स्वरूप में जो यान्त्रिकता, राजनीतिक स्वार्थपरता और व्यावसायिक स्पर्धा घुस आयी है, उसने वहाँ के आस्थामय श्रद्धा-केन्द्र ही नष्ट कर दिये हैं, वहाँ की उस सामाजिक व्यवस्था को समाप्त कर दिया है, जिसमें बहुत व्यापक अभेद दृष्टि थी।"[18]

यह बड़ी स्पष्टता से लक्षित की जा सकती है कि इस युग की पत्रकारिता में वैचारिक विमर्शों की झड़ी लगी हुई थी। संचार क्रान्ति के हमलों और सरकार की जनविरोधी नीतियों के फलस्वरूप जो अराजक स्थिति पैदा हुई थी, उसकी नाना छवियाँ साहित्य और दूसरी कलाओं में दिखाई दे रही थीं। पूरा सांस्कृतिक परिवेश धुँधलके में घिर गया था। विचार-जगत सन्न था तथा किसी दौर में जनसेवक कहलानेवाले राजनेता कुत्सित स्वार्थों के वशीभूत होकर अपनी तिजोरियाँ भरने में लगे थे। ऐसे में संस्कृति के क्षेत्र में, चाहे वह कोई क्षेत्र हो—वैचारिक बहसों की शृंखलाएँ चल रही थीं जिसे साहित्यिक पत्रकारिता ने मंच दिया था। गौरतलब यह है कि साहित्यिक पत्रकारिता ने विचार को जिन्दा रखते हुए उन सभी कलारूपों से लोकधर्मी और लोकोन्मुख होने की माँग की, जिससे अब भी एक नये समाज को बनाने की दिशा में प्रयत्न किया जा सकना सम्भव हो सके। हिन्दी की साहित्यिक पत्रकारिता की जनोन्मुखता की यह एक बड़ी विशेषता रही है जो इस युग में भी उजागर हो सकी थी।

अब साहित्य को देखने का प्रयत्न करें कि तत्कालीन लेखन को पत्रकारिता किस रूप में देखती है। पिछले दशक की ही तरह इस युग में भी क्षोभ का स्वर अधिक तीव्रता से उभरता दिखाई देता है। पर कविता में इस बीच भी प्रतिक्रियाएँ बहुत तीखी रहीं—

"भाषा का सहजीकरण, प्रतीकों और बिम्बों की सपाटता, बहस से हटकर उसकी संवेगात्मक अभिव्यक्ति, जीवन-मूल्यों की प्रामाणिकता इत्यादि को लेकर चलनेवाली कविता सार्थकता को ही जन्म देती है। और यही कारण है कि इन कविताओं में आया रोष अनायास प्रगट नहीं हुआ।"[19]

वंशी माहेश्वरी इधर की कविता की सादगी, प्रतीकों और बिम्बों की सपाटता आदि के साथ उसकी संवेगात्मक अभिव्यक्ति को प्रकारान्तर से सार्थक कविता बताते हैं। हालाँकि इस तरह की कविताओं का विरोध भी बहुत हुआ है जिसमें कलापक्ष नदारद रहा और भावपक्ष अधिक ही बड़बोलेपन का शिकार हुआ। कविता और विशेषकर, इसी तरह की प्रयोजनधर्मी कविता को लक्ष्य कर ज्ञानरंजन कहते हैं—"सातवें दशक के उत्तरार्द्ध में भयावह सामाजिक परिस्थितियों, राजसत्ता की असफलताओं

और क्रूरताओं के प्रतिरोध में उभरी लड़ाइयों ने जब देश की चेतना को गुणात्मक स्तर पर बदलना शुरू किया तो एक और तरह की कविता की जरूरत पैदा हुई। इस बदली हुई चेतना ने हिन्दी में निरपेक्ष, तटस्थ, ठण्डी, व्यक्तिवादी और स्वायत्त कविताओं को या तो कठिन या हास्यास्पद बना दिया।''[20] हालाँकि ज्ञानरंजन ने जिस कविता की जरूरत यहाँ बताई है और जो कविता हिन्दी में आयी वह स्वयं भी बहुत पाक-साफ नहीं थी। उसमें दलीय और वैचारिकता का इतना आग्रह था कि कविता का अपना स्वरूप भी खतरे में पड़ा।

अब कहानी की ओर नजर ले जाएँ तो ऐसी ही स्थितियाँ सामने आती हैं। वैचारिक धुँधलके में विधाओं का स्वरूप काफी हद तक क्षतिग्रस्त होता है और जो तथ्य उभरकर आता है उससे स्पष्ट हो जाता है कि साहित्य को अपनी सीमाओं में कैद कर लेना उसके साथ ज्यादती करना है। 'नवें दशक के युवा-लेखन की केन्द्रीय समस्या' पर विचार करते हुए धीरेन्द्र अस्थाना ने लिखा—''आठवें दशक का पूर्वार्द्ध कहानी के सन्दर्भ में एक पूरी की पूरी सम्भावनाशील कथाकारों की जवान पीढ़ी के तबाह हो जाने का इतिहास है। वामपंथी हथियारों से दक्षिणपंथ से लड़ते सेनापतियों की पराजय का इतिहास है और कहानी के रंगमंच पर निर्जीव, नकली और धोखेबाज क्रान्तिकारी चरित्रों की धींगामुश्ती का इतिहास है।''[21] ऐसा क्यों था कि सहसा अविश्वसनीय ढंग से कहानियों को कुछ इस तरह रचा गया कि वे अपनी आत्मा खोकर राजनीतिक लड़ाइयों का हथियार हो गईं और उसके चरित्र केवल निर्जीव पुतले रह गये? यह इस युग की यान्त्रिकता का एक ऐसा उदाहरण है जिससे साहित्य का मानभंग हुआ।

साहित्यिक पत्रकारिता इससे अलग हटकर उन सही मोर्चों को लक्ष्य करती है जिस पर काम किये बिना साहित्य की प्रासंगिकता को ही खतरे में डालना है। इन दिनों संचार के साधनों के प्रसार और व्यवस्था की पश्चिम-प्रेरित नीतियों के बरक्स अनेक ऐसी समस्याओं ने सिर उठाया जिससे पूरा हिन्दी समाज आक्रान्त हो गया। इसे स्पष्ट करते हुए वेदप्रकाश अमिताभ ने लिखा था—''समकालीन कथाकार के लिए दलितों की नियति, श्रमजीवियों का शोषण, नारी की दुर्गति आदि समस्याएँ आज भी गम्भीर चिन्ता का विषय हैं, लेकिन जिस समस्या ने आज के हिन्दी कथाकार को पिछले कुछ वर्षों में पुन: झिंझोड़ दिया है, वह है—साम्प्रदायिकता।''[22] इस समस्या पर साहित्यिक पत्रकारिता का रुख बड़ा तीखा रहा है। चूँकि हिन्दी समाज में साम्प्रदायिकता के लिए कभी कोई जगह नहीं रही है और साहित्य में भी हमेशा एक सामासिक संस्कृति की ही बात की जाती रही है, इसलिए नये सिरे से सिर उठाती साम्प्रदायिकता का विरोध इस दौर की पत्रकारिता ने किया और साहित्य में साम्प्रदायिकता-विरोध की रचनात्मकता ने गति पकड़ी। इस युग की कहानियों, कविताओं तथा उपन्यासों और वैचारिक लेखन में साम्प्रदायिक-प्रवृत्तियों का खुला प्रतिरोध दिखाई देता है।

ठीक इसी समय 'समास' नामक एक नई साहित्यिक पत्रिका प्रकाश में आयी जिसने साम्प्रदायिकता को लक्ष्य किया और उसके प्रतिरोध की नकारात्मक पद्धति पर भी कड़ा प्रतिवाद किया। अपने सम्पादकीय में अशोक वाजपेयी ने लिखा—"समय आ गया है जब हम अपने पच्चीस-तीस वर्षों के बौद्धिक आचार में अन्तर्भूत कुछ वर्जनाओं पर खुले मन से विचार करें। प्रगतिशीलता और आधुनिकता के चक्कर में हमने धर्म, अध्यात्म, आधिभौतिक प्रश्नों को अस्पृश्य मान रखा है जबकि इन्हीं का सहारा लेकर एक अत्यन्त एकांगी, उग्र और खतरनाक भारतीयता लगभग एक जनान्दोलन बनकर हमारे सामने है और दृश्य पर भयानक दबाव डाल रही है।"[23]

अशोक वाजपेयी इस सम्पादकीय के माध्यम से एक बड़ी बहस को छेड़ते हैं। उनके निशाने पर वह प्रगतिशील राजनीति है जो धर्म, अध्यात्म और आस्था को फिजूल मान उसका तिरस्कार करती है। जाहिर है, धर्म-प्राण भारतीय जनता को यदि अपने साथ लेना है तो उसकी आस्था को तोड़कर नहीं वरन् उसका सम्मान कर ही लिया जा सकता है। उग्र भारतीयता का प्रतिरोध एक संयत, शालीन और आस्थाजनित भारतीयता से ही सम्भव है। यदि प्रगतिशीलता और आधुनिकता की पश्चिमी मानसिकता से उबरकर ठेठ भारतीय जीवन के आईने में इस समस्या को समझने की कोशिश की जाती तो सचमुच बुनियाद-परस्ती की राजनीति यहाँ कभी सफल न होती। इस अंक में साहित्य की मुक्ति पर गम्भीर बहस है। बहस का आधार यह है कि साहित्य को विचारधारा का दास बना देना, उसकी स्वायत्तता नष्ट करना है। जैसे एक विचारधारा का अपना वजूद है, उसी तरह साहित्य का भी अपना वजूद है, अपना एक स्वतन्त्र रूप है और इस रूप का सम्मान करते हुए विचारधाराओं से उसे मुक्त रखने की कोशिश करनी चाहिए। इस बहस में शामिल होकर प्रगतिशील लेखकों ने इस विचार पर कड़ा प्रतिवाद किया था। 'साहित्य की मुक्ति या कछुआ धर्म' शीर्षक अपने वक्तव्य में नामवर सिंह ने कहा था—"साहित्य की मुक्ति के नाम पर क्या हम जगत को तपोवन बनाना चाहते हैं? तपोवन न जगत बन सकता है, न साहित्य। इलियट का 'पवित्र वन' (द सेक्रेड वुड) भी नहीं। पवित्रता की प्यास अन्ततः हमें कहाँ ले जाएगी? पहले एक तपोवन, फिर दूसरा तपोवन। तपोवनों का यह सिलसिला कहाँ खत्म होगा? इस मुक्ति का अन्त कहाँ होगा? अन्ततः क्या बचेगा।"[24]

नामवर सिंह साहित्य को विचारधारा और जीवन की आकांक्षाओं के व्यक्त रूप में देखते हैं और उस विचार को सिरे से खारिज करते हैं जिसमें साहित्य को मुक्त कर स्वायत्त बनाने की चेष्टा निहित है। यह बहस इस युग की साहित्यिक पत्रकारिता का एक महत्त्वपूर्ण पक्ष है जिससे गुजरे बिना इस दौर की पत्रकारिता को नहीं समझा जा सकता।

साहित्य और विचारधारा की बहस 'समास' के दूसरे अंक में भी दिखाई देती है। इसमें अशोक वाजपेयी ने सोवियत संघ के विघटन को विचारधारा के अन्त के

रूप में देखा और लिखा—"विचारधारा और उससे जन्मे दैत्याकार ढाँचे इतिहास के घूरे पर पड़े हैं। स्वयं इतिहास तहस-नहस हो चुका है। सरलीकरणों की चिन्दियाँ इधर-उधर उड़ रही हैं। ऐसे मुकाम पर मनुष्य की आजादी की, बराबरी की, न्याय की सूक्ष्मता और जटिलता की लड़ाई अप्रासंगिक या खत्म नहीं हुई, बल्कि और प्रखर और जरूरी हो गयी है।"[25] विचारधाराओं के स्वप्नों-आदर्शों के विखण्डन का सोवियत प्रतिरूप इतना प्रचारित हुआ कि विचार-जगत में अजीब-सी स्थिति पैदा हो गयी। प्रश्न यह था कि विचारधाराएँ अपने प्रयोगों की विफलता के कारण भले नष्ट या अप्रासंगिक हो रही हों; मनुष्य का जीवन हमेशा एक उम्मीद चाहता है जिसमें वह कुछ बेहतर हो, बेहतर समाज पाये, बेहतर सुविधाओं के साथ जी सके। साहित्य किसी विचारधारा का पल्लवन भले न करे, वह ऐसे मनुष्यों के जीवन और उसके संघर्षों को अभिव्यक्त नहीं करेगा तो अन्ततः क्या करेगा। गैर जरूरी हो गये या मान लिए गये विचारों को भले ही नये सिरे से सम्भाला जाय, पर साहित्य से मनुष्य निष्कासित तो नहीं हो सकता। आवश्यक यही है कि सरलीकरणों से बचा जाय और साहित्य को विचारधारा के प्रचार का माध्यम न बनाया जाय।

साहित्यिक पत्रकारिता अपनी यात्रा में ऐसी अनेक बहसों को लेकर चलती है और यह सार्वजनिक विचार का वातावरण निर्मित करती है। यह दौर चूँकि संक्रमण का है, इसलिए ऐसे अनेक विचारों पर बहस होती है जो अन्ततः जनता, साहित्य और सूचना-तन्त्र को लेकर चलते हैं। 'संवेद' के एक अंक के इस विचारोत्तेजक सम्पादकीय को देखें—"किसी भी लोकतान्त्रिक समाज के लिए यह जरूरी है कि जनता अपने समय के महत्त्वपूर्ण राजनीतिक, आर्थिक, साहित्यिक और सांस्कृतिक मुद्दों को जान रही हो। इसके लिए सिर्फ जनता का शिक्षित और सचेत होना पर्याप्त नहीं, बल्कि समाचार माध्यमों की ईमानदारी, स्वतन्त्रता और साहस महत्त्वपूर्ण है जो सच को सच और झूठ को झूठ के रूप में सामने लाये। यह तो निर्विवाद रूप से मानी हुई बात है कि सरकारी माध्यम सरकार की छवि बेहतर बनाने के लिए जिस तरह के 'सच' की जितनी जरूरत समझता है, उसे ही जनता के सामने लाता है। गैर सरकारी माध्यमों में अखबार स्वतन्त्र तो हैं, पर उनकी निष्पक्षता और निडरता का कोई भरोसा नहीं, कब किस मुद्दे पर कौन-सा अखबार निर्भीक और निष्पक्ष हो उठेगा, यह कहना मुश्किल है।"[26]

ऐसे में एक ऐसा वातावरण बनाये जाने की जरूरत थी जिसमें विचार की स्वच्छता, सजगता के साथ-साथ समाचार माध्यमों की स्वतन्त्रता अपरिहार्य थी, पर इस दौर में इसकी आशा करना भी व्यर्थ लगता है; क्योंकि विचार-जगत में असमंजस के साथ-साथ सांस्कृतिक क्षेत्र में बढ़ती व्यावसायिकता ने स्थितियों को अधिक जटिल कर दिया था।

इन वर्षों में साहित्य, संस्था और स्वायत्तता को लेकर भी बहस छिड़ी दिखाई

देती है। सरकारें अपनी राशियों पर चलनेवाली संस्थाओं को अपने ढंग से चलाने की कोशिश करती हैं तो साहित्य को भी अपने ही ढंग से व्याख्यायित करने की कोशिश होती है। इस पर विचार करते हुए विजयमोहन सिंह ने लिखा था—"...साहित्यकार तथा संस्था के बीच टकराव उत्पन्न कर ही उन्हें पंगु अथवा 'परोपजीवी' बनाने वाली शक्तियाँ अपने को सुरक्षित ही नहीं मानतीं, बल्कि प्रभुता के मद का आस्वाद भी करती हैं। एक तीसरे स्तर की 'परोपजीविता' तब बनती है जब इस परोपजीवी वर्ग के पुरोधा अपने को 'प्रभु' भी मानने लगते हैं। अपने 'प्रभु' की कृपा पर बने ये 'प्रभु' कभी भी अपने पैरों के नीचे से अचानक 'कारपेट' खींच लिए जाने पर 'कारपेट बैगर्स' बन जाते हैं।"[27] इस तनातनी के बीच भी साहित्यिक पत्रकारिता अपने उस लक्ष्य का संधान करने में सफल होती है जो उसका अपना 'स्वधर्म' है। इन स्थितियों के बीच साहित्येतर कलाओं में भी तरह-तरह की बहसें सुनाई देती हैं जिसका निहितार्थ यह है कि वे भी अपने को उस 'स्वत्व' के साथ जिलाये रखना चाहती हैं जिसके भीतर उनकी सर्जनात्मकता सुरक्षित रह सके।

ठीक इन्हीं दिनों नाटक के क्षेत्र में निर्देशक और अभिनेता को लेकर बहस शुरू हो गयी। इस बहस का मूल चाहे जो रहा हो, यह सचमुच चिन्ताजनक तथ्य था कि हिन्दी रंगमंच के एक पुष्ट आधार ग्रहण करने के पहले ही ऐसे विवादों ने उसके भीतर बेवजह चिन्ताएँ जगायीं। यह विवाद न तो उस दौर में सार्थक रहा और न आज है; क्योंकि अभिनेता-निर्देशक के बीच उठे तनावों के कारण हिन्दी रंगमंच बुरी तरह प्रभावित हुआ। पर इससे नुकसान यह हुआ कि हिन्दी में अभिनेता की बन रही हैसियत खतरे में पड़ गयी जिससे हिन्दी रंगमंच में अभिनेता की वापसी का अभियान स्थगित हो गया। आज जिन सम्पन्न भारतीय भाषाओं में रंगमंच विकसित अवस्था में है, वहाँ अभिनेता प्रभावी है, निर्देशक नहीं। बांग्ला, कन्नड़, मराठी तथा गुजराती के रंगमंच इसके गवाह हैं। हिन्दी में इस बहस को लेकर अजीब असमंजस का भाव रहा है।

नाट्यालोचकों के अलावा अभिनेता के समर्थन में कोई आगे नहीं आया, यह जानते हुए भी कि हिन्दी रंगमंच का हित अभिनेता को स्थापित करने में ही है। 'रंगप्रभा' में इस प्रश्न पर शिवमूरत सिंह ने लिखा था—"अभी कुछ वर्ष पूर्व नाटककार और निर्देशक को लेकर प्रश्न पैदा हुआ था जिसकी कड़वाहट अभी पूरी तरह शान्त भी न हो पाई थी कि निर्देशक और अभिनेता को लेकर प्रश्न उठने लगे हैं। यद्यपि कि ऐसे प्रश्नों का न उठना ही आश्चर्य है; क्योंकि जब देश का वातावरण ही व्यक्ति के महत्त्व को लेकर सघन हो रहा है, तो यही क्यों, रंगमंच के अन्य विधायक तत्त्व भी कल अपने महत्त्व को लेकर प्रश्न उठा सकते हैं; जबकि अभी उनका स्वरूप व्यावसायिक ही है।"[28] दूसरी तरफ स्थिति का तकाजा यह है कि निर्देशक स्वयं इस हालत में रंगमंच के बचे रहने पर ही चिन्तित दिखाई देते हैं—"अपने दम पर

भी रंगमंच चलाना बहुत मुश्किल काम हो गया है। मेरी संस्था 'प्रयोग' बहुत मुश्किलों का सामना कर रही है। ऐसा महसूस हो रहा है जैसे रंगमंच से धक्का देकर निकाला जा रहा है।...आज लगभग हम सब लोग अन्य माध्यमों से कमाकर रंगमंच करना चाहते हैं, जबकि पाँच या छह साल पहले ऐसी हालत नहीं थी।''[29]

यह था इन दिनों हिन्दी रंगमंच का परिदृश्य; जिसमें एम. के. रैना जैसे समर्थ निर्देशक को लगभग बिफरते हुए कहना पड़ रहा है कि वे मुश्किलों से रंगकर्म कर पा रहे हैं। लेकिन आश्चर्य यह है कि इन विपरीत परिस्थितियों में भी हिन्दी का रंगमंच अपने को मजबूती के साथ टिकाये रखने में सफल होता है और उसमें कई क्रान्तिकारी मोड़ आते हैं। संचार क्रान्ति के बरक्स, रंगमंच अधिक प्रतिरोधात्मक शक्ति के साथ उठकर खड़ा होता है और सफल भी होता है। रंगमंच के भविष्य को लेकर अपने एक वक्तव्य में जयदेव तनेजा ने कहा—''आधुनिक हिन्दी रंगमंच को दर्शकों की कमी सदैव रही है और दूरदर्शन के धारावाहिकों और केबल की मार ने इस संकट को गहरा दिया है—ऐसा प्रायः सुनने में आता है। परन्तु अपने अनुभव के आधार पर मैं निश्चित रूप से कह सकता हूँ कि अच्छे नाट्य प्रदर्शनों के लिए आज भी दर्शकों की कमी नहीं है।...संचार माध्यमों द्वारा फैलाई जा रही अपसंस्कृति का प्रतिकार भी अन्ततः संस्कारवान, गम्भीर, कल्पनाशील और आस्थावान-समर्पित शौकिया कलाकारों के सार्थक रंगकर्म से ही होगा। इन्हें संचार माध्यमों से लड़ने के लिए उनके मैदान में जाने के बजाय अपने अखाड़े में ही उन्हें चुनौती देनी होगी।''[30]

और सचमुच हिन्दी रंगमंच ने इस परिस्थिति का डटकर मुकाबला किया और प्रतिरोध की आग लेकर अपने को बचाये रखने में सफलता पाई। साहित्यिक पत्रकारिता इन चुनौतियों को एक परिप्रेक्ष्य देकर जो विमर्श का वातावरण बना सकी उससे एक बड़ा सांस्कृतिक संकट टल सका। अब उसे एक जिम्मेदार आलोचना विवेक की जरूरत थी जिस दिशा में 'नटरंग' ने लगातार कोशिश की। रंगकर्म की समीक्षा को बड़ी गम्भीर जरूरत बताते हुए नेमिचन्द्र जैन ने लिखा—''वास्तव में हमारा रंगकर्म अब उस दौर में पहुँच गया है जब यह केवल मनोरंजन नहीं रहा, बल्कि एक अत्यन्त प्रभावी, सार्थक और बहुस्तरीय सृजनात्मक कार्य माना जाने लगा है। इसलिए उसके अध्ययन, विश्लेषण और मूल्यांकन के लिए परिश्रम और तैयारी की जरूरत है, चलते-फिरते अखबारी ढंग से उसके साथ न्याय नहीं किया जा सकता। निस्सन्देह रंगकला के समीक्षक के लिए नाटक, साहित्य और रंगशिल्पों का जानकार होना जरूरी है, पर अभिनय कला की बारीकियों और पद्धतियों की मर्मज्ञता तो सर्वथा अनिवार्य है। इस सब बातों के साथ आवश्यक है एक ऐसी जीवन दृष्टि, जो सृजनात्मक कार्य को उसकी समग्रता में देख सके, उसकी प्रक्रिया और निष्पत्ति के सम्बन्ध को समझकर परिभाषित कर सके।''[31]

नाट्यालोचन को विकसित करने की दिशा में 'नटरंग' के इस ऐतिहासिक कार्य

को एक ऐतिहासिक अवदान के रूप में समझा जा सकता है जो हिन्दी की साहित्यिक पत्रकारिता की एक बड़ी देन है। यह सचमुच बड़े सन्तोष की बात है कि हिन्दी की साहित्यिक पत्रकारिता ने सामाजिक परिवर्तनों की आँच को महसूस करते हुए जहाँ सामाजिक संरचना को व्यवस्थित करने और उसे बहस में लाने का कार्य किया, वहीं सांस्कृतिक स्तर पर एक प्रहरी की भाँति अपनी सार्थक भूमिका निभाई। यह दायित्व हिन्दी की लघु-पत्रिकाओं ने निभाया जिनके पास न तो साधन थे और न ही ऐसा तन्त्र, जिसकी व्याप्ति बड़ी हो। हर सूरत में विचार को जिन्दा रखने की उसकी कोशिशों का ही फल था कि साहित्य, संस्कृति और विचार के क्षेत्र में संकट भले आया हो, पर उससे निकलने में अधिक समय न लगा। श्रीकान्त वर्मा की 'तक्षशिला' कविता को देखिये, जो उनके निधन पर 'आलोचना' ने प्रकाशित की थी। यथास्थितिवाद पर क्रूर प्रहार करती यह कविता साहित्यिक पत्रकारिता की चेतावनी जैसी लगती है—

> *"किसी ने विरोध नहीं किया*
> *किसी ने शिकायत नहीं की*
> *पत्ता तक नहीं खड़का*
> *आम्भी*
> *जा मिला।*
> *ठीक ही तो हुआ—*
> *युद्ध टल गया*
> *कोई मारा नहीं गया*
> *सुनाई नहीं पड़ा विलाप*
> *ब्राह्मणियाँ खुश हैं कि ब्राह्मणों की*
> *दक्षिणा में कमी नहीं हुई,*
> *वैश्य जो सुखी थे, सुखी हैं,*
> *क्षत्रियों को सोचने की फुर्सत ही कब मिली कि*
> *अछूत नहीं रहा जब गांधार*
> *क्या फर्क पड़ता है*
> *सलामत है तक्षशिला*
> *ठीक ही तो हुआ*
> *आम्भी*
> *जा मिला।'*[82]

विचारों के स्थगन और यथास्थितिवाद पर प्रहार करती यह कविता दृश्य में व्याप्त चुप्पी को तोड़ने का उपक्रम करती है। साहित्यिक पत्रकारिता की सांस्कृतिकता का यह एक पक्ष भी है जो हर स्तर पर हमें सावधान करती रही है। संकट चाहे

किसी भी तरह का हो, इससे निकलने का मार्ग चाहे कितना ही कठिन क्यों न हो, यह पत्रकारिता हमेशा एक आश्वस्ति के साथ विवेक देती है कि हम अपनी परिस्थितियों के प्रति सजग बने रहें, आँखें न मूँद लें।

इसी युग में 'कला प्रयोजन' नाम से एक पत्रिका प्रकाश में आयी जो कलाओं पर एकाग्र होने के साथ-साथ गम्भीर सांस्कृतिक विमर्शों को सम्भव कर सकी। कलाओं को लेकर हिन्दी की साहित्यिक पत्रकारिता अब पहले की भाँति उतनी सजग नहीं रह गयी थी। आवरण पृष्ठ पर 'साहित्य, कला संस्कृति' पर एकाग्र घोषणा के बावजूद अधिकतर पत्रिकाओं ने कला की भरपूर उपेक्षा की। कला के नाम पर यदा-कदा नाटक पर कुछ सामग्री देने के सिवा अधिकतर पत्रिकाओं ने ललित कला, नृत्य तथा संगीत को हाशिये पर रखा। ऐसे में यह सचमुच प्रशंसनीय था कि कुछ पत्रिकाओं के प्रकाशन ने यह आश्वस्ति दी कि उनके प्रकाशन से कलाओं को भी जानना सहज हो सकेगा। 'कला प्रयोजन' ने यह कार्य बहुत यत्न से किया। उसने कलाओं के अन्त:सम्बन्धों पर गम्भीर विमर्श के साथ-साथ विभिन्न सांस्कृतिक प्रश्नों पर गम्भीर बहस सम्भव की। उसके एक अंक में 'कलाओं के अन्त:सम्बन्ध' पर विचार करते हुए रामस्वरूप चतुर्वेदी ने लिखा था—"बौद्धिक उन्मेष निश्चय ही कवि में सबसे अधिक है जिसके कारण हमारी प्राचीन परम्परा में उसे ऋषि, द्रष्टा और प्रजापति कहा गया है। पर विचार का सहारा छोड़कर और भाषा को अस्थायी तौर पर स्थगित करके अनुभूति की जैसी सघन अभिव्यक्ति संगीत में सम्भव होती है, वह अतुलनीय है। फिर यह भी स्मरणीय है कि संगीत के उपकरण प्रकृति में जितने सूक्ष्म हैं, संख्या में उतने ही कम। यों कम से कम, हर अर्थ में, साधनों के प्रयोग का श्रेय संगीत को मिलता है। कम से कम उपकरणों में सघन से सघन अनुभूति सम्भव करने के कारण ही हिन्दुस्तानी शास्त्रीय संगीत को मनुष्य की सर्जनात्मक क्षमता का श्रेष्ठतम रूप कहा जा सकता है।"[33]

इस तरह हम देख पाते हैं कि संचार क्रान्ति के विस्फोट और सूचना-संजाल के मायावी चक्र के बावजूद साहित्यिक पत्रकारिता ने प्रतिरोध की आग को जिन्दा रखकर सांस्कृतिक दृष्टि की रक्षा की और एक ऐसी सर्जनात्मक सजगता निर्मित की जिससे हिन्दी समाज अपनी अस्मिता बचाये रख सका। उपभोक्तावाद के प्रभाव से बनी बाजार की संस्कृति तो अवश्य ही जिन्दा रही, पर हमारे सामाजिक तानेबाने को बिखेरने में वह उतनी सफल नहीं हो पाई, जितना भय हिन्दी समाज को था। इस पूरी यात्रा में हिन्दी के समाचार-पत्रों की भूमिका दिन पर दिन संकुचित होती गयी जिसका उल्लेख करना आवश्यक न होते हुए भी यह कहा जा सकता है कि उसने बाजार को अपना धर्म बनाकर उन्हीं रास्तों का सहारा लिया जिसमें अधिकाधिक लाभ कमाने की गुंजाइश थी। इस युग में यह स्पष्ट हो गया कि साहित्यिक पत्रकारिता अब केवल उन साधनहीन पत्रिकाओं के कंधों पर ही जीवित है जिनके पास विचार और

विवेक की सम्पदा तो है, पर पूँजी का वह लाव-लश्कर नहीं है जो जनता के बिगड़े मानस को सन्तोष दे सके। बावजूद इस संक्रमण के, पाठकों की घटती संख्या के, साहित्यिक पत्रकारिता ने भारतीय सांस्कृतिक दृष्टि की रक्षा की और हिन्दी समाज में विवेक का जाग्रत-बोध विकसित किया। संचार क्रान्ति के विस्फोट से यह चिन्ता तो थी ही कि पाठक से दर्शक बन गये लोगों को पुनः पाठक बनाना कितना सम्भव होगा, जैसाकि शंभुनाथ ने एक लेख में लिखा था—''आजादी के पहले की पत्रकारिता के प्रति आकर्षण, शासक वर्ग की संस्कृति के प्रति क्षोभ, नौकरशाही तथा उपभोक्ता समाज की कठोर आलोचना, जन-संघर्ष के नये रूपों के प्रति उत्सुकता आदि बातों से पता चलता है कि हिन्दी पत्रकारिता पूरी तरह चेतना-उद्योग का हिस्सा नहीं है। अन्दर-ही-अन्दर एक प्रतिरोध और तैयारी निरन्तर साँस ले रही है। प्रतिबद्धता पक्षपात नहीं, पक्षधरता को कहते हैं—ऐसी प्रतिबद्धता भी अनेक पत्रकारों में दिखाई देती है। वे अपसंस्कृति, धार्मिक पुनरुत्थानवाद और भ्रष्टाचार को निरन्तर चुनौती दे रहे हैं। वे नव-निर्माण का सपना दिखा रहे हैं—गहन ह्रास, आतंक और चकाचौंध के वातावरण में भी। यदि यह काम आगे बढ़ेगा तो दर्शक तेजी से पाठक बनेंगे।''[34]

कहना न होगा कि साहित्यिक पत्रकारिता ने इस संकट को अपने प्रयत्नों से दूर किया और एक स्वस्थ जनमत बनाने का सफल प्रयास किया। इस अध्याय के तहत अध्ययन से इस तथ्य की पुष्टि होती है कि संचार साधनों की भयावहता के बावजूद और व्यवस्था की नीतियों के बरक्स साहित्यिक पत्रकारिता अपने ध्येय के मार्ग पर चलने में सफलता पा सकी।

अगले अध्याय 'भूमण्डलीकरण, बाजारवाद और उत्तर आधुनिकता के दौर में हिन्दी' के तहत हम देखेंगे कि बाजारवाद की गिरफ्त में आ चुकी पूरी व्यवस्था के समानान्तर हिन्दी पत्रकारिता के बदलते चरित्र सहित साहित्यिक पत्रिकाओं की भूमिका क्या रही।

सन्दर्भ—

1. पहल, सितम्बर-दिसम्बर 1989, पृ. 103
2. अक्षरा, अंक-61,पृ. 20
3. नई दुनिया, 15 नवम्बर 1990, पृ. 6
4. हंस, अगस्त, 1986, पृ. 74
5. समारंभ, जनवरी-मार्च 1972, पृ. 9
6. संवेद, अंक-1, वर्ष-1, अक्तूबर-दिसम्बर 1991, पृ. 2-4
7. इण्डिया टुडे, साहित्य वार्षिकी, 1992, पृ. 11
8. वही, पृ. 13

9. वागर्थ, नवम्बर 1996, पृ. 7
10. वागर्थ, नवम्बर 1996, पृ.13
11. वागर्थ, मई-जून 1995, पृ.104
12. देशबंधु, 16 अक्तूबर 1988
13. हंस, अक्तूबर 1984, पृ. 79
14. इण्डिया टुडे, साहित्य वार्षिकी, 1992, पृ. 189
15. नया पथ, अक्तूबर-दिसम्बर 1986, पृ. 32
16. नटरंग, जून 1994, पृ. 4
17. चौमासा, अंक-42-43, पृ. 12
18. चौमासा, अंक-42-43, पृ. 5
19. सम्प्रेषण, अंक-1, पृ. 10
20. पहल, अंक 37(1988-89), पृ. 6
21. शिखर, मार्च 1983, पृ. 91
22. सम्बोधन, 1992, पृ. 173
23. समास, अंक-1, सितम्बर 1992, पृ. 2
24. समास, अंक-1, सितम्बर 1992, पृ. 66
25. समास, अंक-2, 1993, पृ. 8
26. संवेद, अंक-3, जून 1993, पृ. 2
27. इन्द्रप्रस्थ भारती, जनवरी-मार्च 1992, पृ. 4
28. रंगप्रभा, अंक-1, जनवरी 1994, पृ. 1
29. नटरंग, मार्च-सितम्बर 1989, पृ. 15
30. संवेद, जून 1995, पृ. 8
31. नटरंग, जनवरी-मार्च 1993, पृ. 4
32. आलोचना, अंक-78, पृ. 5
33. कला प्रयोजन, अप्रैल-जून 1997, पृ. 16
34. आलोचना, अप्रैल-जून 1990, पृ. 45

अध्याय-6

भूमंडलीकरण, बाजारवाद और उत्तर-आधुनिकता के दौर में हिन्दी

1997 से 2006 तक की व्याप्ति में फैला यह समय हर तरह से समूचे देश में उथल-पुथल का परिचायक है। इस दौर में भूमंडलीकरण का प्रभाव व्यापक रूप से पड़ा तथा बाजारवादी ताकतों के आगोश में आकर देश का सामाजिक ताना-बाना छिन्न-भिन्न हुआ। उपभोक्ता संस्कृति की जद में आकर पारिवारिक मूल्यों का ह्रास तो हुआ ही, सामाजिक संघर्षों की दिशा भी अपनी लय खोती लगी। स्वदेशी उद्योग-धंधों का बिखरना इस दौर में भी जारी रहा।

देश की आधारभूत कृषि-व्यवस्था चरमरा गयी और किसानों की हालत इतनी खराब हो गयी कि उन्हें आत्महत्याएँ करनी पड़ीं। राजनीति का आदर्श इस दौर तक आते-आते पूरी तरह नष्ट हो गया। ऐसी हालत में जब जर्जर ढाँचे के भीतर उम्मीद की कोई धुँधली-सी किरण भी न दिखायी दे, जीने की कोशिश में लगी जनता के सब्र का बाँध टूटना लाजिमी है। पर वह कभी एकजुटता न दिखा सकी कि व्यवस्था अपनी अमेरिका-परस्त नीतियाँ छोड़कर जनहित में भी कुछ सोचना शुरू करे। इस दौर का साहित्य टूट चुके मूल्यों की पीड़ा की अभिव्यक्ति तो करता ही है, सामाजिक ढाँचे में आमूलचूल परिवर्तन की ताकीद भी करता है। सर्वत्र लूट-खसोट, झूठ, मक्कारी और धनलिप्सा की भेंट चढ़ती नैतिकता को बेपर्द करतीं कविताएँ, कहानियाँ और सामाजिक संवेदना को व्यक्त करते लेखों के माध्यम से इस युग की पत्रकारिता ने देश के इस संकट को गम्भीरता से चित्रित करने की कोशिश की है।

एक तरफ सामाजिक अधिरचना के बिखरने का दबाव तो दूसरी तरफ सांस्कृतिक संक्रमणों की स्थिति से उत्पन्न स्थितियों के बीच साहित्यिक-सांस्कृतिक पत्रकारिता ने हिन्दी के जिस प्रश्नाकुल समाज को बनाने का प्रयत्न किया है, वह इस स्तर पर भी बड़ी घटना की तरह है कि इससे हर तरह की कुटिलता की बखिया उधड़ी है। साहित्य में अब फैशनपरस्ती नहीं चल सकती, समकालीन प्रश्नों पर लेखकों को अपना पक्ष स्पष्ट करना पड़ेगा। यह दबाव साहित्यिक पत्रकारिता ने डाला है और

यह तब किया है जब सब तरफ खुशफहमी का वातावरण बन गया है। अपनी डफली पर अपना राग अलापते बौद्धिकों को यह पत्रकारिता एक चुनौती देती है कि वे अपने लेखन की गम्भीरता को पहचानें और बड़े-बड़े दावों की मुनादी करने की लत छोड़ दें। इन वर्षों में हाशिये पर डाल दिये गये वे सभी विषय केन्द्रीयता हासिल करते हैं जिन्हें बहुत प्रयत्न करके दरकिनार कर दिया गया था। इन विषयों में दलित लेखन और स्त्रीवाद के प्रश्न सबसे अधिक प्रभावी रहे हैं। साहित्यिक पत्रकारिता चूँकि एक सांस्कृतिक विमर्श का माध्यम है, इसलिए वह कविता, कहानी या साहित्यिक निबन्ध छापकर खुश नहीं हो लेती, वह अपने समय से संवाद करती है और उन प्रश्नों पर गहरी बहस कराती हैं जो हमारे सामाजिक जीवन को सबसे अधिक प्रभावित करते हैं।

स्त्री-विमर्श में भागीदारी कर अर्चना वर्मा ने लिखा—"स्त्री-विमर्श को भिन्नताओं का समारोह कहा जाता है। पितृसत्ता से उसके विरोध का आरम्भ ही इस बिन्दु से होता है कि स्त्री को उसकी भिन्नता का दण्ड देते हुए पितृसत्ता उसे इतिहास से बाहर धकेलती है। इस विरोध के विस्तार में हर उस बात का विरोध शामिल है जो किसी भी किस्म की सार्वभौमिकता का प्रतिपादन करती है।"[1] यानी स्त्री का अपनी व्यक्तिता का संकेत मात्र ही उसे बाहर धकिया देने के लिए काफी है, यद्यपि वह चुप्पी भी अख्तियार कर ले तो भी इस दण्ड से नहीं बच सकती। ऐसे विमर्शों को केन्द्र में लाकर साहित्यिक पत्रकारिता एक बड़े सामाजिक प्रश्न पर सार्वजनिक बहस की सम्भावना बनाती है जिससे बच निकलना आसान नहीं होता। 'हंस' ऐसे सामाजिक प्रश्नों का एक बड़ा मंच रहा है जिसमें उठने वाले विषयों की बड़ी व्याप्ति होती है। इस पत्रिका ने अपने प्रकाशन-काल से लेकर अब तक उस प्रत्येक महत्त्वपूर्ण प्रश्न को सार्वजनिक बहस का मुद्दा बनाया है जो सामाजिक समरसता की बड़ी बाधाएँ बनकर उभरे हैं। स्त्री की यातना, गैर-बराबरी तथा सर्वथा उपेक्षणीय मानने की पुरुषवादी मानसिकता के खिलाफ 'हंस' ने हमेशा एक मोर्चा खोला। 'हंस' के 'अतीत होती सदी और स्त्री का भविष्य' विषय पर केन्द्रित विशेषांक के सम्पादकीय में राजेन्द्र यादव ने लिखा था—"स्वाधीनता का चुनाव अन्ततः अकेलेपन का चुनाव है और लम्बे अकेलेपन की परिणति इस अहसास में होती है कि सृजनात्मक सक्रियता जैसे एकाध अपवादों को छोड़कर कैरियर की सफलता जीवन में सार्थकता का स्रोत नहीं हो सकती। मातृत्व स्त्री को प्राकृतिक रूप से उपलब्ध सार्थकता का सहज अवसर है पर स्वाधीन स्त्री के लिए वह न केवल कैरियर में बाधक, अनावश्यक सिरदर्द बल्कि पराधीनता की कुंजी भी है।"[2]

स्त्री की मुक्ति और स्वाधीनता इस बात में निहित है कि वह मातृत्व की सहज-स्वाभाविक प्राकृतिक उपलब्धि को ठुकरा दे। यह विवाद का विषय हो सकता है, पर उस समाज में जहाँ स्त्री होना एक अभिशाप से कम नहीं, वहाँ प्रकृति को

चुनौती दिये बिना मुक्ति की कल्पना ही बेमानी है।

यह दशक अनेक दुरभिसंधियों को लेकर आता है जिसमें भूमंडलीकरण और बाजारवाद के बरक्स पैदा हुई विकृतियों का एक बड़ा प्रतिरोध भी साहित्यिक पत्रकारिता का एक पक्ष है। स्त्री की मुक्ति का प्रश्न यकायक दृश्य में उभरा, उसकी पृष्ठभूमि में भूमंडलीकरण का दबाव भी रहा जिसमें उसे भोगवादी शक्लों में प्रस्तुत करने की हड़बड़ी देखी गयी। उसके शरीर और चेहरे को विज्ञापनों का ऐसा हथियार बना दिया गया जिसके कारण वस्तुओं की बिक्री का पैमाना तय होना था। पर स्त्री की स्वाधीनता पर बहस करने वाले लोगों को उसकी मुक्ति का यह मार्ग भी पसन्द आता है— ''मातृत्व से मुक्ति के अवसर ने उसे स्वयं की देह में और देह को हथियार में बदल लेने की ताकत दी है। बाजार के अर्थशास्त्र के अनुसार इसका अर्थ है सौंदर्य का औद्योगीकरण और देह का उपभोक्तावाद। सावधान, चेतावनी के स्वर कहते हैं, स्वेच्छा और स्वाधीनता के भ्रम में पुरुष के हाथ का खिलौना बन रही है, बेवकूफ।''[3]

इस दौर में साहित्य में दलित लेखन के उभार को एक महत्त्वपूर्ण घटना के रूप में जाना जाता है। इस रचनाशीलता को प्रकाशित कर सार्वजनिक बहस का रूप देती साहित्यिक पत्रकारिता सामाजिक संरचना में दलितों के प्रति असमान व्यवहार पर भी बहस चलाती है। 'हंस', 'कथादेश', 'पहल', 'कथाक्रम' जैसी अनेक महत्त्वपूर्ण पत्रिकाओं ने इस प्रश्न को सार्वजनिक चिन्ता का विषय बनाया। इसी समय 'उत्तर प्रदेश' पत्रिका ने दलित साहित्य पर एक विशेषांक प्रकाशित किया जिसकी बड़ी चर्चा रही। इस अंक में दलित साहित्य की अवधारणा पर कंवल भारती ने लिखा—''दलित साहित्य पर जब चर्चा चलती है तो सबसे पहले स्वाभाविक रूप से जो प्रश्न उठता है, वह यह कि क्या साहित्य का विभाजन जाति के आधार पर भी सम्भव है? चूँकि साहित्य का भाषाई आधार जन-मानस में स्थापित है, जैसे हिन्दी, उर्दू, बांग्ला, कन्नड़, तमिल, मराठी और अंग्रेजी आदि भाषाओं का साहित्य। इसलिए साहित्य का कोई जातीय आधार भी हो सकता है, यानी साहित्य दलित और गैर दलित के बीच भी विभाजित हो सकता है, यह आसानी से लोगों के गले नहीं उतर रहा है।....लेकिन वास्तविकता यह है कि साहित्य सिर्फ भाषा के आधार पर ही विभाजित नहीं है, वह अनेकानेक वादों और विचारधाराओं में भी विभाजित है। साहित्य हिन्दुत्ववादी भी है, इस्लामी और ईसाई भी है, जैन और बौद्ध भी है, दक्षिणपन्थी और वामपन्थी भी है एवं गाँधीवादी एवं लोहियावादी भी है। वह राष्ट्रवादी भी है और भूमण्डलवादी भी है। फिर वह दलितवादी क्यों नहीं हो सकता?''[4]

निश्चय ही साहित्य को दलितवाद के खाने में बाँटकर देखना साहित्य को विभाजित करके देखना है, पर कंवल भारती ने जो तर्क दिया है उसका अपना महत्त्व है। जब पन्थों, धड़ों और विभिन्न वैचारिक प्रतिबद्धताओं पर केन्द्रित साहित्य हो सकता है तो सदियों से शोषित और वंचित जनों का भी अपना साहित्य हो सकता

है। साहित्य किसी की जागीर नहीं हो सकता। शर्त्त इतनी-सी है कि दलित साहित्य केवल प्रतिक्रिया दर्ज कराने का साहित्य न बने, वह कलात्मक तथा भावात्मक दोनों स्तरों पर अपनी पहचान पुख्ता करे। इस प्रसंग में एक बड़ा विवाद इस विषय पर भी हुआ कि क्या दलित ही दलित साहित्य लिख सकता है? इस पर प्रतिक्रिया देते हुए राजेन्द्र यादव ने एक साक्षात्कार में कहा था—"मैं समझता हूँ कि दलित साहित्यकारों को इस प्रश्न पर बिल्कुल नहीं उलझना चाहिए कि दलित साहित्य सिर्फ दलित ही लिख सकता है। क्योंकि यह व्यर्थ के विवाद में अपने को उलझा देना है। सवर्ण साहित्यकारों का एक दल है जो आग्रहपूर्वक बताता है कि उनका लेखन दलित साहित्य है जबकि दलित लेखकों की बड़ी ऊर्जा इस बात में खर्च हो जाती है कि यह वास्तविक दलित लेखन नहीं है। मुझे लगता है कि दलित लेखक तर्कों से यह कभी सिद्ध नहीं कर पाएँगे कि किसका लेखन सच्चा दलित लेखन है। इसका जवाब उन्हें ज्यादा अच्छी और सशक्त रचनाएँ देकर ही दिया जा सकता है जो स्त्री लेखन कर रहा है।"[5]

साहित्यिक पत्रकारिता दलित लेखन के प्रश्न को सार्वजनिक बहस का मुद्दा बनाकर उसे स्थापित करती है और इस बहाने उसकी स्वीकृति की माँग भी करती है। इस साहित्य की मनमानी व्याख्या भी चिन्ता का कारण है। 'राष्ट्रीय सहारा' इस पर हस्तक्षेप करते हुए लिखता है—"कई बार बातचीत अथवा बहस की प्रक्रिया में कुछ पारम्परिक आलोचक और अध्यापक उन पाठों को भी व्यर्थ और बकवास घोषित कर, एक विचित्र स्थिति पैदा कर देते हैं जिसमें साहित्य को आगे ले जाने की क्षमता होती है। आज हिन्दी में दलित पाठ के साथ ऐसा ही हो रहा है। दलित पाठ को एक अपूर्ण गद्य मानकर उसकी मनमानी व्याख्या की जा रही है।"[6] साहित्यिक पत्रकारिता दलित लेखन पर पूर्वग्रहों और रूढ़ियों को लक्ष्य कर उसकी उपादेयता को समझने का आग्रह कर उसके अनुकूल वातावरण बनाने पर बल देती है।

समय अच्छा हो या बुरा, उससे मनुष्य कुछ न कुछ सीखता ही है। भूमण्डलीकरण की व्याप्ति से ऐसे अनेक प्रश्नों से हमारा साबका पड़ा जो पहले लगभग अनुपस्थित थे। परम्परा, संस्कृति और समाज की अनेक दबी-छुपी वास्तविकताएँ इस बीच उभरीं जो विचार-जगत में गहरे आलोड़न का विषय रहीं। 'तद्‌भव' के सम्पादकीय में अखिलेश ने इन्हीं स्थितियों पर विचार व्यक्त करते हुए लिखा—"...लेकिन यहीं थोड़ा ठहरकर हम बहुत विनम्रतापूर्वक यह भी कहना चाहते हैं कि इन्हीं पिछले डेढ़ दशकों में भूमण्डलीकरण के चलते—मुक्त अर्थ-व्यवस्था की जोर-शोर से बजती हुई दुन्दुभि के चलते—भारतीय समाज का अच्छा-बुरा जैसा भी, इतना तीव्र काया-पलट हुआ है, वास्तविकताएँ इतने प्रश्नों, उलझनों, रहस्यों और समस्याओं से घिर गयी हैं, और इतनी नयी-नयी वास्तविकताओं ने जन्म ले लिया है कि हमारी थाती अब हमको पहले की तरह उजाला नहीं दे रही है।"[7] अखिलेश जाहिर है, अपने सम्पादकीय

के माध्यम से परम्परा पर पुनर्विचार करते हैं और सबसे उसकी माँग भी कि हर प्रश्न या समस्या का उत्तर परम्परा में खोजने से बचा जाय और उसे आज के परिप्रेक्ष्य में देखने की कोशिश की जाय। यह चिन्ता भी इस दौर की साहित्यिक पत्रकारिता के विमर्श का एक पक्ष है।

इस वैचारिक उथल-पुथल के दौर में साहित्यिक पत्रकारिता का जो चेहरा उभरकर हमारे सामने आता है, उसमें हम देख पाते हैं कि कैसे वह प्रतिरोध का वातावरण बना पाती है और कैसे वह अपने समय की सृजन-विरोधी ताकतों से मुकाबला कर पाती है। अपनी एक विस्तृत बातचीत में उदय प्रकाश ने इस दौर के भयावह दृश्यों को अनेक स्तरों पर समझाने की कोशिश की है। मालूम हो कि आज के समय में हिन्दी के इस सबसे प्रतिभाशाली और प्रयोगशील कथाकार-कवि ने अपनी अधिकांश रचनाओं को समकालीन समस्याओं के प्रतिरोध में लगाकर एक बड़ी लड़ाई लड़ी है। अपनी कहानी 'वारेन हेस्टिंग्स का सांड़' की तकनीक पर विचार व्यक्त करते हुए उदय प्रकाश ने कहा—'वारेन हेस्टिंग्स का सांड़' एक तरह की रूपकथा है। हमारे देश के औपनिवेशीकरण की प्रक्रिया को समझने की एक कोशिश। वह प्रक्रिया जो इतिहास में घटित होती है और वह इतिहास जिसके अंत की घोषणा उत्तर आधुनिकतावादी कर रहे हैं, किसलिए? इसलिए कि हम नये औपनिवेशीकरण, अपनी नयी गुलामी को पहचान न सकें, और उसका प्रतिरोध न कर सकें। आज का माहौल कैसा है? जरा भी इतिहास या परम्परा की बात करिए, आपको 'ओरिएंटलिस्ट, पिछड़ा हुआ', 'सांस्कृतिक राष्ट्रवादी' घोषित कर दिया जायगा। हमारी भाषा मर रही है, हमारा खान-पान, हमारी वेशभूषा, पगड़ी-धोती, अचार-चटनी सब मर रहे हैं।''[8]

उदय प्रकाश ने ठीक ही लक्ष्य किया है। यह सच है कि औपनिवेशीकरण की प्रक्रिया में गुम होकर हमने अपनी आँखें बन्द कर ली हैं और हमें सूझ नहीं पा रहा है कि सही-गलत का निर्णय कर सकें। इसी दौर में उदय प्रकाश की दो कहानियाँ 'मोहनदास' और 'मैंगोसिल' क्रमशः 'हंस' तथा 'पहल' में छपीं और खूब चर्चित हुई, क्योंकि उनमें आज के उपभोक्तावादी समय की सारी जड़ताओं के वे ज्वलन्त प्रश्न अंकित हैं जिनसे हमारा समाज लगातार जूझ रहा है। विचित्र ही है कि ऐसे कठिन दौर में उत्तर-आधुनिकता के पैरोकारों ने इतिहास और परम्परा को मृत घोषित कर हमारी सोचने-समझने की शक्ति को भी कुन्द कर दिया है। परम्परा की बात करते ही हम पिछड़े हो जाते हैं। यह भूमण्डलीकरण की विश्वव्यापी योजना का ही हिस्सा है। भूमण्डलीकरण को लेकर बौद्धिकों में अलग-अलग तरह की राय है। कुछ को वह अखरता है तो कुछ को लाभप्रद लगता है, पर ज्यादातर बौद्धिकों को इस तमाशे में कोई असलियत नहीं नजर आती। इसे लेकर अशोक वाजपेयी की राय को भी देखें जो उन्होंने दसवें सार्क लेखक सम्मेलन में व्यक्त की थी—''भूमण्डलीकरण को लेकर दो तरह के रुख प्रगट हुए। एक तो यह कि भूमण्डलीकरण जिस तरह

से व्यक्ति और समाज की अवधारणाओं और सच्चाइयों को नष्ट कर रहा है, स्थानीयताओं का विराट् दैत्याकार सार्वभौमिकताओं में विलय हो रहा है, उस तरह से साहित्य उसका विरोधी ही हो सकता है। भूमण्डलीकरण संसार की, एक को छोड़कर प्राय: सभी भाषाओं के लिए खतरा बन रहा है। दूसरा रुख यह था कि भूमण्डलीकरण अनिवार्य है, कि वह एक नया सम्बन्ध-संवाद बना रहा है जो साहित्य के लिए लाभप्रद हो सकता है।''[9]

परस्परता का सम्मान तो हमेशा रहा है और इस मायने में विभिन्न देशों की भाषाओं, संस्कृतियों से संवाद को निश्चय ही अपने सांस्कृतिक विकास में सहायक पाया जा सकता है, पर प्रश्न यह है कि जब अपनी भाषा और साहित्य ही सुरक्षित नहीं रहेंगे तो यह वायवीय आदान-प्रदान उसमें क्या योगदान करेगा? भूमण्डलीकरण एक व्यावसायिक फलसफा है जिसका घोषित उद्देश्य बाजार की संस्कृति विकसित करना है। ऐसे में साहित्य और दूसरी कलाएँ उसका विरोध ही कर सकती हैं जो उन्होंने किया भी है। इस युग की साहित्यिक पत्रकारिता भूमण्डलीकरण से उपजी स्थितियों का आकलन करती है तथा उसके विरुद्ध एक प्रतिरोधी वातावरण तैयार करती है। इस भूमण्डलीकरण का एक हथियार है—इलेक्ट्रॉनिक मीडिया, जिसके प्रभाव पर सुधीश पचौरी कहते हैं—''मीडिया ने वैश्विक स्तर पर एक बाजार निर्मित किया है, इसलिए सम्प्रेषण के लिए उसने भाषा को एक औजार बनाया है। यह भाषा अब तक प्रचलित (भाषा) भाषाओं से भिन्न है। अर्थात् उसने हिन्दी का अंग्रेजीकरण किया है।''[10] भाषा को अपने हितों में इस्तेमाल कर मीडिया ने सर्वग्रासी भूमण्डलीकरण का रास्ता ही प्रशस्त किया है, पर दुर्भाग्य से लोग इस सच्चाई को जानने से परहेज करते हैं।

इस दौर में हिन्दी को लेकर फैली अराजकता पर मारिओला औफ्रेदी ने लिखा—''पहले तो हिन्दी में उर्दू के शब्द भरे होते थे, अब उसकी जगह अंग्रेजी लेती जा रही है। हिन्दी का यह अंग्रेजीकरण मुझे लगता है कि एक प्रकार के दौर का नतीजा है, जो खत्म हो जायगा। लेकिन भाषा जरूर बदलेगी। जीवन्त भाषा न तो बदलती रहती है और न उसे बदलते ही रहना चाहिए।''[11] यह इस युग की त्रासदी का एक अन्य महत्त्वपूर्ण पक्ष है जिस पर इस दौर की प्राय: सभी पत्र-पत्रिकाओं में गहरा विमर्श दिखायी देता है। हिन्दी के सवाल को लेकर उठी बहसों में प्राय: सभी विचारकों ने इसे सांस्कृतिक अस्मिता का प्रश्न बनाया है और इस बात पर चिन्ता जताई है कि हम भाषा पर ध्यान देना भूल चुके हैं। भाषा का सवाल गहरा सांस्कृतिक सवाल है जिसे जूझे बिना अपनी पहचान को सुरक्षित नहीं रखा जा सकता। हिन्दी को अपनी सुविधा के अनुसार ढालकर भूमण्डलीकरण की प्रक्रिया ने पूरी सांस्कृतिक प्रक्रिया को प्रभावित किया है। हिन्दी के हितों की रक्षा का ध्येय लेकर चलती यह साहित्यिक पत्रकारिता हर हाल में राष्ट्रीय प्रश्नों के साथ-साथ भाषा का प्रश्न भी उठाती है और

पूरी सांस्कृतिक प्रक्रिया को समर्थ बनाने की प्रस्तावना करती है। हिन्दी को लेकर चली बहसों से यह तो स्पष्ट हो ही गया कि उसे लेकर पत्रकारिता कितनी गम्भीर रही है। उसने यह भी सुनिश्चित किया कि साहित्य में वैश्वीकरण से उपजी अप-संस्कृति का विरोध दर्ज हो। इसी समय पंकज सिंह के सम्पादन में 'सोच' नामक एक सांस्कृतिक वैचारिक पत्रिका का प्रकाशन शुरू हुआ जिसने हिन्दी के सांस्कृतिक समाज को बहुत उद्वेलित किया। भूमण्डलीकरण और आर्थिक उदारीकरण के फलस्वरूप पैदा हुई समस्याओं पर विमर्श करती इस पत्रिका ने हिन्दी की वैचारिक शक्ति को मजबूती दी। 'भारतीयता' भी इस दौर की साहित्यिक पत्रकारिता के विमर्श का आधार बनती है जिसे लेकर तरह-तरह की व्याख्याएँ होती हैं। पर अधिकतर लोग इसकी व्याख्या को पुनरुत्थानवादियों से जोड़कर देखने के आदी रहे जिसकी कड़ी आलोचना भी हुई। इस प्रश्न पर कि 'भारतीयता के सम्बन्ध में पश्चिमी और भारतीय धारणाओं में, क्या बुनियादी भेद, अन्तर्विरोध या मतभेद है?' विद्यानिवास मिश्र ने अपनी एक बातचीत में कहा—''अन्तर इसलिए नहीं है कि पश्चिम के लोग एक दूसरी संस्कृति में जीते हैं। उनका भूगोल अलग है या उनकी बुद्धि अलग है। अन्तर या मतभेद इसलिए है कि अवधारणा करने वालों की नीयत कुछ अलग है। वह नीयत समझने की नहीं है। वह औपनिवेशिकता का प्रसार है, हावी होने के लिए। इसलिए वहाँ उनकी समझ का कोई विकल्प ही नहीं है। यदि है कोई तो अनुकम्पनीय मात्र है। आदिम स्वभाव के लोग हैं, अविकसित हैं, इतना ही सोच पाते हैं। इसलिए जो सदाशय लोग हैं, वे औपनिवेशिक न भी हों, उद्धारक तो होंगे ही।''[12]

मायने यह कि 'भारतीयता' का अपना एक विचार भारत का है जो अधिक से अधिक अपनी धरती, अपनी संस्कृति और अपने को जानने की ओर प्रेरित करता है। पर पश्चिम की नजर से जो औपनिवेशिक भारतीयता है, वह हर स्तर पर हमें झुठलाने और निरस्त करने वाली है जिसका विरोध किया जाना चाहिए। असल में भूमण्डलीकरण का एक मजबूत माध्यम बनकर टेलीविजन ने जिस तरह हमारे घरों में पैठ बनायी है और घरों को उत्पादों के गोदाम बनाने की भूमिका निभाई है, उससे एक तरफ तो बाजार का सीधा हमला घर झेल रहा है और अपसंस्कृति के कचरे से सांस्कृतिक संकट का प्रश्न अलग मुँह बाए खड़ा है। इस पर अपनी चिन्ता व्यक्त करते हुए पंकज बिष्ट ने लिखा—''आज यह बात किसी से छिपी नहीं है कि उपभोक्ताओं तक पहुँचाने का टी.वी. कितना बड़ा माध्यम है। और भारत दुनिया का सबसे बड़ा बाजार है। वह दिन दूर नहीं जब स्टार चैनल भी दूरदर्शन की तरह विभिन्न भारतीय भाषाओं में अपने कार्यक्रम प्रसारित करना शुरू कर देगा और इसके साथ ही भारतीय रुचि, संस्कृति और सोच को बदलने की प्रक्रिया अपनी चरम सीमा पर होगी।''[13]

साहित्यिक पत्रकारिता भूमण्डलीकरण की समस्या से उपजे प्रायः प्रत्येक प्रश्न

पर विचार करती है। भाषा, संस्कृति, लोक-जीवन और सभ्यता के हर स्तर पर हमला बोल रही बाजारवादी संस्कृति मीडिया को अपना हथियार बनाकर जिस तरह सबको ग्रसने की ओर बढ़ रही है, वह एक बड़ी चिन्ता का विषय है। पर सन्तोष इस बात का है कि समाज के विचलन को समझती हुई पत्रकारिता हर स्तर पर सचेत करने को कटिबद्ध दिखायी देती है। 'संवेद' के सम्पादकीय में इस समस्या को किस रूप में देखा गया है, यह देखना प्रासंगिक है—"...आज ये संचार माध्यम ही उपभोक्तावाद के आक्रामक प्रसार का सबसे बड़ा साधन हैं, उसके हथियार हैं। खतरा यह है कि नई आर्थिक नीति अकेले नहीं आ रही है, उसके साथ एक सांस्कृतिक बर्बरता भी आ रही है जिसमें उपभोक्तावाद ही फलफूल रहा है। तमाम भौतिक सुख-सुविधा हासिल कर लेने की एक अराजक होड़ शुरू हो गयी है।"[14]

गरज यह कि साहित्यिक पत्रकारिता ने बहुत गम्भीरता से इस परिस्थिति को लिया और अपने वैचारिक प्रयत्नों से यह कोशिश की कि स्थिति की भयावहता को जन-जन तक पहुँचाकर इसका खुला प्रतिरोध किया जाय। यह सचमुच सन्तोष की बात है कि इस वैश्विक आपदा पर जितनी गम्भीरता से साहित्यिक पत्रकारिता ने अपना प्रतिरोध दर्ज कराया, उतना न तो किसी बड़े संगठन ने किया और न ही किसी दूसरे स्तर पर यह हो सका। इसका कितना असर पड़ा, यह एक सवाल है, क्योंकि साहित्यिक पत्रिकाओं की पहुँच जन-जन तक नहीं है। पर यह स्मृति में रखने की बात है कि ज्यादातर लोगों तक पहुँचते समाचार-पत्रों ने भी उपभोक्तावाद का जबर्दस्त विरोध किया जिससे एक प्रतिरोध का वातावरण बन पाया। इस वातावरण से चाहे बहुत लाभ न हुआ हो, पर यह अवश्य हुआ कि एक सजगता पैदा हुई और लोगों की मानसिकता इस विकृति के विरुद्ध बनी। 'समकालीन सृजन' के मीडिया पर केन्द्रित अंक के सम्पादकीय में शम्भुनाथ ने लिखा था—"आज के मीडिया के बारे में सबसे भयानक सच्चाई यह है कि यह पूरी तरह व्यापारियों के कब्जे में है। नये सूचना जनतन्त्र के वास्तविक नागरिक कुछ ही जन हैं। मीडिया के प्रमुख रूप हैं—समाचार-पत्र, रेडियो, टीवी और दूर-संचार। इनमें टीवी और इन्टरनेट जिस ढंग से अपना साम्राज्य बढ़ा रहे हैं, उसे बिना सैनिक भेजे पृथ्वी की सबसे बड़ी फतह कहा जाना चाहिए।"[15]

आशय यह कि भूमण्डलीकरण के एक बड़े हथियार के रूप में संचार तन्त्र के खौफनाक कारनामों को साहित्यिक पत्रकारिता ने बहुत संजीदगी से उजागर किया। उससे पैदा हुई उपभोक्तावादी संस्कृति का प्रतिरोध कर इसने एक सजगता का वातावरण बनाने का कार्य किया जो सही मायनों में एक बड़ा कार्य था।

अब इस बहस को कला के माध्यम से भी समझने की कोशिश की जाय जो बाजारवादी ताकतों की साजिश का एक बड़ा शिकार रही है। 'समकालीन कला' ने अपने सम्पादकीयों में इसका कड़ा प्रतिवाद किया कि कला को बाजार की एक वस्तु

के रूप में देखा जा रहा है। उसके एक सम्पादकीय का एक अंश है—"इस बीच कला में रूप का आग्रह बढ़ा है और उसकी अंतर्वस्तु उपेक्षित हुई है। विश्व व्यापी संचार साधनों के विस्तार और भूमण्डलीकरण के जयघोष ने अपनी भावभूमि की उपेक्षा करने तथा सृजनात्मक दृष्टि से अपने परिवेश को देखने की प्रवृत्ति को अवरुद्ध करने की साजिश रची है। व्यावसायिकता की चकाचौंध ने तात्कालिक महत्त्व के विषयों को उठाने, उन्हें बरतने तथा लोकप्रियता की हद तक पहुँचने की जो आपाधापी पैदा की है उससे कला की आंतरिक शक्ति का ह्रास हुआ है और मौलिकता के स्थान पर प्रचलन को महत्त्व मिल रहा है।"[16]

कला को 'माँग' और 'पूर्त्ति' की नीति के तहत देखकर कलाकृतियों की नीलामी कर क्रिस्ती और सॉदबी जैसी अन्तर्राष्ट्रीय एजेन्सियों ने कला को शुद्ध बाजार बनाया और उससे एक बड़ी त्रासदी ने जन्म लिया। हिन्दी की सांस्कृतिक पत्रकारिता ने इसका भरसक कड़ा प्रतिवाद किया तथा कला की मौलिकता की रक्षा का प्रश्न उठाया। कला से राजनीति की साँठगाँठ का प्रश्न हो या उसमें बढ़ती नकल की प्रवृत्ति हो, बाजारवादी ताकतों के आगे अपनी अन्तःशक्ति गँवाती कला की लाचारी का प्रश्न हो या उसके सरोकारों में आयी गिरावट का सवाल हो, पत्रकारिता ने प्रायः सभी प्रश्नों पर बहस कर अपनी सजगता का परिचय दिया तथा यह सन्देश प्रसारित करने में सफलता पायी कि कला को अगर जीवित रहना है तो बाजारवादी ताकतों के षड्यन्त्रों से बचना होगा, अन्यथा कला की जातीय चेतना को बचाना सम्भव न होगा। इसी दौर में कला-पत्रकारिता के क्षेत्र में 'कलादीर्घा' नामक एक पत्रिका प्रकाश में आयी जिसने कला में लेखन को बढ़ावा देने का प्रयास किया तथा उसकी सरोकार-धर्मिता को बढ़ावा दिया। इस दौर में कला समीक्षा के क्षेत्र में कलाओं की जनपक्षधरता का प्रश्न भी उठा। यह अकारण नहीं है कि 'कलादीर्घा' ने जनकला को लेकर एक विशेषांक का आयोजन किया तथा कला के जन सरोकारों से सम्बन्धों की गहरी छानबीन की। जन कला पर केन्द्रित 'कलादीर्घा' के सम्पादकीय में अवधेश मिश्र ने लिखा—"जनकला पर चर्चा करते समय एक प्रश्न विशेष रूप से उभरता है कि क्या जनकला वह है जो चौराहों पर है और सभी के लिए सुलभ है? या वह जो आम आदमी द्वारा और आम आदमी के लिए रची गयी है? यह बिन्दु महत्त्वपूर्ण है कि वह कला जो सार्वजनिक स्थल पर है, आखिर किसके द्वारा बनायी गयी है?"[17] कला के जन-सरोकारों का प्रश्न इस दौर की साहित्यिक-सांस्कृतिक पत्रकारिता का एक महत्त्वपूर्ण पक्ष है जिसे रेखांकित किया जाना चाहिए। इसी अंक में एक कलाकार पाण्डेय सुरेन्द्र ने अपनी टिप्पणी में लिखा है—"आज हमारी कलाओं पर पश्चिम का बाजारवाद अपने बाह्य आवरण के साथ पसरने का भरपूर प्रयास कर रहा है। हम अपनी कलाओं के बाह्य स्वरूप में बदलाव अवश्य देख रहे हैं किन्तु आन्तरिक रूप से हम अपनी परम्परागत जीवन-पद्धति से टूट भी नहीं पा रहे हैं। हमने कलासृजन

के लिए पश्चिम की तरह कोई मैनिफेस्टो कभी नहीं बनाया है। हम अपनी आध्यात्मिकता से जुड़े लोग हैं।''[18]

इस प्रश्न को कलाकार भी गम्भीरता से समझ पाए तो इसमें इस पत्रकारिता का उद्यम ही काम आया। इस क्षेत्र में बहस से यह नतीजा निकला कि कला को जनता से अपने सरोकारों को स्पष्ट करने के साथ-साथ व्यावसायिक दबावों से भी बचाने की आवश्यकता है।

कला के प्रश्नों के साथ-साथ हिन्दी रंगमंच की चर्चा भी आवश्यक है जो भूमण्डलीकरण के दबाव में निरन्तर अपनी अर्थवत्ता गँवाता रहा। साहित्यिक पत्रकारिता ने उसकी अनेक समस्याओं पर खुलकर बहस की। हिन्दी के रंगकर्मी इन समस्याओं से जूझते रहे, क्योंकि संचारतन्त्र ने उनके दर्शक तो छीने ही, उसके विषयों को जनरुचि में शामिल कर उन्हें टीवी संस्कृति का हिस्सा बना दिया। 'हिन्दुस्तान' ने 1990 में ही इस पर टिप्पणी करते लिखा था—''हिन्दी रंगमंच नवें दशक के इस टीवी पाइरेसी वाले संक्रामक दौर में संकट की महादशा से गुजर रहा है। रेडियो और वीडियो के आ जाने से जो हाल ग्रामोफोन का हुआ था, अब वही हाल हिन्दी थिएटर का हो गया है।''[19] सचमुच चिन्ता का यह फलक उन सबके लिए था जो हिन्दी-रंगमंच को हर सूरत में बचाये रखने के पक्षधर थे। इसे लेकर तरह-तरह के बहस मुबाहिसे हुए और नयी-नयी युक्तियाँ खोजी गयीं। अधिकांश लोगों का यह खयाल था कि यदि हिन्दी रंगमंच अपनी सदियों पुरानी परम्पराओं और संस्कारों के साथ वर्तमान जीवन की स्थितियों को अपनी अभिव्यक्ति का आधार बनायेगा तो संचार तन्त्र के हमलों के बावजूद उसका कड़ा प्रतिरोध कर पायेगा। सतीश मेहता ने आशावादी स्वर में लिखा—''इक्कीसवीं सदी में यह आशा है कि हमारा रंगकर्म, जहाँ एक ओर अपनी सदियों पुरानी परम्पराओं के उन तत्त्वों का, जो हमारे दर्शकों के संस्कारों में ढले हुए हैं, निर्वाह करते हुए आधुनिक परिवेश के अनुकूल अपने को ढालकर नये मुहावरे निर्मित करेगा।''[20] साहित्यिक पत्रकारिता इस विमर्श को सार्वजनिक कर एक ऐसा वातावरण बना पाने में समर्थ हुई जिससे हिन्दी रंगमंच को इस संकट से उबरने में मदद मिली। रंगकर्मियों ने इसे चुनौती मानकर प्राणपण से काम किया। गाँव-कस्बे से लेकर महानगरों तक नाट्य का एक आन्दोलन जैसा दृश्य उभरा और आज वह अपनी उसी जमीन पर मजबूती से खड़ा है जहाँ वह पहले था।

साहित्यिक पत्रकारिता बाजारवादी संस्कृति के बरक्स एक ऐसे विचार-जगत का निर्माण करने में सफल होती है जिससे संस्कृति के क्षेत्र को सुरक्षित रखने के साथ-साथ सामाजिक बदलावों की मुहिम भी चलती रह सके। हालाँकि व्यावसायिक दबावों की वजह से समाचार-पत्रों की ध्येयवादिता इस दौर में बहुत पीछे छूट गयी और उसका साथ साहित्यिक पत्रकारिता को वैसा नहीं मिलता, जैसा उसे पहले प्राप्त था, फिर भी संस्कृति को लेकर जागरूक पाठक वर्गों की स्वाभाविकता को भाँपकर पत्रों

ने थोड़ी-बहुत सांस्कृतिक भूमिका निभाने की पहल इस बीच भी की जिससे सांस्कृतिक विमर्शों के ताप में कभी कोई कमी नहीं आयी। चाहे जो भी कारण रहे हों, पत्रों ने भी गम्भीर सांस्कृतिक प्रश्नों को प्रमुखता दी और गाहे-ब-गाहे सार्वजनिक सांस्कृतिक बहसों को चलाने में लघु पत्रिकाओं के माध्यम से जीवित रही साहित्यिक-सांस्कृतिक पत्रकारिता को सहायता पहुँचाई। बाजार से साहित्य के रिश्ते को लेकर भी इस बीच गर्मागर्म बहसें हुईं। सबको यह चिन्ता सताती रही कि कहीं बाजारवाद हमारे साहित्य को हाशिये पर न डाल दे। इस प्रश्न पर सबने अपने-अपने ढंग से विचार किया। इसी प्रश्न पर अपने एक साक्षात्कार में श्रीलाल शुक्ल ने कहा—"यह बाजार हमारे साहित्य को दृश्य से ओझल कर देगा, यह आशंका तो बिल्कुल निराधार है। यह आशंका इसलिए भी निराधार है कि अंग्रेजी बोलनेवाले देशों में ऑस्ट्रेलिया, दक्षिण अफ्रीका, अमेरिका और अन्य अंग्रेजी भाषी देशों का विशाल साहित्य बाजार में पहले से ही मौजूद रहा है और इससे दूसरी भाषाओं के साहित्य की स्थिति पर कोई प्रभाव नहीं पड़ा है।"[21]

इस अवधि में साहित्यिक पत्रकारिता ने साहित्य, कला, संगीत, नाटक तथा व्यापक रूप से संस्कृति के उन तमाम प्रश्नों पर गहरा विमर्श सम्भव किया जो सामाजिक जीवन से सीधे जुड़े थे। साहित्य में इस बीच कोई आन्दोलन नहीं था, इसलिए विधाओं की तकनीक और जनता से उसकी बढ़ती दूरी अधिक चिन्ता के साथ साहित्यिक पत्रकारिता की बहस का विषय बनी। हिन्दी को लेकर भी बहसें हुईं और यह माना गया कि अगर इसका विकास करना है तो लोकजीवन में उसके प्रत्ययों को गहराई से खोजना होगा। इस युग में उन अनेक बिन्दुओं पर खुलकर बहस देखी गयी थी जो हिन्दी की अस्मिता से जुड़े थे। भाषा को विकृत कर अपने मनमाने ढंग से उसके इस्तेमाल पर भी कठोर प्रतिक्रियाएँ आयीं और यह सब साहित्यिक पत्रकारिता ने सम्भव करके दिखाया।[22] समाचार-पत्रों के साहित्यिक संस्करणों में साहित्य और संस्कृति के विभिन्न प्रश्नों पर इस दौर में भी बहुत-सी विचारपरक सामग्रियाँ प्रकाशित हुईं। कला कैसे कारोबार में बदल गयी है, इस पर विमला पाटील ने लिखा—"पिछले कुछ दशकों से भारत में भी कला का कारोबार काफी तेजी से बढ़ा है। ऑर्ट गैलरी में आयोजित प्रदर्शनियों और कला-कृतियों की नीलामियों के आयोजन में अच्छा पैसा कमानेवाले लोगों और नव धनाढ्य वर्ग की भागीदारी में वृद्धि हुई है जो इस विश्वास पर कलाकृतियों में निवेश करते हैं कि समय के साथ उनकी कीमतें बढ़ जाएँगीं।"[23]

कला के व्यावसायिक पक्ष पर विचार करते हुए 'दैनिक जागरण' साहित्य की सामाजिक संस्कृति और उसके दर्शन पर भी ध्यान केन्द्रित करता है। एक अंक में कन्नड़ लेखक यू.आर. अनंतमूर्ति से साक्षात्कार प्रकाशित कर इस पत्र ने उनके इन विचारों को महत्त्व दिया—"जिस नजरिये से लेखक समाज को देखते हैं, उन्हें देखने

और समझने का इससे बढ़िया कोई दूसरा नजरिया नहीं हो सकता कि उन्हें पढ़ा जाय और उन्होंने जिस सच को देखा भोगा है, उसे महसूस किया जाय। यह नई पीढ़ी दलित और स्त्री लेखकों की है। जाति और जन्म से जो अपमान और पीड़ा इन्हें भोगनी पड़ी है, उसका विवरण आम तौर पर भारतीय साहित्य में अनुपस्थित था और था भी तो बहुत झकझोरने वाला न था। अब साहित्य का सरोकार बदला है। मध्यवर्गीय जीवन के चित्रण से ऊपर उठकर साहित्य उस जगह पहुँचा है, जहाँ यह व्यापक भारतीय समाज का प्रतिनिधित्व कर सके।''[24]

पत्रों की साहित्यिकता और सांस्कृतिकता भले ही व्यावसायिक दबावों में बदल गयी है, पर उसकी अन्तर्धारा में वे प्रश्न अभी भी विद्यमान हैं जो भारतीय जनमानस को उद्वेलित करते रहे हैं। इन प्रश्नों में अधुनातन सांस्कृतिक चिन्ताओं से उपजे प्रश्न हैं तो जीवन को प्रभावित करनेवाले वे तत्त्व भी जो साहित्य-संस्कृति का हिस्सा हैं। विचारधारा और इतिहास के अन्त की पश्चिमी घोषणाओं पर विश्वनाथ त्रिपाठी ने 'अमर उजाला' में लिखा—''विचारधारा एवं इतिहास के अन्त की बात काफी पहले की गयी थी। हिन्दी लेखन में इसका प्रभाव पिछले कुछ दिनों से ज्यादा दिखायी पड़ रहा है, खास तौर से सोवियत संघ के विघटन के बाद। अस्तित्त्ववाद के साथ भी ऐसा ही हुआ था।''[25] जाहिर है, हिन्दी के पत्र जब ऐसे सांस्कृतिक प्रश्नों को महत्त्व देते हैं तो इससे उनकी एक बौद्धिक प्रतिबद्धता तो झलकती ही है, अपनी भाषा और संस्कृति में चल रही बहसों में भी उनकी भागीदारी प्रमाणित होती है। विचारधारा और इतिहास के अन्त की घोषणा कर पश्चिमी बुद्धिजीवियों ने जिस अराजक स्थिति को जन्म दिया था, उससे तीसरी दुनिया का बौद्धिक समुदाय आक्रान्त था। उनके आक्रान्त होने का कारण यह था कि सृजन के स्तर पर इस नकारवादी रुख से उस आशावादिता को चोट पहुँचती थी जो अब भी जीवन को उम्मीद की नजरों से देखती थी। इस यात्रा में पत्रकारिता संस्कृति और कला के बुनियादी तत्त्वों के खो जाने पर भी चिन्तित दिखायी देती है। सिनेमा में ऑर्केस्ट्रा के प्रयोग से होनेवाली क्षति पर 'राजस्थान पत्रिका' की राय है—''सत्तर के दशक में फिल्मी संगीत ऑर्केस्ट्रा की मदद लेने लगा और अस्सी के दशक में वह काफी शोरपूर्ण हो गया। बिना बुद्धिमत्ता के डाली गयी पश्चिमी धुनों और पुराने फिल्मी गानों की चलताऊ लोकप्रियता को तो बनाये रखा, पर हमारे संगीत की मिठास और अलफाज का वजन ढूँढ़ने वाले संगीत रसिकों को इससे हताशा हुई।''[26]

जाहिर है, यह चिन्ता वाजिब है और इससे तो यह स्पष्ट होता है कि पत्रकारिता अन्ततः इस बात पर बल देती है कि लोकप्रियता किसी कला का पैमाना नहीं है। मिठास और शब्दों के वजन के बिना संगीत को सिर्फ शोर ही होना था और यह हुआ। इस शोर ने संगीत की पारम्परिक रसिकता को आहत किया और भारतीय पारम्परिक संगीत के जादू को क्षतिग्रस्त किया।

इसी कड़ी में 'दैनिक भास्कर' ध्रुपद के महत्त्व पर लिखता है—"भारतीय शास्त्रीय संगीत में ध्रुपद ऐसी गायन शैली है जो हजारों वर्ष बीत जाने के बाद भी परिवर्तित नहीं हुई है। यह ऐसी गायन शैली है जो आत्मिक आनन्द की अनुभूति कराती है। देवों की आराधना से आरम्भ होकर यह राजदरबारों की शोभा बढ़ा चुकी है।"[27] कलाओं को लेकर समाचार-पत्रों की दृष्टि का अन्दाजा इस बात से होता है कि वे अपनी संस्कृति से जुड़ीं उन सभी कलाओं को गम्भीरता से लेते हैं जिनका हिन्दी समाज से गहरा वास्ता रहा है। इस दृष्टि में यदा-कदा विचलन भी आता है जब व्यावसायिक दबावों के कारण यह पत्र उन्हीं पृष्ठों की बलि दे देते हैं जो साहित्य और संस्कृति के लिए सुरक्षित होते हैं, हालाँकि कुछेक अपवादों को छोड़ दें तो ऐसे पत्र बहुत कम ही हैं जिनमें साहित्य-संस्कृति के संस्करण निकलते हों। समाचार-पत्रों की इस बदली स्थिति को धर्मवीर भारती ने अपने एक साक्षात्कार में कुछ इस तरह से रखा था—"आजादी के बाद साक्षरता बढ़ी। अखबार बड़े उद्योग के रूप में परिवर्तित होने लगे। इस समय केवल दो सम्भावनाएँ थीं—लाभ के लिए चलाया जाय या केवल लाभ के बजाय सामाजिक हित पर ज्यादा ध्यान दिया जाय। उस समय जिन लोगों ने दैनिक पत्र संचालित किये, उनमें से कई ऐसे लोग थे, जो आर्थिक लाभ के पीछे नहीं थे। जो नई मानसिकता और नये राष्ट्र के निर्माण में अपना योगदान देना चाहते थे। उसके बाद अखबार उद्योग की सफलता देखकर एक ऐसा वर्ग भी आया जिसके लिए सामाजिक हित या पत्रकारिता के लिए आवश्यक वस्तुनिष्ठता, सामाजिक परिवर्तन उतना महत्त्वपूर्ण नहीं रह गया था। उनके लिए अखबार के माध्यम से आर्थिक लाभ उठाना और राजनीतिक शक्ति संचित करना ज्यादा महत्त्वपूर्ण हो गये थे।"[28]

धर्मवीर भारती के विचार निश्चय ही समाचार-पत्रों की बदलती भूमिकाओं को समझने में मदद देते हैं। पर आश्चर्य यह है कि राष्ट्रीय कहे जाने वाले अधिकतर समाचार-पत्रों की ही हालत ऐसी हुई और उनके प्रबन्धन तन्त्र ने उनकी पुरानी भाव-भंगिमा बदल डाली। क्षेत्रीय समाचार-पत्रों की नीति प्रसार संख्या बढ़ाने के उद्यम के साथ भी ऐसी रही जिसमें कलाओं की चिन्ता के साथ-साथ व्यापक सांस्कृतिक और सामाजिक प्रक्रियाओं को समझने की बेचैनी दिखाई देती है। अपवादस्वरूप राष्ट्रीय फलक पर अब भी दो-एक अखबार ही ऐसे बचे रह गये हैं जिनमें ध्येयवादिता का तत्त्व थोड़ा-बहुत बचा है और जिनके लिए साहित्य-संस्कृति का भी थोड़ा-बहुत मतलब और मान है। अहिन्दीभाषी राज्य महाराष्ट्र के नागपुर से प्रकाशित होने वाले समाचार-पत्र के दो उद्धरणों से हम समझ सकते हैं कि क्षेत्रीय पत्र अब भी सामाजिक परिवर्तनों के प्रति कितनी उम्मीद रखते हैं तथा विलुप्त हो रही संस्कृति की उन्हें कितनी चिन्ता है। पहला उद्धरण संचार क्रान्ति के कारण पैदा हुई विकृति पर है—"संचार क्रान्ति ने निस्सन्देह देश के एक छोटे-से वर्ग की जीवन-शैली को पूरी तरह

बदलकर रख दिया है। इस वर्ग के सदस्य आधुनिक सुख-सुविधाओं का भरपूर आस्वाद लेते हैं, किसी भी तरह के सामाजिक अंकुश को स्वीकार नहीं करते और मुक्त जीवन जीते हैं। कहा जा सकता है कि इसका पूरी तरह पश्चिमीकरण हो रहा है। लेकिन भारत के व्यापक समाज के साथ इसका कोई आवयविक रिश्ता नहीं है। इसके बावजूद यही जीवन शैली हमारा सामाजिक आदर्श बनती जा रही है।''[29]

राजकिशोर की इस चिन्ता में स्वयं 'लोकमत' की उस दृष्टि का पता चलता है जो उसके पूरे विन्यास में मौजूद है। दूसरा उद्धरण विलुप्त होती पुतुल कला पर है—''किसी तरह का प्रोत्साहन न मिलने के कारण कठपुतली कला समाप्त प्राय-सी है। दु:खी मन से एक बुजुर्ग कलाकार का कहना है, अब सिनेमा, टेलीविजन तथा संचार के नये-नये साधनों के कारण, मनोरंजन के अनेक साधनों के सामने हमको कौन सराहेगा? इन कलाकारों का कहना है कि हम कला के माध्यम से विदेशी यात्रियों को तो प्रभावित कर लेते हैं, पर अपने देशवासी इस कला का पर्याप्त मूल्यांकन नहीं कर पाते।''[30]

यह है अपनी सांस्कृतिक सम्पदा को बचाये रखने की चिन्ता से प्रेरित दृष्टि जो इस पत्रकारिता का प्राणतत्त्व है। हिन्दी पत्रकारिता भले ही आज वह ध्येयवादिता लेकर न चल रही हो, जो पहले उसकी पहचान थी, पर अब भी इस ओर से ज्यादा निराश होने का कारण इसलिए नहीं दीखता कि अब भी उसकी अन्तर्धारा मौजूद है जो आश्वस्ति देती रहती है। राष्ट्रीय पत्रकारिता के क्षेत्र में हिन्दी में 'जनसत्ता' ने कुछ परिवर्तनों के बावजूद अब भी अपनी वह धार और सांस्कृतिकता को जिन्दा रखने में सफलता पाई है जो उसके जन्मकाल में थी। यह हिन्दी का अकेला पत्र है जो पूरी तरह सांस्कृतिक चेतना से सम्पन्न है तथा पूरी बौद्धिक बिरादरी आज भी उसे पढ़ती है। कोई लेखक, संस्कृतिकर्मी की मृत्यु हुई हो, कोई साहित्यिक-सांस्कृतिक आयोजन हो, यह पत्र उसे प्रमुखता देता है। किसी लेखक, संस्कृतिकर्मी पर या साहित्यिक-सांस्कृतिक प्रसंग पर 'जनसत्ता' के सम्पादकीय तथा उसके अग्रलेख देखने लायक होते हैं। आज भी कला, संगीत, संस्कृति तथा साहित्य पर इसके नियमित स्तम्भ हिन्दी की साहित्यिक पत्रकारिता को नयी ऊर्जा देते हैं। इस शृंखला में आलोचक रामविलास शर्मा की मृत्यु पर 'जनसत्ता' का सम्पादकीय देखा जा सकता है जो केवल स्मृति-भर नहीं, एक तरह से समग्र मूल्यांकन का प्रयास है—''वे आजीवन मार्क्सवादी रहे। अन्तर्राष्ट्रीय पूँजीवाद और साम्राज्यवाद को आप जनता का शत्रु मानते रहे और साम्यवादी दुर्गों के ध्वंस और वृद्ध पूँजीवाद और बाजारवाद के उभार के इन वर्षों में भी पुरानी जान पड़नेवाली शब्दावली का उपयोग करते रहे। सिर्फ इसलिए नहीं कि अपनी वृद्धावस्था के चलते वे विश्व के बदलते परिप्रेक्ष्य से अपरिचित थे, बल्कि इसलिए भी कि मार्क्सवाद का जो पाठ उन्होंने जीवन में उतारा था, वह किसी सत्ता-विमर्श तक सीमित नहीं था।''[31]

आशय यह कि हिन्दी के समाचार-पत्रों की साहित्यिक-सांस्कृतिक दृष्टि को अपनी बौद्धिक ऊर्जा से बचाए रखकर 'जनसत्ता' ने केन्द्रीय पत्रकारिता को एक दिशा दी है। इसमें अन्य पत्रों की भी अपनी भूमिका है जो जब-तब भूल-बिसरकर भी अपनी सांस्कृतिक दृष्टि का परिचय देते हैं। यह समय का ही तकाजा है कि इस दौर में बहुत कुछ दाँव कर लग गया है जिसका एक रूप पत्रकारिता में भी दिखाई देता है। बावजूद इसके अभी अधिक निराशा का कोई कारण नहीं है।

इस दौर में फिल्म की पत्रकारिता का विकास दिखा तो दूसरी कलाओं का भी महत्त्व निरूपित हुआ। अनगिनत पत्रिकाओं और पत्रों के माध्यम से साहित्यिक पत्रकारिता साहित्य-संस्कृति के व्यापक विमर्शों को सम्भव करती, उन व्यापक मानवीय और सामाजिक चिन्ताओं को परखती यहाँ तक आती है जहाँ हम अनेक चुनौतियों के बीच घिरे रहकर भी जीने की अदम्यता लेकर उपस्थित हैं। इस पूरी प्रक्रिया में शामिल पत्रिकाओं के भले ही सन्दर्भ अलग-अलग हों, पर ध्येय एक ही है जनोन्मुख सांस्कृतिक विमर्शों का वातावरण बनाना, जिससे सामाजिक समरसता का निर्माण हो सके और एक आदर्श मानवीय समाज बन पाए। ऐसी पत्रिकाओं की सूची बहुत लम्बी है और पत्रों की भी, जिनके अध्ययन से हम दशकों में बाँटकर इस पूरी यात्रा से गुजरे हैं। उन सबके एक समान सन्दर्भों को रखने से यहाँ बचने की चेष्टा की गयी है ताकि दोहराव न हो सके। इस पूरी यात्रा को अनेक प्रश्नों और प्रक्रियाओं में देखते हुए इस बिन्दु पर तो पहुँचा ही जा सकता है कि साहित्यिक-सांस्कृतिक पत्रकारिता ने हिन्दी की जातीय परम्परा को सुरक्षित रखते हुए उसे एक ऐसी भाषा के रूप में विकसित किया है जो न केवल एक समृद्ध सम्पर्क भाषा बनी है, वरन् एक ऐसी भाषा के रूप में भी प्रतिष्ठित हुई है जिसमें हर तरह की सृजनात्मकता और बौद्धिकता का अपार बल है। इस अध्ययन से यह भी स्पष्ट हुआ है कि हिन्दी पत्रकारिता की अन्तर्भूत शक्ति साहित्यिक-सांस्कृतिक दृष्टि ही है जो जब-जब स्खलित हुई है, हिन्दी की पत्रकारिता की शक्ति में ह्रास हुआ है। अपने समय की हर स्थिति पर बहस करती यह पत्रकारिता यदि अपनी सांस्कृतिकता में अब भी जीवित और स्पन्दित है तो उसमें लघु पत्रिकाओं की भूमिका सबसे बड़ी है। इस सम्बन्ध में शम्भुनाथ की यह टिप्पणी देखना यहाँ प्रासंगिक है—''लघु पत्रिकाओं का एक बड़ा योगदान है साहित्य का विकेन्द्रीकरण। साहित्य के परम्परागत केन्द्रों, व्यावसायिक केन्द्र, मुम्बई और नये केन्द्र के रूप में उभर रहे दिल्ली के साथ-साथ छोटे और अनजाने नगरों से भी पत्रिकाएँ निकलने लगीं। अक्सर कहा जाता है कि तमाम बड़े व्यावसायिक केन्द्रों को बड़े लेखक लघु पत्रिकाओं ने ही दिये। इसके अलावा यह उपलब्धि भी कम महत्त्वपूर्ण नहीं है कि लघु पत्रिकाओं ने समाज में साहित्य का दायरा विस्तृत किया। इन्होंने बड़ी संख्या में लेखक, पत्रकार तथा साहित्यिक पाठक तैयार किये। कवियों की नयी कतारें खड़ी हो गयीं।''[32]

लघु पत्रिकाएँ साहित्यिक-सांस्कृतिक पत्रकारिता की रीढ़ की तरह उपस्थित होकर न केवल साहित्य बल्कि नाटक, कला, सिनेमा, नृत्य तथा संगीत में लेखन को प्रश्रय दिया और उसकी व्यापक सांस्कृतिकता की गहरी पड़ताल की। इसके साथ-साथ इस पत्रकारिता ने संस्कृति के सभी बड़े प्रश्नों सहित हिन्दी में सभ्यता विमर्श को सम्भव किया।

इस पूरे अध्ययन को इन्हीं आशयों में समझने की कोशिश की गयी है, क्योंकि पूरी यात्रा में पत्र-पत्रिकाओं के सर्वेक्षण का हमारा ध्येय ही नहीं रहा है। हमने यही चाहा है कि हिन्दी की साहित्यिक-सांस्कृतिक पत्रकारिता के मूल प्रस्थानों, गंतव्यों और उसके निहितार्थों को समझा सकें जिससे इस दिशा में एक बड़े विमर्श को सम्भव करना आसान हो सके।

भूमण्डलीकरण की प्रक्रिया के भीतर बाजारवादी ताकतों का आक्रमण जारी है। उपभोक्ता संस्कृति ने अपनी माया फैला रखी है। सरकार की आर्थिक उदारीकरण की नीति ने देश की संस्कृति और भाषाओं को खतरे में डाल रखा है। हर तरफ व्यावसायिकता का दबाव है। परम्परागत कृषि-व्यवस्था भयानक संक्रमण के दौर से गुजर रही है जिसके कारण किसान आत्महत्याएँ करने पर विवश हो रहे हैं। संकट टला नहीं है, पर हिन्दी की साहित्यिक-सांस्कृतिक पत्रकारिता ने इन विकट परिस्थितियों में भी प्रतिरोध की उस आग को जिलाए रखा है जो व्यापक जन-भागीदारी से इस विपरीत परिस्थिति का मुकाबला कर सकने की उम्मीद को बल देती है।

साहित्यिक पत्रकारिता की इस पूरी यात्रा में मानव-समाज की गहरी मनस्विता के दर्शन तो होते ही हैं, भाषा के इतने स्तर प्रकट होते हैं और मानवीय संवेदनाओं के इतने रूप कि चकित होना पड़ता है। हिन्दी के विशाल क्षेत्र की अलग-अलग आँचलिकता में विन्यस्त विचार और संवाद की नाना भाषिक युक्तियाँ वैचारिक बहसों को विस्तार देती हैं। इनमें शामिल लेखकों में साहित्यकार और पत्रकार तो हैं ही, अनेक ऐसे लोग हैं जिनकी भाषा उनके अपने व्यवसाय से छनकर आती है। राजनेता, डॉक्टर, वकील, अर्थशास्त्री, दार्शनिक, आन्दोलनकर्मी और समाज के हाशिये पर पड़े लोगों के विचारों से भी पत्रकारिता को बल मिला है तथा वह समृद्ध हुई है। साहित्यिक पत्रकारिता के क्षेत्र में शुद्ध पत्रकारों की कोटि में आनेवाले लोगों ने भी बड़ी भूमिका निभाई है जिन्हें भुलाया नहीं जा सकता। इनमें राजेन्द्र माथुर, उदयन शर्मा, राजकिशोर, अक्षय कुमार जैन, अच्युतानन्द मिश्र, प्रभाष जोशी, ओम थानवी, यशवन्त व्यास, माधवकान्त मिश्र जैसे अनेक नाम हैं जिनकी सामासिक और सामाजिक दृष्टि से हिन्दी की पत्रकारिता की सांस्कृतिकता निखरी। इनकी भाषा, विषय पर बहस की युक्ति और विचार के धरातल का सांस्कृतिक उन्मेष हिन्दी की स्वातन्त्र्योत्तर पत्रकारिता को नई ऊँचाई देते हैं। 'जनसत्ता' में 'कागद कारे' स्तम्भ के तहत प्रभाष जोशी की यह टिप्पणी कई दृष्टियों से महत्त्वपूर्ण है—"जो कहते हैं कि भारतीयों में इतिहास बोध

नहीं है, वे जानते नहीं कि सबके इतिहास-बोध एक पश्चिम योरोपीय ढंग के नहीं होते और यूरोप की सभ्यता कोई सबसे पुरानी और समृद्ध सभ्यता नहीं है जो उसके इतिहासबोध को ही प्रमाण मान लिया जाय। पितृ पक्ष मेरे लिए हर साल अपने निजी और पारिवारिक इतिहास के पुनरीक्षण का पखवाड़ा होता है, धार्मिक-सामाजिक कर्मकाण्ड का नहीं, हालाँकि धार्मिक सामाजिक कर्मकाण्ड भी इस इतिहास का ही अंग है। मैं तो पितृपक्ष में कहीं भी होऊँ, नीला आकाश, कपसीले बादल, उजली धूप, घरों और खेतों में फैली बेलों के पीले फूल, दूध से बनती खीर और घी में तली जाती पूरियों की गंध और कव्वों को बुला-बुलाकर खिलाने की पुकारें मुझे घेरे रहती हैं।''[33]

यह भाषा का कौशल और अपनी सांस्कृतिक चेतना को बचाये रखने की जिद भरी ओज भी हिन्दी की सांस्कृतिक-साहित्यिक पत्रकारिता का ही एक रूप है जिसमें शरद जोशी, राहुल बारपुते आदि सबकी भूमिका है। 'नवभारत टाइम्स' के सम्पादकीयों तथा अग्रलेखों के जरिये राजेन्द्र माथुर ने भी गहरे सांस्कृतिक प्रश्नों पर बहस कर इस पत्रकारिता को ही समृद्ध किया था। समाचार-पत्रों की भी इसमें बहुत बड़ी भूमिका रही है जिसे अनदेखा नहीं किया जा सकता। इस अध्ययन में भले ही उन्हें अधिक जगह न मिली हो, पर इनकी भूमिका को भुलाया नहीं जा सकता। आशय यह कि साहित्यिक पत्रकारिता अपनी यात्रा में जिस तरह उपस्थित है, उसी तरह सजग भी, जिसकी भूमिका आनेवाले दिनों की नियति तय करेगी।

आगे 'उपसंहार' के तहत हम इस अध्ययन के आशयों को समझने की चेष्टा करेंगे।

संदर्भ—

1. संधान, अंक-4, पृ. 41
2. हंस, जनवरी-फरवरी 2000, पृ. 7
3. हंस, जनवरी-फरवरी 2000, पृ. 5
4. उत्तर प्रदेश, सितंबर-अक्तूबर 2002, पृ. 11
5. उत्तर प्रदेश, सितंबर-अक्तूबर 2002, पृ. 165
6. राष्ट्रीय सहारा, रविवारी, 12 मार्च 2000
7. तद्भव, अंक-14, पृ. 5 (सम्पादकीय)
8. कथादेश, जुलाई, 1999, पृ. 17
9. राष्ट्रीय सहारा, रविवारी, 28 मार्च 2004
10. वही, मन्थन, 21 मार्च 2004
11. राष्ट्रीय सहारा, मन्थन, 21 मार्च 2004
12. कला प्रयोजन, अंक-18-19, पृ. 15

13. कथादेश, मई-जून, 1998, पृ. 43
14. संवेद, अंक-4, पृ. 4
15. समकालीन सृजन, 2000, पृ. 4
16. समकालीन कला, अंक-19, पृ. 5
17. कलादीर्घा, अंक-12, 2006, पृ. 6
18. वही, पृ. 17
19. हिन्दुस्तान, 17 जनवरी 1990, पृ. 7
20. दैनिक भास्कर, रविवारी, 9 जनवरी 2000
21. हिन्दुस्तान, 3 सितम्बर 1997, पृ. 16
22. दैनिक जागरण, 16 फरवरी 2002, पृ. 14
23. दैनिक जागरण, सप्तरंग, 9 फरवरी 2002
24. दैनिक जागरण, सप्तरंग, 10 मार्च 2002
25. अमर उजाला, 8 अप्रैल 2000, पृ. 6
26. राजस्थान पत्रिका, 1 अप्रैल, 2000
27. दैनिक भास्कर, रविवारी, 23 जनवरी 2000
28. लोकमत समाचार, 14 जनवरी 1989, पृ. 18
29. लोकमत समाचार, रविवारी, 26 मार्च 2000
30. लोकमत समाचार, रविवारी, 22 मार्च 2000
31. जनसत्ता, 31 मई, 2000 (सम्पादकीय)
32. लोकमत समाचार, दीपावली विशेषांक, 2003, पृ. 40
33. जनसत्ता, 14 अक्तूबर 1999, पृ. 6

साहित्यिक पत्रकारिता के अध्ययन का आशय

अब हम उस पड़ाव पर आ गये हैं जहाँ ठहर कर हमें उन निष्कर्षों पर विचार करना है जो पुस्तक से प्राप्त हुए हैं। पुस्तक में हमने देखा कि कैसे हिन्दी पत्रकारिता का उद्‌भव हुआ और कैसे वह हमारे सामाजिक जीवन तथा अस्मिता से जुड़ी। 30 मई 1826 को पण्डित युगल किशोर सुकुल के सम्पादन में 'उदन्त मार्तण्ड' के प्रकाशन से आरम्भ हुई हिन्दी पत्रकारिता अपनी दीर्घ यात्रा में इस मुकाम पर पहुँचेगी; जहाँ से वह एक पूरा सभ्यता-विमर्श का रूप ले सकेगी, ऐसा किसी के सोचने में भी न आया होगा, पर वह हुआ। इस पत्रकारिता ने हिन्दी को एक व्यवस्थित भाषा का रूप दिया, उसे वियोगात्मक विकसनशील भाषा बनाया तथा उसे व्याकरण की दृष्टि से भी व्यवस्थित करने का भगीरथ उद्यम किया। 'उदन्त मार्तण्ड' के प्रकाशन का ध्येय पराधीन भारतीय जनता को जागरण का सन्देश देना था। उसे जाग्रत कर स्वाधीनता के संघर्ष में शामिल करना था। यह कार्य हिन्दी के पहले समाचार-पत्र ने सम्भव कर दिखाया।

'पूर्व पीठिका' में हिन्दी पत्रकारिता का सिंहावलोकन कर हमने स्वाधीनता-पूर्व के युगों का संक्षिप्त परिचय दिया है जिसमें आदि युग, भारतेन्दु युग, मालवीय युग, द्विवेदी युग तथा गाँधी युग की पत्रकारिता का परीक्षण कर बताया है कि किस तरह इन युगों की पत्रकारिता ने हिन्दी को एक भाषा के रूप में व्यवस्थित कर साहित्य की रचनात्मकता में भी सार्थक भूमिका निभाई।

स्वतन्त्रता पूर्व की पत्रकारिता के परीक्षण से यह स्पष्ट होता है कि व्यापक जन-जागृति पैदा करने से लेकर समाज-सुधार तक के कार्यों में इसकी भूमिका का बड़ा महत्त्व है। साहित्यिक सृजनात्मकता और आलोचनात्मक प्रतिमानों के निर्धारण में भी इस दौर की पत्रकारिता अपनी भूमिका निभाती है। स्वतन्त्रता संघर्ष में व्यापक जन भागीदारी को सुनिश्चित करने तथा महात्मा गाँधी के 'सुराज' के संकल्पों को सार्वजनिक जीवन में एक मूल्य की तरह स्थापित करने में इस पत्रकारिता का जो स्थान है, उसका महत्त्व अद्वितीय है।

पुस्तक के पहले अध्याय— *ध्येयवादी दौर में समता, समग्रता का स्वप्न* (1947-

1957) में हम देख पाते हैं कि महात्मा गाँधी की हत्या सहित, विभाजन की भेंट चढ़ चुके भारत में किस तरह साम्प्रदायिक उन्माद की आँधी आती है और किस तरह मानवता शर्मसार होती है। इस युग में पहला आम चुनाव होता है, पंचवर्षीय योजनाएँ शुरू होती हैं—एक ऐसे लोकतान्त्रिक गणराज्य की स्थापना का ध्येय लेकर, जिसमें देश के प्रत्येक नागरिक को समान अवसर, समान सुविधा तथा समान सम्मान का भाव निहित था, सर्वत्र एक आसभरी दृष्टि उठा करती थी। साहित्यिक पत्रकारिता इस ध्येय को लेकर चलती है और उस समय के साहित्य तथा कलाओं में उठे विमर्शों को सार्वजनिक बहस का विषय बनाकर जनता की आस्थाओं और आकांक्षाओं को व्यक्त करती है। इस युग में अनेक साहित्यिक-सांस्कृतिक आन्दोलन हुए जिसका साक्ष्य देती यह पत्रकारिता साहित्य तथा कलाओं में विन्यस्त दृष्टियों का परीक्षण करती है और उसे एक ऐसा विमर्श बनाने पर बल देती है जिसमें जनता के सपनों-आदर्शों का पल्लवन हो सके। यह अकारण नहीं है कि इस युग में कलाओं का सार्वदेशिक रूप निखरा। इसे इस युग की पत्रकारिता का एक अहम पक्ष माना जा सकता है कि चाहे साहित्य की या संस्कृति की कोई बहस हो—साहित्यिक पत्रकारिता के साक्ष्य के बिना उसकी प्रामाणिकता पुष्ट नहीं होती। नई कहानी, नई कविता जैसे आन्दोलन हों या नई आलोचना दृष्टि का विकास हो, सांस्कृतिक स्तर पर नाट्य-चेतना के आधुनिक प्रत्ययों का प्रश्न हो या कला के जातीय स्वरूप की रक्षा या आधुनिकता के प्रश्न पर उसकी मीमांसा की बहस हो—यह पत्रकारिता समतामूलक ध्येय के साथ उन सभी विमर्शों को उठाती है जो एक जीवित और सृजनात्मक सांस्कृतिक समाज के लिए आवश्यक हैं। दूसरा अध्याय है—*स्वप्न भंग की प्रकिया और राष्ट्रनिर्माण के प्रति आशावाद का द्वन्द्व* (1957-1967)। इस अध्याय में राजनीतिक अस्थिरता के मध्य टूटती जनास्था को लक्ष्य कर साहित्यिक पत्रकारिता ने जिन प्रश्नों को जगह दी, उनका बहुत महत्त्व है। यह युग बहुत उथल-पुथल का रहा जिसमें चीन से भारत का युद्ध हुआ, पाकिस्तानी आक्रमण भी हुए तो देश में भयानक अकाल की मार भी पड़ी। साहित्यिक पत्रकारिता ने लाचारी और अराजकता की मार झेल रही जनता की मुश्किलों को आवाज दी। यह भी गौर तलब है कि इसी अवधि में साहित्य में टूटती जनास्था की प्रतिक्रिया में नकारवादी आन्दोलनों की बाढ़ भी आयी जिसमें क्षोभ और जुगुप्सा का स्वर ही प्रमुख था। इन आन्दोलनों में अकविता, अकहानी, भूखी पीढ़ी जैसे आन्दोलनों ने साहित्य को आन्दोलित कर दिया था। साहित्यिक पत्रकारिता ने इनकी उपयोगिता और प्रासंगिकता पर प्रश्न खड़ा किया तथा यह बहस चलाई कि परम्परा, संस्कृति और सामाजिक श्रद्धा के प्रति नकारवादी सोच से प्रेरित इन आन्दोलनों की क्या सार्थकता है। इस दौर की पत्रकारिता कलाओं को लेकर भी पहले की तरह ही गम्भीर दिखाई देती है जिसमें अपने समय तथा समाज के प्रति स्वस्थ दृष्टिकोण काम करता है।

पुस्तक का तीसरा अध्याय— *राजनीतिक अस्थिरता के मध्य आपात्काल की अमानवीयता* (1967–77) कई दृष्टियों से बड़ा उत्तेजक है। यही वह युग है जिसमें देश में पहली संविद सरकार बनी, राजनीतिक अराजकता अपने चरम पर पहुँची, कांग्रेस का विभाजन हुआ और उसके प्रतिक्रियास्वरूप उभरे जनाक्रोश को दबाने के लिए सरकार को आपात्स्थिति की घोषणा करनी पड़ी। इस दौरान पूरे देश में हिंसा का शासन कायम हो गया। नागरिकों के मौलिक अधिकार स्थगित कर दिए गये। प्रेस पर पाबन्दी लगा दी गयी। सत्ता के खिलाफ उन सबको जेलों में ठूँस दिया गया जो सत्ता का विरोध कर रहे थे। इसमें राजनेता तो थे ही, बड़ी संख्या में लेखक और संस्कृतिकर्मी भी थे जो सरकारी दमन का शिकार हुए। साहित्यिक पत्रकारिता इस अमानवीय यातना के खिलाफ खुलकर प्रतिरोध करती दिखाई देती है और उन बौद्धिकों की कलई खोलती है जो सरकार के पिट्ठू बनकर उसका प्रचार करते हैं।

आपात्काल की अमानवीयता के विरुद्ध जितनी उग्र प्रतिक्रियायें पत्र-पत्रिकाओं में दर्ज हैं; उतनी उन दिनों की संसदीय बहसों में भी नहीं दिखाई देतीं। इस बीच साहित्य तथा संस्कृति के क्षेत्र में आंदोलनों और बहसों को जगह देकर इस पत्रकारिता ने अपनी उस प्रतिरोधी दृष्टि का परिचय दिया था जिसे उसने अपने उद्‌भव काल से अर्जित किया था। इस दौर में भी हम पाते हैं कि स्वस्थ सर्जनात्मकता का विकास हो या जनोन्मुखी दृष्टि के साथ सामाजिक-सांस्कृतिक प्रश्नों पर गहरा विमर्श हो, साहित्यिक पत्रकारिता ने अपने कर्त्तव्य का सफलतापूर्वक निर्वाह किया।

पुस्तक के चौथे अध्याय— *बदलते प्रयोगों के भीतर उपेक्षित जन* (1977–87) में हमने देखा कि संचार साधनों के आगमन और सरकार की जनविरोधी नीतियों के फलस्वरूप सांस्कृतिक राजनीतिक संकट की घड़ी में बहुत संयम के साथ साहित्यिक पत्रकारिता ने अपनी भूमिका का निर्वाह किया। यही वह युग है जब हिन्दी के समाचार-पत्रों का चरित्र बदला, उनका ध्येय सामुदायिक विकास से व्यावसायिक हो गया। पर लघु पत्रिकाओं के जरिये जीवित रही साहित्यिक पत्रकारिता ने अपना प्रतिरोधी स्वर जारी रखा और व्यापक सांस्कृतिक परिवर्तनों का मंच बनी। यह आश्चर्यजनक किन्तु सच है कि साहित्यिक पत्रकारिता ने साहित्य में आलोचनात्मक बहसों को बढ़ावा देकर उन रचनाकारों को बेपर्द किया जो पश्चिमी अनुभवों और विकृतियों को हिन्दी में फैलाकर यहाँ के समाजों को भ्रष्ट कर रहे थे। कुछ नये प्रकाशनों ने इन्हीं वर्षों में आकर साहित्यिकता और सांस्कृतिकता के मिजाज को नया सन्दर्भ दिया था। यह भी रेखांकित करनेवाला तथ्य है कि साहित्य की विरोधी-वृत्तियों को इसी दौर में रोका गया जो उनमें आ गयी थीं और संचार साधनों के प्रभाव से अचानक उसमें पुनरुत्थानवाद की गंध फैलने लगी थी। बुनियाद परस्ती हिन्दी पत्रकारिता का धर्म कभी नहीं रहा, यह प्रमाणित करती हुई साहित्यिक पत्रकारिता जिन सामाजिक मूल्यों को लेकर संघर्ष करती है, वह आदर्श की स्थिति है। परस्परविरोधी स्थितियों

के बीच शुद्ध विमर्श को सम्भव कर यह पत्रकारिता साहित्यिकों के बीच प्रतिबद्धता को नये सिरे से प्रतिष्ठित करने का कार्य भी करती है।

पाँचवाँ अध्याय है—*सूचना क्रान्ति के विस्फोट और आर्थिक उदारीकरण का दुष्प्रभाव* (1987-1997)। यह युग भी साहित्यिक पत्रकारिता के लिए बड़ा चुनौतीपूर्ण रहा है। इस दौर में संचार क्रान्ति के विस्फोट से उत्पन्न परिस्थिति ने मुद्रित माध्यमों को संकट में डाल दिया था। संकट बड़ा था। पाठक दर्शक हो रहे थे। आर्थिक उदारीकरण के कारण व्यक्ति उपभोक्ता बन गया था और पारिवारिक व्यवस्था उपभोक्ता संस्कृति के हवाले होकर अपना दम तोड़ रही थी। ऐसे में साहित्यिक पत्रकारिता ने जनरुचियों को बदलने में अपनी भूमिका का निर्वाह किया तथा उस समग्रता के ध्येय को जीवित रखा जिसमें एक मानवीय सामाजिक विकास का समतामूलक स्वप्न अब भी जीवित था। वैश्विक संकटों से उबारकर इस पत्रकारिता ने बाजारवादी प्रभावों से साहित्य को बचाया, कलाओं में उसके जातीय स्वरूप की रक्षा पर बहस चलाई तथा सांस्कृतिक स्तर पर एक नये निर्माण की बेचैनी पैदा की। समाचार-पत्रों की व्यावसायिक वृत्ति तथा सिने-माध्यमों के बाजारवादी रुझानों के समानांतर यह हिन्दी की साहित्यिक पत्रकारिता का ही प्रभाव था कि इसने हमेशा एक ऐसे मजबूत बौद्धिक वर्ग को जीवित रखा, जो ऐसी वृत्तियों के खिलाफ एक प्रतिरोधात्मक शक्ति से जूझ सकें। इस दौर में भी हिन्दी पत्रकारिता ने अनेक वैचारिक बहसों को जन्म दिया और उन्हें सामाजिक संरचना में विन्यस्त किया जिन पर बहस करने की हिन्दी में पहले कोई परम्परा न थी।

पुस्तक के छठवें अध्याय—*भूमंडलीकरण, बाजारवाद और उत्तर-आधुनिकता के दौर में हिन्दी* (1997-2006) में हमने देखा है कि भूमण्डलीकरण के प्रभाव से लाचार दिखाई दे रहा देश किस तरह बाजार का ग्रास बन रहा है और किस तरह की उपभोक्ता संस्कृति बन चुकी है। साहित्यिक पत्रकारिता इस दौर में भी अपनी भूमिका का निर्वाह सफलतापूर्वक कर पायी। उसे इस चुनौती का सामना करने में थोड़ा विलम्ब अवश्य हुआ, पर अन्ततः इसने बताया कि भूमण्डलीकरण विश्व-व्यापार संगठन, अन्तर्राष्ट्रीय मुद्राकोष, समूह आठ और विश्व बैंक के माध्यम से पूरी दुनिया पर अपनी सत्ता जमाने का अमेरिकी साम्राज्यवाद का षड्यन्त्र है। इसमें 'वसुधैव कुटुम्बकम्' खोजना व्यर्थ है; क्योंकि अधिकाधिक धन कमाने की गरज से पैदा हुई यह संस्कृति हमारी अपनी मनस्विता का नाश कर देगी। प्रतिरोध, आदर्श और ध्येय की समग्र दृष्टि को खत्म करना इसका स्वभाव है। यह अकारण नहीं है कि भूमण्डलीकरण और बाजारवाद पर शायद ही कोई साहित्यिक-सांस्कृतिक पत्रिका हो, जिसने बहस न चलाया हो और जिसने प्रतिरोध के लिए कारगर वातावरण बनाने की माँग न की हो। बेशक, साहित्य में तथा कलाओं में भी एक चुप्पी है, कोई वैचारिक आलोड़न दूर-दूर तक नहीं दिखाई देता, पर साहित्यिक पत्रकारिता ने सांस्कृतिक स्तर पर उत्तर-

आधुनिकता के विमर्शों की हवाई पोल-पट्टी को खोल दिया है। शब्दक्रीड़ा और हर बड़ी दुर्घटना को भी एक गल्प कहनेवाली उत्तर आधुनिकता जुमलेबाजी से अधिक कुछ नहीं है। साहित्य में ठोस वास्तविकताओं और चरित्रों के संघर्षों को व्यक्त करने की माँग करती साहित्यिक पत्रकारिता ने उन रहस्यवादी रचनाकारों को अनावृत्त कर दिया है जिनके लिए समाज की वास्तविकता से अधिक वैयक्तिक कुण्ठाओं की अभिव्यक्ति है। यह पत्रकारिता अब कला से माँग करती है कि वह बाजार की भेंट चढ़कर अपने को नष्ट करने से बाज आये तो रंगमंच को हिन्दी अंचलों की नाट्य-युक्तियों और नाट्य रूपों को अपनाने की बात करती है जिससे हिन्दी का एक सम्पूर्ण रंगमंच बन सके। यह पत्रकारिता नये दौर के विचारों का सम्मान करती है तो उसका स्वागत भी। इस बीच दृश्य में आये दलितवाद, नारीवाद जैसे वैचारिक आन्दोलनों को इस पत्रकारिता ने जगह दी और उस पर बहस का आधार बनाकर उसकी जन-स्वीकृति की माँग भी की। पत्रकारिता के (जिसको सम्पूर्ण पत्रकारिता मानने का भ्रम विद्यमान है) पतन के युग में, साहित्यिक पत्रकारिता का कार्य ऐतिहासिक उपलब्धि की तरह है जिसे देखते हुए हमें अपने दायित्वों की याद आती है तो कर्त्तव्यों का बोध भी होता है।

'स्वातन्त्र्योत्तर साहित्यिक पत्रकारिता' के माध्यम से हिन्दी की विपन्नता का परिचय भी मिलता है जो अंग्रेजी-परस्ती से आक्रान्त है। पर अपनी मजबूत बुनियाद पर टिकी रहकर भी वही सर्वाधिक सम्पन्न भाषा भी दिखती है जिसमें वंचितों की सुधि है तो देश की अपार जनता की लोक संस्कृति जीवित है। लोकराग में पगी हिन्दी व्यवस्था के कुचक्र और वैश्विक झंझावातों में फँसी रहकर भी धीरे-धीरे अपना स्थान पाने की ओर बढ़ रही है, यह सूचना भी हमें साहित्यिक पत्रकारिता ही देती है।

❑❑❑